김태영 논문선집 2

조선 전기 사회와 사상

JN435052

김태영 논문선집 2

조선 전기 사회와 사상

김태영 지음

경희대학교 출판문화원

목 차

제3장 주자학 세계관과 조선 성리학의 주체의식

제4장 조선 전기의 균전·한전론

제5장 조선 중기 사림파 성리학자의 경제사상

책을 펴내며

작년 1월 11일 우석(于石) 김태영 선생께서 85세를 일기로 돌아가셨을 때, 그 황망한 이별에 모두들 가슴 한 켠 응어리가 남아있는 느낌을 지울 수 없었다. 갑작스러운 부음도 그렇고 제대로 격식도 차리지 못한 채 영결해야 하는 당시의 상황도 못내 편치 않았던 탓이다.

그리하여 선생을 존경하고 따랐던 후학과 제자들은 그 가르침을 되새기고 기리는 사업을 추진하기로 이심전심 뜻을 모으게 되었다. 우선 선생께서 여러 지면에 발표하였으나 미처 책으로 엮지 못한 글들을 모아 논문선집을 발간하기로 하고, 선생께서 30여 년간 재직하셨던 경희대학교 사학과와 상임자문위원으로 지도하셨던 경희총민주동문회, 그리고 창립 때부터 고문을 맡아 인연을 이어온 민족문제연구소가 공동으로 사업을 추진하게 되었다.

두루 알고 있듯이 선생께서는 방대한 저작과 논문을 집필하고 민주화운동과 역사문화운동에 관여하는 등 학술연구와 현실참여 양 측면에서 커다란 족적을 남기셨다. 선생의 학문세계에 관해서는 두말할 필요 없으리라 본다. 그 폭과 깊이를 가늠하기 어렵지만, 그중에서도 조선 시대의 토지제도를 비롯한 사회경제사와 성리학과 실학 등 사상사에서 선구적인 업적을 쌓으셨다. 돌아가시기 직전까지도 치열하게 연찬에 몰두하셨으며, 시퍼렇게 살아 꿈틀거리는 논문을 발표해 진정한 학자의 면모를 후진들에게 몸소 깨우쳐 주셨다.

선생께서는 수많은 논저들을 남기셨지만, 특히 연력(研歷) 초두의 『조선전기 토지제도사연구』는 해방 이후 명저 100권의 하나로 꼽힐 정도로 주목을 받았다. 사회경제사 연구에 일가를 이룬 뒤 천착한 분야는 사상사였다. 『실학의 국가개혁론』이나 『조선 성리학의 역사상』이 두드러진 사례들로, 선생의 학문적 관심이 국가와 사회의 제도에서 그 운영원리와 체제개혁을 뒷받침하는 사상으로 옮아갔음을 알 수 있다.

『김태영 논문선집』은 모두 4권으로, 대체적인 흐름은 선생께서 착목하고 중점을 두어 연구하셨던 학문적 관심사의 변천과 궤를 같이한다고 할 수 있다. 편제는 제1권 『조선 전기 과전법 연구』, 제2권 『조선 전기 사회와 사상』, 제3권 『실학, 그 역사상의 재인식』, 제4권 『다산 정약용의 국가개혁론』으로 구성하였다.

이 논문선집을 내는 까닭은 고 김태영 선생의 학문적 업적을 빠트림 없이 수습해 온전하게 알리고자 하는 데 있다. 이 선집이 평생 연구에 매진해 한국사 이해의 폭과 깊이를 확장하고자 했던 선생의 학문적 깊이와 문제의식을 확인하는 데 보탬이 되길 기대한다. 그리하여 선생께서 혼신의 열의를 다해 추구한 그 궁극의 목표가 '법고창신(法古創新)'으로서 국가와 사회의 개혁에 있었음을 함께 깨닫게 된다면 후학과 제자들로서는 더할 나위 없는 보람이 아닐까 한다. '제대로 된 나라', '제대로 된 사회'. 고금(古今)을 막론하고 궁리하였던, 그러나 쉬이 해결하지 못했던 이 지난한 문제가 다시 초미의 현실적 과제로 다가온 이 시대, 다소 난해하긴 하나 많은 이들이 이 글들을 열독하고 지혜의 단서를 얻었으면 하는 바람이 있다. 다만 편집위원회가 나름의 주의를 기울였으나, 혹 체제나 내용 정리에서 선생께서 당초 구상하셨던 바가 명쾌히 드러나지 못할까 걱정이 앞서기도 한다.

논문선집을 기획하고 출간하기까지 많은 분들의 도움이 있었다. 역사학계의 동료와 후학, 경희대학교의 동문과 교수 여러분의 정성 어린 지원에 감사드린다. 여러 가지 편의를 흔쾌히 제공해준 경희대학교 출판문화원의 관계자 여러분, 제자로서 교열 등 실무를 꼼꼼하게 챙긴 민족문제연구소 박광종·임무성 연구원에게도 고마운 마음을 전하고 싶다. 유족들은 원고 수집 등 번다한 일들을 처리해주시고 성원을 보내오셨다. 감사와 함께 다시 위로의 말씀을 드린다.

2023년 4월

김태영 논문선집 편집위원회

구만옥, 김민철, 박도식, 조세열, 조인성

제1장

조선 전기 사회의 성격

1. 사회편제의 변천

고려 말 조선 초기에는 여러 가지 사회 변화가 일어났다. 우선 농업생산력이 크게 발전했다. 주지하다시피 고려 시기 농법(農法)의 기본이었던 휴한(休閑)농법을 극복한 연작(連作)의 상경(常耕)농법이 점차 보편적으로 성취되었다. 물론 완전한 성취는 더 훗날에 가서야 실현되었지만, 농업 생산력의 발전이야말로 이 시기 여러 가지 사회 변동의 가장 큰 원천으로 작용하였으리라 생각된다.

그에 따라 고려의 전통적 민중 지배방식인 다원적·다층적 사회편제 방식이 크게 달라졌다. 그 대표적인 예가 일반 군현제 하부의 별도 편성을 보이던 속현(屬縣)이라든가 향(鄕)·부곡(部曲)·소(所)·장(莊)·처(處) 같은 여러 단위 임내(任內)지역들이 그 특수성을 벗어나 일반 군현제(郡縣制) 가운데 일반적 단위지역 형태로 보편화했다는 사실이다. 국가, 귀족, 혹은 호족적 특수 수요라거나 연고 관계와 관련되어 특별한 관리를 받으면서 상대적으로 가혹한 수취제에 묶여있던 이들 지역 농민도 이제 생산력의 발전에 따라 자신의 사회적 처지를 일반 군현제 주민(住民)과 다름없는 상태로 향상시키기에 이르렀으며, 국가의 농민 파악 방식도 그에 따라 일반 군현제 방식으로 전환할 수밖에 없었다. 즉 전일의 여러 단위 임내지역 주민들이 생산력의 발전에 따라 점차 국가를 직접 상대하는 보편적 소농민경영체로 성장하게 되었다는 사실을 바탕으로 그 같은 국가 지배방식의 변동이 일어났다.

또한 이전의 공동체적 거주 형태에도 큰 변화가 일어난 것으로 판명된다. 생산력의 발전으로 이왕에 편제해있던 사회질서가 교란되면서 개별 소농민경영이 상대적으로 더 독자성을 띠는 방향으로 유도되었다. 마침 이 시기에 남왜(南倭)·북로(北虜)와 같은 외세의 침략으로 전통적 공동체와 주거 형태에도 큰 변화가 일어났다. 전기까지의 족단적(族團的) 공동체는 이미 크게 무너지고 보다 개별적 각거성(各居性)을 크게 띤 소농민이 성장함에 따라 이족잡거(異族雜居)의 새로운 자연촌(自然村)이 도처에 생겨났다. 각 지역에 세거해오던 토성(土姓)의 이동이 현저해지고 그에 따라 망성(亡姓)·속성(續姓) 등이 속출한 경우를 통해 알 수 있듯이 본관(本貫)과 거주지(居住地)가 달라지는 현상이 보편화하는 것도 이 시기의 일이었던 것으로 알려져 있다. 그래서 이전의 군현 규모의 향도(香徒) 공동체도 내용이나 규모 면에서 현저하게 변할 수밖에 없었다. 여말선초(麗末鮮初)에 단편적으로나마 기록으로 전하는 향도는 이미 불교 신앙행사와는 관련이 적은, 관(冠)·혼(婚)·상(喪)·제(祭)의 경우라든가 혹은 일상의 농경(農耕) 과정에서 가까운 이웃끼리 상부상조하는 자연촌 중심의 생활공동체로 정착하였다. 내용상으로는 신앙의식이 많이 퇴색된 대신 현실 생활의 측면이 강화되고, 규모 면에서는 자연 성장의 촌락 단위로 세분 축소되는 새로운 편성을 보였다.

기본적 직접생산자인 소농민경영이 그같이 사회경제적으로 성장하고 거주 상태가 이족잡거의 혼합형태로 새로운 편성을 보이며 그 단위 공동체가 좀 더 일상의 생활 및 생산활동 중심으로 현실화하기에 이르렀다. 이를 바탕으로, 조선왕조 전기 사회는 이전 시기에 비해서 이른바 상부구조인 지배체제에 많은 변화를 보이게 되었다.

우선 주민들을 거주지별로 파악하는 새로운 방식인 면(面)·리(里) 제도가 채택되었다. 고려 시기 지역촌(地域村) 아래의 자연 성장한 촌락이 이제 그 주민의 사회적 성장에 따라 '리'라고 하는 행정 단위로 파악되기에 이르렀으며, 다시 읍치(邑治)를 중심으로 동일 방면의 여러 '리'를 규합하여 하나의 행정 단위로서의 면으로 파악하는 방식이 등장했다. 그것은 이전 시기의 국가 행정적 편성과는 크게 다른, 족적(族的)·공동체적(共同體的) 유대 관계를 일정하게 지양한, 소농민경영의 독자적 성장이라고 하는 사회적 실체를 국가가 직접 파악하려는 조처로서 나타난 것으로 보인다. 전국의 주민을 면·리 제도라고 하는 새로운 형식에 담아 파악하고 그 호구(戶口) 파악의 책임을 이장(里長)과 수령(守令)으로 연대시키며,[1] 더욱이 그 철저성을 기하기 위해 호패법(號牌法)이라든가 5가작통법(家作統法) 등의 시행을 조선왕조는 일찍부터 누누이 시도하고 있었던 것이다. 물론 호패법, 5가작통법 등의 실행은 이후로도 극히 어려운 일이었으며, 면·리 제도는 16세기 이후에 본격적으로 시행되기에 이르렀다. 그러나 이미 개국과 더불어 그 같은 농민 파악 방식을 추진하고 있었다는 것은 조선왕조가 기본적으로 소농민경영의 성장을 바탕으로 성립·운용되었다는 사실을 뜻하는 것으로 보인다.

토지에 대한 파악 방식도 변했다. 고려 시기의 경우는 아직 분명치 않거니와, 그것이 족정(足丁)·반정(半丁) 등으로 파악되고, 1족정 17결(結)이 정호(丁戶) 등의 국역에 대한 반대급부로 절급되었다는 사실은 대체로 밝혀져 있다. 그런데 조선왕조의 토지 파악의 기본 단위는 1자정(字丁) 5결

1 개국 초부터 그러한 노력은 계속 추구되었다. 가령 다음의 기사를 참조할 것이다. "수령(守令)은 대소사(大小事) 모두를 친히 집행(執行)할 것이로되, 오직 농무(農務)의 제독(提督)은 권농(勸農)으로 하여금 관장(管掌)케 하고, 이래이거(移來移去) 생산물고(生産物故)를 고(告)하는 등의 일은 이정장(里正長)으로 하여금 관장케 한다"(『세종실록』 권89, 22년 5월 무오).

이었다. 즉 전국의 토지를 모두 5결 단위로 묶어 파악하되, 군현별로 토지 단위마다 각기 천자문(千字文)의 글자를 붙여 일관되게 파악하는 방식을 취하였다. 그뿐 아니라 소유권(所有權)과 수조권(收租權)을 세습적으로 겸유한 이른바 '사전(私田)' 제도를 혁파하고 전국의 농경지 모두를 일단 국가 수조지(收租地)로 편성한 위에 그 수조권의 새로운 분급을 단행하였다. 그것은 생산력의 상대적 발전에 따라 토지 파악 단위를 세분화하게 되었다는 의미 외에도 토지를 개별 인간과 결부시켜 파악하던 제도를 크게 지양하게 되었다는 사실을 반영한 것으로서, 곧 토지 자체의 사회적 가치가 상대적으로 좀 더 객관화되었음을 의미한다.

농민호(農民戶)를 파악하는 국가의 기준이 달라졌다는 사실도 주목할 만한 변화이다. 가령 외방의 농민호에게 양잠(養蠶)을 권장하는 국가정책의 경우를 보면, 고려 시기에는 국가가 일정 직역(職役)을 부여한 정호(丁戶)와 그것을 부여하지 않은 백정(白丁) 두 가지로 구분하여 파악한 데 비하여, 조선 시기에는 직역의 유무와는 관계없이 토지 소유의 다과(多寡)를 기준으로 하는 대·중·소호의 구분으로 일반화하기에 이르렀다.[2] 즉 이 시기의 농민호는 비록 소유 토지의 다과라고 하는 사회적 분화(分化)는 있을지언정 '정호'와 '백정'이라는 국가 직역과 관련된 계층의 구분 자체가 없어졌으며, 국가는 그들을 분화된 실상에 따라 보편적 객체(客體)로

2 가령 다음의 두 기사를 대비 고찰해볼 것이다. "(현종) 19년 정월 판(判)에 제도(諸道) 주현(州縣)으로 하여금 매년 상묘(桑苗)를 정호(丁戶)는 20근(根), 백정(白丁)은 15근씩 전두(田頭)에 종식(種植)하여 잠사(蠶事)에 이바지하도록 한다"(『고려사』 권79, 食貨志 2 農桑).:"호조에 명(命)하되 양잠조건(養蠶條件)을 갖추어 중외(中外)에 반포토록 한다. … 1. 민간(民間)의 재상(栽桑)은 대호(大戶)는 300주(株), 중호(中戶)는 200주, 소호(小戶)는 100주씩으로 하고 불능자(不能者)는 가장(家長) 및 수령(守令)을 아울러 과죄(科罪)한다"(『세조실록』 권16, 5년 6월 무인).

파악하여 과역(課役)의 등급을 정할 뿐이었다.[3] 이는 고려 시기가 정호층(丁戶層)을 일정 기준으로 하고서 편제한 지배체세를 운용하고 있었음에 비하여 조선 시기는 토지 소유·경영의 분화에 따라 구체적으로 정립된 개별 민호 전체를 바탕으로 하는 보다 보편적 지배체제를 운용하게 되었음을 반영한다. 그것은 국가의 인민 파악이 상대적으로 실상에 더 근접하게 되었다는 사실을 뜻하는 것으로 보인다.

전국의 호구와 토지(土地)가 그 같은 객관적 실체를 지닌 것으로 파악되기에 이른 역사 단계에서는 바로 그에 대응하는 지배체제가 현현하기 마련이었다. 좀 더 전제적으로 강화된 왕권(王權)을 정점으로 하는 양반사족(兩班士族) 중심의 지배체제, 그것을 행정 실무의 측면에서 뒷받침하기 위한 중인층(中人層)의 정립, 국가 직속의 기본 사회계층으로서 보편적 양민층(良民層)의 확충, 그리고 이 시기 지주(地主) 관인층(官人層)의 불가결한 종속노동력으로서 노비층(奴婢層) 확보 등 가장 엄격한 신분직역제(身分職役制)가 운용되기에 이르렀다. 그리고 주자학(朱子學) 계열 성리학(性理學)의 명분론적(名分論的)·교화론적(敎化論的) 사회사상이 배타적으로 이데올로기화하여 그 같은 상명하복(上命下服)의 계층적 사회체제를 보편적 질서로 설명하며 옹호하고 있었다.

그같이 전개된 여러 현상은 물론 전통적·인습적 여러 유제(遺制)들을 떠나 별도의 정립을 보이게 된 것은 아니었지만, 고려 시기의 경우보다는 좀 더 성숙한 사회구조의 전개를 보였다. 그 같은 사회현상들을 여기서는 사회경제적 측면과 정치사상적 측면으로 나누어 고찰하기로 한다.

---

3 "전(田) 50결 이상을 대호(大戶)로 하고, 30결 이상을 중호(中戶)로 하며, 10결 이상을 소호(小戶)로 하고, 6결 이상을 잔호(殘戶)로 하며, 5결 이하를 잔잔호(殘殘戶)로 함을 정식(定式)으로 삼아 차등(差等)을 두어 차역(差役)한다.(『세종실록』 권67, 17년 3월 무인)"

2. 국가와 소농민경영

1) 국역자 중심의 호구 파악

전근대 국가에서 군사(軍事)의 중요성은 막중한 비중을 차지했으므로, 당해 시기의 기본 사회계층에게 국가의 가장 기본 국역(國役)인 군역(軍役)을 담당하게 하는 것은 필연적인 일이었다. 고려 시기에는 군역이 정호층(丁戶層)의 담당이었던 것으로 알려져 있거니와 조선 시기의 그것이 기본적으로, 그리고 사실상으로 양민층(良民層)의 담당이 되었음은 주지의 사실이다.

그런데 여말선초에 이르러 그 군역의 부과 방법에 큰 변화가 일어났다. 즉 군인전(軍人田)의 지급과 양호(養戶)의 설정 제도에서 보이는 바와 같이, 토지와 결부된 군역제도가 무너진 고려 말에 이르러 3가(家) 1호(戶)이니 혹은 3정(丁) 1호이니 하는 법제호(法制戶)를 편성하고 그것을 군역 부담의 1단위로 책정한다는 제도가 창출되었으며 이후 조선왕조로 계승되었다는 사실이 그것이다.

토지 등 국가로부터의 경제적 보장이 되지 않는 단위 법제호에 직접 군역을 부과한다는 것은 그것을 구성하는 양민층이 개별 독자적 소농민경영체라고 하는 사실을 전제하고서야 가능한 일이었다. 물론 개별 소농민경영은 자체의 사회경제적 자립도가 아직도 낮았으므로 그 담당자끼리 상부상조하면서 군역을 수행케 하는 새로운 소공동체적 부담 단위의 책정이 불가피한 단계에 머물러 있었다. 조선 시기 양민의 의무 군역이 정군(正軍)인 호수(戶首)를 책정하고 거기에 봉족(奉足)의 재정적 후원을 결합시켜 파악하는 형태로 보편화하였다는 것이 바로 그 같은 사실을 말한다.

실제 조선왕조 개창 후 태종 3년(1403)에 병조에서 파악한 중외(中外)의 군사 수가 총 296,310명이었음에 비하여 동 6년(1406) 호조에서 파악한 전국의 인정(人丁) 수가 370,365명이었다는 사실,[4] 즉 '인정'의 대다수가 '군사'였다는 사실은 주목할 만하다. 이 시기의 호적(戶籍)은 군역 의무자를 중심으로 하는 국역자(國役者)를 파악하는 것이 우선적이었으며, 따라서 그 대다수가 양민층을 대상으로 했다는 사실을 가리키는 것으로 이해되기 때문이다.

그보다 훨씬 자세하게 파악된 『세종실록』 「지리지」를 살펴보면 도(道)별, 군현별로 실린 호(戶)·구(口)의 전국 합계는 201,853호, 692,475구인데 그 구수(口數)란 곧 남정(男丁)을 가리키는 숫자였다는 사실은 이미 널리 알려져 있는 바다. 더욱이 여기에는 병종(兵種)별 정군을 합한 수가 95,198명으로 파악되어있다. 1호에 1명 이상의 정군을 책립시키지는 않았을 것이며, 정군 아닌 봉족으로만 책정된 호가 다수 있었을 것이 확실하므로, 「지리지」에 파악된 호의 대다수가 양민호(良民戶)였다고 해석된다.

그것은 이 시기의 국가가 무엇보다도 군역 의무자 곧 양인 농민층을 기본 통치 대상이자 수취지반(收取地盤)으로 하여 운용되었다는 가장 확실한 객관적 증거가 된다. 뒤에 더 자세히 살펴보겠지만 실상 15세기에 확립되는 계전법적(計田法的)인 수취제도 아래서도 군역을 사실상 독담(獨擔)함은 물론이요, 전세(田稅)·공납(貢納)·요역(徭役)에 이르기까지 응분의 부세(賦稅)를 두루 담당하는 기본 사회계층이 양민층이었던 것이다.

조선왕조에서 위로부터의 책립이 아닌, 실제에 가까운 호구를 파악하

---

4 『태종실록』 권5, 3년 5월 병오 및 같은 책 권12, 6년 10월 병진 참조.

게 된 것은 15세기 후기에 가서의 일이었다. 즉 세조 대에 가서야 전국적으로 호구와 군액(軍額)의 철저한 실세 조사를 단행하여 대개 70만 호, 400만 구(口)를 호적에 등재시키고, 또한 정군 27만, 조정(助丁) 58만, 합계 85만의 군역자를 파악하기에 이르렀다.[5] 그리고 성종 대에는 이를 재조정하여 50만여의 군역자[6]를 확보하기에 이르렀고, 일반 호적상에 파악된 호구는 16세기의 중종 38년(1453)에도 836,669호, 4,162,021구로 나타났다.[7]

물론 이 시기에는 국가의 호적에 파악되지 않고 주가(主家)의 노비호(奴婢戶)·협호(挾戶) 등으로 은닉되거나 혹은 근착(根着)하지 못하고 거의 유망 상태에서 부침하는 호구가 극히 많았다. 호적상의 파악이란 것은 이전의 호적을 기준으로 하고 거기에 가능한 한 현재의 실세 파악을 참작하여 국가에서 식년(式年)마다 군현 단위로 책립(策立)해두는 숫자에 불과했다. 특히 군역은 도별, 군현별 군액이 큰 변동이 없는 한 대체로 일정하게 책정되어 있었다.

물론 호적상에 나타난 호명(戶名)은 실재(實在)하는 것이었다. 그것은 혹 노비호(奴婢戶)·협호(挾戶)·비부(婢夫)·고공(雇工) 같은 종속인구를 수십 명씩 주위에 거느리는 1호인 경우도 있었지만, 그야말로 한 부부와 자녀들로 구성되는 한 자연 가호(家戶)가 1호를 이루어 호적에 등재되는 수도 있었다. 그것이 대체로 다소간에 토지와 가옥을 소유하고서 생업의 항구적(恒

5 『訥齋集』 권4, 奏議 兵事六策 乙未(성종 6년) 6월 24일.

6 세조 대 이래 보법(保法)의 시행이 너무 과도한 군액(軍額)을 책정하였다 하여 오랜 논의 끝에 성종 8년(1477) 전국 군액의 재조정을 마감한 기록에는 강원·영안도의 액수가 빠져 있는데, 閔賢九, 1983, 『朝鮮初期의 軍事制度와 政治』, 한국연구원에서 이전의 여러 근거 수치를 가지고 이같이 산출하였다(동 86·87쪽).

7 『중종실록』 권101, 38년 12월 기해.

久的) 재생산(再生産) 과정에 종사하는 이른바 항산자(恒産者)로서, 국가를 상대로 세(稅)·역(役)·공(貢) 같은 부담을 항구적으로 지고 있는 자들이었다는 사실에는 틀림이 없다.

즉 조선 전기 사회는 대략 7·80만 호(萬戶)에다 400여만 구(萬口)의 세·역·공을 부담하는 호구를 파악하면서 그 가운데 50만 명 정도의 양인 군역자를 책립해두고 있었다. 이 시기 양인 다음으로 다수를 점하는 사회계층으로는 노비가 있었으나, 상대적으로 소수인 공노비(公奴婢)를 제외한 사노비(私奴婢)들은 대개 주가(主家)에 직접 혹은 그 비호하에 세·역·공의 부담으로부터 은닉되어 있었다는 사실을 간과해서는 안 된다. 15세기 후기의 기록을 보면, "지금 공(公)·사(私)의 노비로서 도루(逃漏)·은접(隱接)해 있는 자가 무려 백만(百萬)이나 된다"고 하였으며, 또한 "무릇 공역(公役)이 있으면 모두 공천(公賤)과 양민(良民)으로 하여금 당하게 하고 사천(私賤)에게는 미치지 않는다"고 하였다. 그 같은 형세는 16세기에도 마찬가지였다.[8]

조선 전기 사회의 양반사족(兩班士族) 등 지배 신분층은 자신의 사회적 특권을 향유하기 위해서라도 호적에서 은루(隱漏)되지는 않았지만, 그 구성 비율은 아마 1할에도 못 미치는 정도였을 것으로 보인다. 또 생산노동을 비롯한 각종 잡천역(雜賤役)에 종사하는 노비층은 양민 다음으로 큰 비율을 차지하고 있었지만, 왕실(王室)·척신(戚臣)·훈신(勳臣)을 비롯하여 특히 다수의 노비를 소유한 세력 있는 주가일수록 그 같은 자기의 노비를 공식·비공식으로 비호하여 호적에서 은루시켜 두는 경우가 많았다. 그런데 양민층은 국가 행정망에 직접 노출되어 생산물과 노동력에 걸친

8 『성종실록』 권170, 15년 9월 계축 및 같은 책 권91, 9년 4월 기해. 그리고 『중종실록』 권22, 10년 6월 무인 등 참조.

온갖 부담을 두루 담당함으로써 국가사회를 직접 지탱하는 기본 계층이었으므로 호적·군적(軍籍)에서 우선적 파악 대상이었다. 그러니 조선 전기의 호적에 올라있는 7·80만 호, 400만 구 대다수가 양민층이었다는 이해에 도달하는 것이다.

2) 지주의 농장경영

그러면 이 시기의 국가가 주로 의존하던 경제적 지반(地盤)의 기본 범주는 어떠한 형태의 농업 경영체였는가. 즉 이 시기 국가사회의 성격을 규정할 만한 기본적 소경영(小經營)은 어느 정도 규모의 영농형태들로 구성되어 있었는가.

"하삼도(下三道)는 토지가 비옥하고 물산이 풍부하여 조사(朝士)의 농장과 노비가 절반을 넘는다"라든가 "조사의 농장이 기내(畿內)에 많다"[9]는 사료에서 읽을 수 있듯이 이 시기에는 관인지주(官人地主)들의 농장 형태가 도처에 분포해 있었다. 물론 이들 사료는 전후 관계로 보아 그 같은 농장 형태가 많음을 특히 강조하는 입장에서 서술한 것이므로, 반드시 객관적 사실을 나타낸 내용이었다고는 할 수 없다. 그러나 그 같은 농장은 하나의 중요한 영농(營農) 범주로서 이미 이전 시기부터 널리 존속해 왔다.

우선 과전법(科田法)체제는 왕실이라든가 이른바 거실(巨室)·세가(勢家)로부터 품관(品官)·토호(土豪)에 이르기까지 원래 토지와 노비를 다수 소유한 지주관인(地主官人)층을 대상으로 다시 중앙 거주자에게는 관품에 따른 과

9 『세종실록』 권124, 31년 4월 계축. 『성종실록』 권20, 3년 7월 갑자.

전(科田)의 수조권을, 외방 거주자에게는 자기 소유지의 다소에 따라 10결 혹은 5결의 군전(軍田)의 면조권(免租權)을 절급하였다. 과전과 군전은 주로 지주관인층의 경제적 지반을 국가체제적으로 보장하는 신분제적 수조권의 분급이었던 것이다. 비록 반드시 상속되지는 않는 수조권의 보유에 불과하였지만, 그것은 당해인의 정치사회적 지배신분의 항구적 확보장치로 작용함과 동시에 원래 지주지(地主地)의 보전을 위한 절대적 보장이 되어주었다. 더구나 주로 왕권의 확보와 옹호를 싸고도는 데 기여한 이른바 훈신들은 자손 상전의 공신전(功臣田)과 노비를 중첩적으로 절급받아 그 경제적 지반을 더욱 군건히 다져갔다.

16세기에는 과전의 후신인 직전(職田)마저 소멸해갔지만, 한편으로 지주제(地主制)는 오히려 더욱 확대되었다. 이 시기에는 토지·노비 등 재산의 자녀 균분상속이 보편적인 관행이었으므로, 이미 형성된 지주제는 상속(相續)과 혼인(婚姻)을 통하여, 그리고 체제적 보장하에서의 새로운 개간(開墾)·매득(買得)을 통하여 확대 재생산되었다. "백성으로서는 전지(田地)를 가진 자가 없고 그것을 소유한 자는 오직 부상대고(富商大賈)·사족가(士族家)뿐이다"라거나, "세력 없는 자는 비록 토지와 노비를 가지고 있더라도 유세(有勢)한 집에 빼앗기지 않으면 반드시 내수사(內需司)에 빼앗기고 만다"는 등, 이 시기에는 소농민의 토지 상실과 그 이면에서 지주지의 집적(集積)이 크게 전개되고 있었던 것으로 사료상 누누이 확인된다.[10] 실로 16세기 지주지의 확대에 따른 소농민의 도산(倒産)과 궁핍화(窮乏化), 유민화(流民化), 도적화(盜賊化) 현상은 이 시기 최대의 국가사회적 현안으로 등장했으며, 이에 따라 토지의 균전론(均田論)·한전론(限田論)이 새로운 과제로

10 『중종실록』 권75, 28년 7월 을묘;『명종실록』 권13, 7년 5월 무자.

서 크게 부각되기도 하였다.

이 시기 지주의 사회적 성분은 왕실로부터 거실·세가, 부상대고(富商大賈)나 재향(在鄕)의 품관·토호, 나아가 사노(私奴)에 이르기까지 실로 다양하였던 것으로 나타난다. 그러나 범주적(範疇的)으로는 거실로부터 토호에 이르기까지 정치적·신분적 특권을 보장받는 사족관인층(士族官人層) 중심의 지주제가 전개되었다. 물론 사족관인층이라고 해서 그 지주지의 보존을 제도적으로 보장받는 것은 아니었다. 그러나 이 시기는 사족관인층의 정치사회적 특권이 가장 잘 보장된 신분제 사회이며 혼인은 계층 내부에서만 이루어졌으므로, 지주지는 관인층이 자녀에게 상속하고 그것이 혼인을 통하여 재분배되는 형태로 이합 집산하면서 계층 내부에서 보존되어가는 것이 일반적이었다. 또 "무릇 장리(長利)는 반드시 재상, 세가 및 토호라야 능히 다 거두고 쉽사리 늘릴 수 있다"[11]는 사실에서 유추되는 바와 같이 매득(買得)과 개간(開墾)을 통한 지주지의 확대도 현실적으로 유세층이 아니고서는 어려웠을 것으로 보인다. 이 시기의 지주제가 체제적 보장하에 있는 사족관인층을 중심축으로 하여 전개되었다는 사실은 그 같은 맥락에서 이해된다.

그러나 이 시기 최고 지배층인 양반 사족(士族)들에 의한 대토지의 집적조차도 그 주요 통로가 국가권력의 비호라든가 그것에 결부된 사회적 관행을 떠나서는 성립하기 어려운 것이었다. 그것은 정치사회적으로 공인된 공식, 비공식의 신분제적·특권적 방법에 근거한 분산적(分散的)·단속적(斷續的)인 집적(集積)에 따른 것이었으며, 따라서 어디까지나 상대적으로 규모가 큰 농장지(農莊地)의 분산적 분포가 특징이다. 그것은 결코 국

11 『세종실록』 권109, 20년 9월 병자.

가나 왕권을 상대로 대극적 사회구도를 형성할 만큼 독자성을 성취해낼 수 없었으며, 그런 의미에서 여타의 소농민경영과 마찬가지로 어디까지나 하나의 소경영 범주에 속했다.

그러나 이 시기의 지주제가 대체로 사족관인층을 중심축으로 하여 전개되었다는 사실, 그리고 관인층이 국가사회를 지배적으로 주도하고 주요한 사회경제적 영향력을 지속적으로 행사하고 있었다는 사실은 중요한 의미를 지닌다. 그것은 이 시기의 국가사회 구성이 마치 지주연합체(地主聯合體)의 구현인 듯한, 국가상(國家像)으로 현현하게 하는 주요인을 이루었다. 이 시기 국가사회의 보편적 요청은 그 직속의 지반인 양민층을 다수 확보하고 그 자립적 경리의 안정된 재생산을 보장하려는 정책으로 표현되고 있었지만, 왕실이라든가 거실세가 등의 현달(顯達) 관인(官人)으로부터 재향의 품관 토호에 이르기까지 관인지주층은 그 종속노동력으로서 다수 노비층을 확보하는 것을 더 우선적으로 요망하고 있었다. "지금 세속에서는 혼인(婚姻)할 때면 노비의 다과에 따라 가풍(家風)의 고하(高下)를 구별하는 고로 사람마다 노비 얻기를 힘쓴다"라거나, 혹은 "우리나라에는 대가세족(大家勢族)이 중외(中外)에 포열해 있는데 … 대가세족이 대가세족으로 행세할 수 있는 것은 그가 노비를 소유하고 있기 때문이니, 노비를 부림으로써 상하(上下)·내외(內外)의 분(分)을 지킬 수 있고, 예의염치(禮義廉恥)를 기를 수 있으며, 기력(氣力)을 성(盛)하게 가꿀 수 있고, 명망(名望)을 드러낼 수 있는 것이다"[12]라고 한 바와 같이 다수 노비의 소유는 이 시기 지주관인층의 정치적·사회경제적 지위를 유지하는 데 필수 불가결한 조건이었다. 이웃 나라에는 유례가 없는 종천법(從賤法)이라든가

12 『세종실록』 권97, 24년 8월 갑인;『세조실록』 권43, 13년 8월 기해.

추쇄법(推刷法)과 같은 극히 가혹한 노비 관련 법제가 이 시기에 다시 정립되고 강고한 구속력을 발휘하게 된 배경은 바로 그 같은 지주관인층의 현실적 요청과 관련되어 있었던 것으로 보인다.

이러한 사실은 이 시기 지주지의 경영(經營)이 주로 지주 자신 혹은 그 대리인에 의하여 노비의 종속노동력을 강력히 수탈하는 농장 직영(農莊直營)을 중심으로 하는 형태로 전개되었음을 방증해주는 것이기도 하다. 종래의 일반 학설은 조선 후기에서와 같은 지주-전호제가 이미 이 시기에 기본적 생산 관계로 정착되었다고 주장해왔지만, 그것이 객관적 검증을 거쳐서 정립된 것은 아니었다. 아직은 후기의 지주-전호제와 같은, 지주의 직접 수탈과 비호를 떠난 별개의 전호경영(佃戶經營)이 보편화할 만큼 생산력이 발전한 단계는 아니었던 것으로 보인다.

더구나 최근의 유력 학설들은 이 시기의 전호경영을 종래의 이론과는 실체를 달리하는 것으로 고찰하면서 지주지의 농장 직영형이야말로 이 시기 농업의 중심적 형태였다고 역설한다. 즉 노비라든가 협호(挾戶) 등을 예속노동력으로 사역하는 지주지의 직영 농장이 중심을 이루고 그 주위에 지주로부터 토지·우구(牛具)·종자 등의 생산수단 기타를 대여받는 종속적 전호경영이 다수 집적된, 복합적인 농장 형태가 이 시기 농업의 규정적 범주이자 국가 전세(田稅) 수입의 기본 지반이었다고 한다.[13] 여기서 종속적 전호경영은 그 자체가 비자립적 소농민경영으로서 호적이라든가 양안(量案)에 미등재된 채 경우에 따라서는 다시 유망의 길로 나서기가 쉬운, 따라서 세·역·공 같은 국가적 부담에서 은루되어있는 협호적(挾

13 이호철, 1986, 『조선전기농업경제사』, 한길사에서 제시한 이른바 대농경영설(大農經營說) 및 이영훈, 1988, 『조선후기사회경제사』, 한길사에서 제시한 주호(主戶)-협호설(挾戶說)이 대표적이다. 특히 전자는 "조선 전기 가장 발전적인 농업경영형태는 바로 대농적(大農的) 농장경영(農莊經營)"이었다고 한다.

戶的) 존재들로 고찰하고 있음이 주목된다.

3) 소농민경영의 실태

그 같은 지주지의 농장 직영형태는 분명 하나의 범주적 유형(類型)이었음이 틀림없다. 그러나 그 같은 지주경영이 과연 이 시기의 규정적인 기본 영농형태였는가에 대해서는 여전히 의문이 남는다. 현재 주장되고 있는 유력 학설의 기본 의거 자료가 대체로 16세기 유수한 현달(顯達) 가문(家門)의 상속(相續) 관계 기록이었다는 사실을 유의하여야 할 것이다. 그것은 대체로 지주관인이 자기 지주지의 자녀균분상속(子女均分相續)에 즈음하여 이른바 화회(和會)를 당부하는 말과 함께 부차적으로 그 경영 관계를 언급해둔 내용이다. 이 시기 지주지의 상속과 경영에 관한 사실을 전해주는 일차 기록이기에 그 같은 농장형태의 범주적 존재를 증명하기에는 충분한 사료로서의 가치를 지닌다. 그러나 지주지 직영의 농장형태가 이 시기 국가의 기본 경제적 지반이었다고 말할 수 있는 것인가. 오히려 15세기 지주관인으로서 거실들의 행태에 관한 다음의 기사를 살펴볼 필요가 있다.

> 한 고을 안에 거실(巨室) 수십 가가 있으면 그 세력이 수령(守令)을 능멸하고 시비(是非)를 전도시키기에 족하다. 권세가 성하매 아무도 감히 제어할 수가 없다. 용렬한 관리는 또한 위세에 겁내고 오히려 거실에게서 죄를 입거나 재상(宰相)에게서 꾸짖음을 당할까 봐 두려워하니, 어찌 그들에게 법을 시행할 수 있을 것인가. … 이에 열 집의 부역(賦役)을 한 집에 떠맡긴다.[14]

16세기의 다음 기사도 마찬가지 사정을 전해준다.

> 각 군현의 품관(品官)들이 모두 향리(鄕吏)·서원(書員)의 용사자(用事者)로 비부(婢夫)를 삼아 짝을 지어 공모하니 무릇 자기의 요부잡역(徭賦雜役)을 촌민(村民)들에게 분담시키며 백성을 속이고 약자를 침해하니 그 해악이 갖가지이다.[15]
>
> 대간(臺諫)이 말했다. "외방의 토호(土豪)들이 부세(賦稅)를 내지도 않고 관원을 겁주어 제약하니 수령(守令)·감사(監司)가 아무도 이를 다스릴 수가 없다." (부제학 유)희춘이 말했다. "토호의 강성함을 수령(守令)이 제어할 수 없다고 함은 사실이지만, 감사(監司)가 제어할 수 없다고 함은 과한 말이다. … 토호들이 토지의 부세(賦稅)인즉 군이 바치는 터이지만 연호잡역(烟戶雜役)인즉 도면(圖免)하여 과약자(寡弱者)를 침해하고 관속(官屬)을 겁주니, 이것이 너무 심한 것이다."[16]

그 같은 현상은 왜란을 전후한 16세기 말이나 17세기 초에 가서도 마찬가지였다. "지금 전지가 천맥(阡陌)에 잇닿아 있는 자는 모두 호세(豪勢)하여 공부(貢賦)를 거납(拒納)하고 있다"든가, "품관(品官)이라든가 세가는 전지가 천맥에 잇닿아 있어도 부(賦)·역(役)에 응(應)하는 자가 절소(絶少)하고 빈천(貧賤)한 하호(下戶)는 입추(立錐)의 땅이 없는데도 괴로운 침독(侵毒)을 입고 있다"[17]는 실상이었던 것이다. 이 시기의 부세 가운데 가장 무거

14 『세조실록』 권46, 14년 6월 임인.

15 『중종실록』 권80, 30년 11월 병자.

16 『선조실록』 권8, 7년 5월 계묘.

17 『선조실록』 권7, 6년 3월 정유 및 『광해군일기』(태백산본) 권157, 12년 10월 정미.

운 부담이 되었던 공부를 두고 보더라도, 소농민층의 파산과 유리도산은 구조적으로 규정되었다.

즉 '거실'에서부터 '토호'·'품관'에 이르기까지 조선 전기의 세력 있는 지주사족(地主士族)일수록 국가 행정기관의 수취체제로부터 사실상 일탈해있는 존재들로서, 자신과 그 예속 호구들이 모름지기 부담해야 할 응분의 부역을 제대로 부담하지 않고 있었다는 사실을 사료는 전해준다. 그것은 곧 국가의 존립 지반을 잠식하는 행태였던 것이다. 아마도 국가의 기본 부역조차 담당치 않는 거실·세가 혹은 토호·품관 같은 지주사족들을 기본 지반으로 하고서 국가를 유지·운용하기는 어려웠을 것으로 판단된다.

그뿐 아니라 지주지의 직영이 규정적 범주로 보편화하여 있는 상태라면, 이 시기의 기본 토지법제로 정립되어 있는 과전법이라는 분급수조지제를 운용하기는 사실상 불가능하였을 것으로 보인다. 물론 과전 같은 경우는 관인 자신의 지주지인 이른바 '누대의 농사(農舍)' 위에 설정되기도 했지만, 기본적으로 일반 소농민의 '소경전(所耕田)' 위에 설정되어 운용되는 것이었다. 과전이 설정된 경기지역의 자기 소경전을 경작하는 '전객(佃客)'의 보편적 실체는 어디까지나 소농민경영체(小農民經營體) 그것이었다. 그는 수조권자인 '전주(田主)'를 직접 상대하여 납조(納租)하면서 자신의 소경리(小經理)를 재생산해가고 있었다. 따라서 일상적으로 자행되는 전주의 과도한 수탈에 대한 소농민들의 불평은 대단하였고, 그에 따라 과전 등을 일정 부분 하삼도로 이급(移給)할 수밖에 없다는 논의가 일어나기도 하였다. 직전에서의 관수관급제(官收官給制) 또한 그것이 설정된 경기의 감사(監司)를 통하여 농민들에게 새 법(法)의 편의 여부를 물어본 후 동의(同意)하는 자가 훨씬 많다는 사실을 확인하고서야 시행하게 되었다는 사실도 그 직전을 소유·경작하는 주체가 보편적으로 소농민이었다는 것을 명백히 말해준다.

과전·직전이 운용된 경기지역의 기본적 농업 경영형태는 지주지의 농장 직영이라기보다는 일반 소농민 경영형태가 보편적이었다. 과전·직전이 경기지역에서만 운용되었다고 해서 이 지역에서만 그 같은 소농민경영이 규정적 범주였으리라고 볼 수 있을 것인가. 지역적 편차야 있을 수 있겠지만, 이 지역의 소농민이 '전주'를 상대로 납조하는 한편, 여타 지역에서는 국가를 상대로 납조하는 소농민경영이 보편적으로 전개되었던 것으로 보인다. 그것이 곧 과전법체제가 국가의 기본 토지법제로서 현실에서 실현될 수 있었던 이 시기 농업경제의 기본 바탕이자 실상으로 이해된다.

그뿐 아니라 이 시기 국가재정의 주요 항목을 이루었던 공납과 요역의 부과 기준이 이전의 계정법(計丁法)으로부터 계전법(計田法)으로 이행하기에 이르렀다는 사실도 아울러 다시 살펴보아야 할 것이다. "무릇 공부와 요역은 농민의 소경전의 결부수에 따라 정한다"[18]는 법제는, 사실상 그 시행 과정에서 많은 애매성을 노정하되, 자신의 '소경전'을 경작하는 소농민층의 보편적 존립 현상을 전제하지 않고서는 결코 성립하거나 운용될 수 없는 수취제도였다. 거실·세가라든가 토호 같은 세력 있는 지주 관인들은 오히려 부역을 모피하는 것이 관례화하였기 때문이다.

그것은 이 시기 연작(連作)농업의 광범한 성취를 통하여 토지생산성이 상대적으로 높아짐에 따라 그것을 개별 분산적으로 경영하는 소농민의 국가사회적 비중이 계층적으로 더 성장하였고, 따라서 토지에 대한 사회

18 『성종실록』 권4, 1년 4월 병자.

적 인식이 그만큼 제고되었다는 사실의 반영으로서 수립된 제도로 해석된다. 그래서 인정보다도 토지를 주된 기준으로 하여 과역(課役)의 단위를 계산·파악하는 법제가 성립·운용되기에 이르렀다. 시험 단계에서 경기·전라지역의 농민이 모두 편하게 여긴다고 보고되었다는 사실은[19] 그것이 소농민경영의 실상에 더욱 적합한 과역제(課役制)로 객관적으로 판명되고 있었음을 말해준다. 즉 토지와 가호를 소유한 소위 항산적(恒産的) 소농민(小農民)의 광범한 성장과 그 보편적 존립을 전제로 하고, 그들을 상대로 더 효율적인 부역을 수취하기 위하여 고안된 새로운 과역제도가 계전법으로 정착하기에 이르렀다.

지역적인 그리고 규모상의 편차야 다양하였겠지만 조선 전기 사회의 규정적 영농형태는 소농민경영이었던 것으로 판명된다. 경제적으로 볼 때 국가와 소농민경영의 관계를 기본 구조적 축(軸)으로 하고서 이 시기의 국가사회가 운용되고 있었다. 이 시기 국가의 호적에 책립된 7·80만 호의 주축을 이루는 계층이 곧 그들이었던 것으로 보인다. 그들은 이 시기 사회적 기본 계층인 양민과 별다른 계층이 아니었다. 즉 이 시기 역사를 추동하는 기본 사회계층으로서 국가와 대극적(對極的) 위치에 서서 기본적으로 모순 관계를 구성하고 있는 직접생산자층의 보편적 존재는 양민 소농민경영층이었던 것으로 해석된다.

물론 그 같은 소농민경영의 전개는 근원적으로 다양한 사회적 분화를

---

19 "처음 정당문학(政堂文學) 하륜(河崙)이 경기·전라의 양도(兩道) 감사(監司)를 역임하면서 병출어농(兵出於農)이라는 옛 뜻에 따라 민호(民戶)의 간전(墾田) 다소(多少)를 헤아려 부역(賦役)을 차정(差定)하는 법을 시행하매 농민들이 심히 편하게 여겼다"(『태조실록』 권15, 7년 12월 갑진). 또한 토지생산력이 상대적으로 저급하여 아직도 '세역(歲易)' 농경의 단계에 머물러 있는 북방의 경우 계정법(計丁法)을 그대로 시행하자는 요청이 윤허되고 있음도 참고할 만하다(『세조실록』 권32, 10년 2월 갑신).

수반했다. 그들의 구체적 실체는 어떠한 모습으로 존립하며 변천하고 있었는가.

가령 "지금 양민이라 칭하는 자들은 그 등급이 한결같지가 않다. 비록 의관벌열(衣冠閥閱)의 후예는 아니지만 상하(上下)·내외(內外)의 구별을 갖춘 자가 있으며, 비록 상하·내외의 구별을 갖추지는 않았지만 대대로 평민(平民)인 자가 있으며, 비록 신분이 천민(賤民)은 아니지만 천민과 다름없는 자가 있다"[20]고 전하는 바와 같이, 같은 양민 신분이라 하더라도 그 사회적 처지는 천차만별로 다양하였다. 그들의 기준적 영농 규모는 대체로 어느 정도였을까.

우선 조선 초기에 군역자(軍役者)를 호수(戶首)와 봉족호(奉足戶)로 구분하면서, "무릇 모든 봉족호는 2·3결 이하인 자를 쓸 것이며 4·5결 이상의 소유자는 허용치 않는다"고 한 규정[21]을 주의할 필요가 있다. 물론 여기서 4·5결 이상을 소유한 양민으로서 봉족호의 도움 없이 독자적으로 군역을 수행하는 자가 없었다고는 할 수 없다. 그러나 그러한 농민은, 실상 다음에 살펴보는 바와 같이 소지주적 존재여서, 결코 보편적 소농민의 일반형(一般型)이라고는 할 수 없는 존재였다. 이 시기 양민의 군역은 호수-봉족제로 편제되어 있는 것이 보편적이었으므로 그런 특수한 존재를 봉족호로 차정해서는 안 된다는 사실 인식 위에서 이 규정이 내려진 것이었다. 그러니 양민 소농민 일반의 토지 소유 및 경영 규모가 4·5결 이하임은 물론, 더 일반적으로는 2·3결 이하였다는 사실이 짐작된다.

비록 실현되지는 않았지만 고려 말의 전제(田制)개혁 과정에서 장차 국

---

20 『세종실록』 권64, 16년 4월 임술.

21 『태종실록』 권7, 4년 5월 계해.

역을 담당시킬 자에게 호당(戶當) 1결씩의 토지를 절급한다는 구체적 개혁안이 제시되고 있었다는 사실도 여기서 다시 고려해보아야 할 것이다. 즉 우왕 14년(1388) 7월 개혁의 핵심 주동자인 조준(趙浚)의 상소에 '백정대전(白丁代田)'이라는 항목으로 설정한바, "백성(百姓)으로 호적에 올라있으며 차역(差役)에 당할 자에게는 호마다 1결을 절급하되 납조(納租)를 불허하며, 공·사천인으로서 차역에 당할 자에게도 또한 절급하도록 하고, 호적에 명백히 기록해둔다"[22]는 내용이 그것이다.

여기서 '차역'의 내용이 무엇인지는 적실히 알 수 없으나, 이는 토지개혁안의 구체적 항목 중 하나로 설정된 것이다. 또한 같은 개혁안 가운데 '군전'은 이에 앞서 별도로 설정되었다는 사실을 고려할 때, 대체로 군역과는 다른 일정 국역을 지칭한 것으로 이해된다. 고려 말의 토지개혁론에서는 일정 직역을 갖지 않은 농민에게 대전(代田)[23]을 1결씩 면조(免租)해줌으로써 그들을 일정한 국역에 차역할 자로 책정한다는 규정을 호적으로 처리해두고자 하였다. 유의해야 할 사실은 일정 국역의 부담과 토지 1결의 면조라고 하는 대응 관계이다.

실제로 고려 말기 왜구(倭寇)의 침략에 대비하여 전라도 해변지역의 군사를 강화(江華)·교동(喬桐) 등지로 옮겨 살게 하고 항구적으로 수군(水軍)의 역을 담당시키면서 국가가 그들에게 지급한 토지가 각 호당 1결 50부씩이었다는 사실은 특히 주의를 요한다. 관련 사료를 보면 그 1결 50부의 경작에는 '고공(雇工)·한민(閑民)'들의 종속노동력이 동원되었으며, 그것의

22 『고려사』 권78, 전제 녹과전.

23 "국속(國俗)에 집 지을 터를 가대(家代)라고 이른다"(『세종실록』 권69, 17년 9월 경오)고 하였으니, 대전(代田)이란 곧 가대전(家代田)의 준말로서 집 주위의 텃밭을 이른 것 같다. 종래 이를 역전(易田) 즉 휴한전(休閑田)으로 해석하는 경우가 있었으나, 적절치 못한 듯하다. 텃밭에는 대체로 '전실수세(全實收稅)'가 관행되었다.

경영을 바탕으로 하고서 호수 1정(丁)을 중심으로 봉족 2명과 다시 여러 명의 '한역자(閑役者)'가 기식하는 상태였다.[24] 물론 이는 당해 토지를 국가로 회수하려는 입장에서 서술한 것이므로, 그 수군 호수가 모두 그같이 여럿씩의 장정을 옹유하고 있었는지는 극히 의심스러운 바다. 오히려 고공·한민·봉족·한역자를 중첩으로 나열하여 과장되게 표현했을 것으로 보인다. 또한 고려 말 왜구의 창궐이라는 창황 중에 지급된 이 토지가 반드시 양전(量田)을 통해 규정된 액수였으리라고 여겨지지도 않는다. 그러나 개략적으로 보아 하등전(下等田)으로 지급되었으리라고 보이는 이 시기 토지 1결 50부(負)는 수삼 인 장정의 노동력이 투입되어야 하는 경작 규모였다. 그래서 수군 1호의 호수 및 그 아들·사위 등 봉족과 거기 딸린 가족 등 여러 사람의 부양이 가능한 경제적 지반이 될 수 있었던 것으로 판명된다.

그러므로 조선 전기 1·2결 정도를 경영하는 양민 자작농호(自作農戶)라면, 별다른 외부의 침책(侵責)을 받지 않는 한, 호수로서의 군역을 수행하면서도 자못 소경영으로서 상대적으로 자립적인 재생산 과정을 유지해 갈 수 있는 처지가 아니었나 한다. 우선 이 시기 토지의 소유 및 그 영농 규모에 관한 가까운 사료들을 일별하기로 한다.

① 10결 이상을 경작하는 자는 모두 호부(豪富)한 백성이요, 토지 3·4결을 가진 자도 대체로 적다.

② 하삼도(下三道)는 땅은 좁고 사람은 조밀하다. 3결을 경작하는 집에 자식이 셋 있어서 그 전지(田地)를 나눈다면 1인이 다만 1결을 경작

24 『세종실록』 권1, 즉위년 9월 을해.

하게 되니 민생(民生)이 어찌 넉넉하겠는가.

③ 소민(小民)의 전지(田地)는 불과 1·2결인 자가 많다.[25]

세 가지 사료는 모두 15세기 세종임금 때 수세(收稅)제도의 일대 변혁을 가져올 공법(貢法)의 시행 및 북방으로의 사민(徙民) 계획과 같은 국가 시책의 대상으로서 농업경영 규모와 관련하여 논의된 것들이다. ①과 ②의 기록은 농경지의 확대보다도 인구수의 증대가 앞서가는 현실에서 그 경영 규모의 세분화가 필연적이라는 사실을 강조한다. ③의 기록은 새로운 공법에 따라 급재(給災) 단위를 5결로 정할 경우 '소민(小民)'들의 소규모 영농은 제외되어 피해를 보게 된다는 사실을 두고 말한 것이었다. 따라서 그 내용에는 당시 1납세(納稅) 가호(家戶)의 영농 규모가 일반적으로 크지 않다는 사실을 상대적으로 강조하는 입장이 전제되어 있다. 그같이 전제된 입장을 제대로 고려하면서 고찰한다면, 여기서 중요한 몇 가지 사실을 해석해낼 수 있을 것으로 보인다.

①에서 10결 이상을 소유한 '호부(豪富)한' 가호는 지주급에 속하는 자로서 그 신분은 일반적으로 사족층(士族層)이었을 것으로 보인다. 3·4결을 가진 자도 그 비율이 '적다'는 것으로 보아 이 시기 주민의 대다수를 점하는 양민층 일반의 소유·경영 규모는 아니었을 것으로 판명된다. 그것은 아마도 사족의 하층·양민의 상층에 해당하는 자들의 영농 규모였을 것으로 짐작된다. 또한 '소민'으로 표현된 ③의 경우는 그 문자의 의미상 결코 사족을 가리킨 것으로는 보이지 않거니와, 결코 노비호를 두고 말한 것 같지도 않다. 그것은 아마도 그 비율이 '많다'고 관찰된바 곧

25 차례로 『세종실록』 권83, 20년 11월 경자; 같은 책 권94, 23년 12월 기유; 같은 책 권112, 28년 6월 갑인.

소농민경영에 종사하는 양민층 일반을 두고 말한 것으로 판명된다. 1가호(家戶) 1결 단위로 세분 상속되는 ②의 경우도 비슷한 처지의 소농민을 두고 이른 것으로 보인다.

이 시기의 소농민 가운데 1·2결 정도의 양민호가 '많은' 비중을 차지하고 있었다는 사실은, 위의 수군의 예에 비추어 보아, 중요한 의미를 지니는 현상으로 보인다. 그것은 소농민경영으로서의 자체 존립이 어느 정도는 가능한, 즉 외부로부터의 비법적 교란을 받지 않는 한 다소간에 그 재생산 과정에서의 자립도를 상대적으로 갖춘 기준적 영농 규모에 해당하는 자가 아니었을까. 그것이 곧 일반적인 '군정(軍丁)의 예(例)'로서 거론되기도 하는, "아버지는 정군이 되고 아들과 사위는 봉족이 되어 3정(丁)으로서 1정군(正軍)을 이루고 있는"[26] 하나의 기준적 양민호에 가까운 자가 아니었을까. 그래서 살펴본바 "비록 상하·내외의 구별을 갖추지는 않았지만 대대로 평민인 자"로서 군역 등을 어렵사리 담당하면서도 자신의 사회적 처지를 항구적으로 유지해가고 있는 중견적 양민층에 해당하는 자를 두고 말하는 것은 아니었을까. 그래서 인용 사료의 거론 배경을 살핀 대로, 국가시책에서도 우선 고려해야 할 대상으로 논의되고 있는 기준적 소농민층이었다고 할 수는 없을까.

그런데 이 시기 아마도 다수의 농민은 1결 미만의 영농에 종사하는 빈농들이었을 것으로 보인다. 이는 대개 양민 하층 및 다수 노비 농민들에 비정되는 경영 규모였으리라고 여겨진다. 우선 성종 대 충청도에 관한 다음의 사료를 자세히 검토해볼 필요가 있다.

---

26 『세종실록』 권45, 11년 7월 임신.

대사간 김수손(金首孫)이 아뢰었다. "작년은 흉황이었고 금년은 비록 다소 풍년이지만 곡식을 저축하고 있는 자가 적습니다. 이제 만약 연분(年分)을 올린다면 1결에 쌀 2두씩 더 내게 될 터이니 이를 갖추지 못하면 농민이 또한 유망하게 될 것입니다." 특진관 호조판서 이덕량(李德良)이 아뢰었다. "그 말은 맞지 않습니다. 1결의 토지는 한 사람이 경작하는 것이 아닙니다. 한 사람이 바치는 것은 수승(數升)에 불과합니다. 어찌 유망할 지경에까지 이르겠습니까?"[27]

여기서 '한 사람'의 실체가 납세의 부담을 지고 있는 한 자연가호(自然家戶)인 것이었음은 더 말할 필요가 없다. 같은 시기, 이제 갓 체직되어 돌아온 경상도 관찰사의 다음 보고도 주의 깊게 살펴보아야 할 것이다.

경상도는 경지가 좁고 백성은 많습니다. 백성으로서 논을 가진 것은 그 낙종(落種)의 수가 많아야 1석을 넘지 못하고 적은 자는 10두에도 미치지 않습니다. 그 때문에 촌전(寸田) 척지(尺地)라도 서로 쟁탈하게 되고, 사람이 다치게 되는 일도 자주 일어납니다.[28]

즉 15두락 혹은 10두락 정도가 15세기 후기 경상도 소농민들의 일반적 영농 규모인 것으로 보고되었다. 물론 거주 호구에 비하여 상대적으로 경지가 넉넉한 여타 지역은 이보다 여유 있는 영농 규모가 더 일반적이었을 것으로 생각된다. 그러나 양자 사이에는 어디까지나 상대적인 차

27 『성종실록』 권197, 17년 11월 신해.

28 『성종실록』 권212, 19년 1월 정축.

이가 있었을 뿐일 것이라는 사실 또한 간과해서는 안 된다. 다시 하삼도 소농민의 일반적 경작 규모를 짐작게 해주는 다음의 사료를 검토하기로 한다.

> 하삼도(下三道)인즉 각기 소경전(所耕田)의 다소(多少)에 따라 혹 몇 되, 몇 말 씩을 백성들로부터 거두어 상세(常稅)로 삼고 있다.[29]

이 논의는 양전할 때 5결 작정(作丁)의 원칙을 준수하느냐 여부를 두고 하삼도 농민의 소경전 규모가 영세하다는 사실을 강조하면서 꺼낸 것이므로 다소의 과장이 섞여있을 수 있다. 그럼에도 불구하고 1결의 전세가 상상년(上上年)은 20두, 하하년(下下年)은 4두로 책정되던 이 시기에, 몇 되(升), 몇 말(斗)씩을 전세로 바치는 농민의 소경전 규모라면 아무래도 그리 큰 것이었다고 할 수 없을 것으로 보인다. 국가는 그처럼 영세한 소농민 경영을 상대하고 있었던 것이다.

『반계수록』에 "지금 산간지역의 농민으로서 일부일부(一夫一婦)가 경작하는 것은 겨우 논 10두락과 밭 1일여 경(日餘耕)이니 합쳐서 종도(種稻) 20두락지(斗落地)에 불과한데도 요족하다. 들이 넓은 곳 사람들은 한 농부가 경작하는 것이 거의 종도 30여 두락지인데도 역시 굶주리는 자가 있다"[30]고 한 내용도 충분히 참작할 만한 관찰이다. 오랜 영농 관행으로 보아 비옥한 토지란 지주사족들의 수중으로 들어간 지 오래이며, 산간이나 들판의 농부가 그나마 가진 것은 하등지에 불과한 편이었다. "호남의 박

---

29 『연산군일기』 권12, 2년 2월 계축.

30 『磻溪隨錄』 권1, 전제 상.

전(薄田)은 40두락(斗落)이 1결"[31]이라는 다산(茶山)의 관찰을 일반적인 현상으로 받아들인다면, 조선 전기 하층 소농민의 보편적 영농 규모는 아마도 1결 미만이 아니었을까 하는 이해에 도달하게 된다. 이들 다수도 신분상으로는 아마 양민층이었겠지만, 그 군역의 주된 형태는 원칙상으로 봉족, 즉 보인(保人)의 역을 담당하도록 편제되었을 것으로 보인다.

4) 국가체제 기축으로서의 소농민경영

조선 전기에는 수십 결에서 3·4결에 이르는 다양한 규모를 소유한 지주가 존속하고 있었지만, 그것이 이 시기 국가의 사회경제 관계를 규정할 만한 비중을 점한 범주였던 것으로는 보이지 않는다. "10결 이상을 경작하는 자는 모두 호부한 백성이며, 3·4결을 가진 자도 적은 편"이라고 한 서술은 대체로 객관적 사실을 말한 것으로 보인다. 그 같은 지주지의 경영은 지주 자신 혹은 그 대리인에 의한 농장 직영의 형태가 중심이 되었고, 거기다 노동력을 제공하는 지주의 노비·협호 등이 그 외곽에서 소규모의 종속적 병작경영에 종사하고 있었다. 소유 규모가 큰 지주지일수록 여러 곳에 분산되어 있었으며, 아직 노동조직의 한계성으로 인하여 하나의 농장이 일정 규모를 초과하는 대경영의 형태로 전개되기는 어려운 편이었다. 혹 대지주라 지칭되는 경우도 그 같은 소경영의 단순 집적체로 구성되어 있었다.

한편 1·2결을 소유한 자영농은 물론 지주의 경우보다 훨씬 더 큰 비율을 차지했다. 이는 호주(戶主) 부부를 중심으로 그 자식(子息) 부부 혹은

31 『經世遺表』 권8, 田制 10 井田議 2. 그 지역의 상답(上畓)은 20두락이 1결이라고 하였다.

여서(女壻) 부부 등 주로 가족 노동력을 구사하는 자영(自營)의 소경영체(小經營體)였으리라고 보인다. 이 시기에도 노비 등 타인 노동력의 노동의욕 내지 노동효율은 매우 저조한 편이었으며, 더 영세한 소농민층은 토지·우구(牛具) 등이 부족하거나 열악하여 노동생산성을 충분히 발휘할 수 없었다. 따라서 별다른 외부의 교란을 받지 않는다면 이 정도 규모의 자영농이야말로 경제적 유인(誘引) 관계로 보아 가장 애써 농사짓는 선진적·기준적 영농형태에 해당하는 것이 아니었을까 한다. 물론 자연재해와 국가사회적 침책 등으로 인하여 이들도 경우에 따라서는 여지없이 파산하여 유이민으로 나서기도 하였다.

그리고 숫자상으로는 아마도 이 시기 소농민경영의 대다수를 점하였으리라 여겨지는 1결 미만의 자영농은 대체로 자기 소가족노동에 의존할 수밖에 없는 영세경영에 가까운 소경영체였던 것으로 이해된다.

한국 중세시기에 비중을 가진 영농 범주를 들자면 지주지 직영의 농장형, 소농민의 자경지 자영형, 그리고 소농민의 차지(借地) 전호경영형이라고 하는 세 가지로 대별할 수 있다. 물론 조선 전기에는 이 세 가지 형태가 공존하고 있었다. 그런데 국가경제에서 차지하는 구성 비율을 들자면 역시 소농민 자영형이 기본이 되고 지주지 농장형이 그다음을 점하고 있었던 것으로 이해된다. 지주와 병작반수(竝作半收) 관계에 있다고 흔히 표현되는 병작농은 이 시기에는 아직도 지주지의 농장의 외곽에서 부수적으로 존립하는 형태가 일반적이었다. 그러나 생산력의 발전과 함께 점차 그 독자성을 높여가고, 따라서 그 범주를 확대해가고 있었던 것으로 보인다.

그런데 이 시기에 영세한 다수의 소농민은 근착하기 어려운 낮은 자립도에 항구적으로 골몰하면서 국가의 환곡(還穀)이나 지주사족들의 장리 등에 크게 의존하여 연명하고 있었다. 그래서 영세 소농민일수록 국가적 수취와 지주사족의 수탈이라는 일상적 굴레를 벗어나기가 어려웠다. 이것이 양민 자영농을 규정적 범주의 사회경제적 바탕으로 하는 이 시기의 국가에서 국가권력의 일차적 담당자인 지주사족층의 지배체제가 전형적으로 구현되는 기초 조건을 이루었다고 해석된다.

그러나 조선 전기에는 지주경영이나 소농민경영이 다 함께 소경영의 범주에 속하는 단계로, 그 반영물인 상부구조로서의 국가가 직접 이들을 상대하여 통치행위를 수행하는 체제를 구현하고 있었다. 기본적 생산 관계는 국가와 농민, 그것도 주로 국가와 자영 소농민 간의 관계로 구현되었으며, 따라서 이 양자의 관계가 기본 모순(矛盾) 관계로 현현되었던 것이다. 바로 이 같은 생산 관계야말로 왕토(王土)사상을 주요 이데올로기적 지반으로 원용하는 중앙집권적 왕권을 정점으로 옹립하고서 그것을 대행하는 계층적·관료제적 지배체제를 구현하고 있는 우리나라 중세 국가의 전형적 사회경제 구성을 현현시킨 기본 바탕이 아니었나 한다.

조선 전기 사회는 국가와 그 국가를 직접 지탱하는 사회계층인 양인 농민층을 기본 축으로 하여 운용되었다. 따라서 기본 국역인 군역이 이들에게 부과되고, 농업을 비롯한 직접 생산활동의 대부분을 이들이 수행했으므로 각종 국가 수취제도라든가 권농정책이 이들을 기본 대상으로 하여 운용되었다. 달리 의존할 비호세력이라고는 없을 뿐 아니라 오히려 국가사회의 공식·비공식의 갖은 침책 아래 노출된 이들은 당시의 생산력 수준으로서는 각기 자신의 소농민경영에서의 자립도가 무척 낮은 상태에 놓여있었다. 빈번한 자연적·사회적 재난 앞에서 빈한한 소농민일수록 유망(流亡) 현상은 일상적인 일이 되었다.

국가로서는 이들의 항구적 안착과 그 사회적·경제적 재생산을 확보하는 것이 자체의 존립을 위한 필수 조건이었으므로 그 보호정책을 여러 가지로 강구하고 있었다. 수령은 물론 면임(面任)에게까지 권농(勸農)의 책임을 지워 독책하며, 파종에서부터 김매고 수확하는 일에까지 농사일을 꼭 제때 맞추어 수행하라는 국왕의 곡진한 권농 교서가 자주 반포되었다. 춘궁기에 곡식 종자와 양곡을 대여해주고 추수 후에 이를 환수해 들이는 환곡제도를 운영함으로써 이들 소농민경영의 항구적 재생산체제를 유지하려는 노력을 항구적으로 기울이고 있었다. 객관적 기준을 가진 근거 척도를 바탕으로 하는 양전제도를 마련하고 호적과 인보(隣保)제도를 정비하는 등 수취(收取)의 균평을 기하려 하였다. 이전까지는 매우 애매하였던 공납제(貢納制)도 식례공안(式例貢案)의 정립 사실에서 볼 수 있듯이 국가 및 왕실 재정을 상대적으로 일정하게 제도화함으로써 수취체제의 큰 개선을 가져왔다. 또한 각 고을 수령의 책임 아래 상실(橡實) 등의 구황식을 대대적으로 예비하는 일을 전개하고 있었다. 『경국대전』과 같은 기본 법전에 무주전(無主田)의 타인 이급을 말하면서도 거기에 군역자 우선의 원칙을 밝혀둠으로써 이들에게 가능한 한 토지 같은 생산수단을 우선적으로 확보해준다는 법제를 설정하기도 하였다.

3. 전제왕권과 성리학적 지배이념

1) 왕권의 제도적 강화

조선왕조에 와서는 그 전 시기에 비하여 왕권이 일층 강화되었다. 조선왕조에서는 상대적으로 그 전 시기의 귀족적·호족적 지배방식에 비하여 행정적·관료적 지배의 측면이 더 강화되었다. 동시에 그 같은 지배체제의 필연적 요청에 따라 여러 분야의 법례, 그리고 그것을 총괄하는 『경국대전』과 같은 기본 법전이 정비되고 나름대로의 법제적 지배가 시도되었다.

우선 조선왕조에 와서는 고려 시기의 귀족제적 정치행정권을 분립 행사시킴에 따라 사실상 왕권이 한층 더 강화될 수 있었다. 이른바 재(宰)·추(樞)의 합좌기구로서 최고의 정치 의결기관이었던 도평의사사는 그 '합좌'의 일부 관습만을 남기고 해체되었다. 또 문하부의 경우 그 국정 총관의 권한은 의정부로 이관되고 간쟁의 기능은 사간원으로 분립되었다. 이른바 추신(樞臣)의 정치기구로서 중추원의 경우 그 군기(軍機) 장악의 권한은 병조로 이관되고 왕명 출납의 일은 승정원으로 분립되었다. 또한 재정의 총괄기구였던 삼사는 해체되고 그 기능은 호조로 흡수되었다. 고려 후기에 설립되어 독자적 기능을 행사하던 상서사(尙瑞司)의 인사 행정권은 이조로 이관되었다. 그리고 고위 재상들이 장악해오던 육부(六部)의 판사(判事)제는 없어지고 조선왕조의 육조(六曹)는 그 장관인 판서(判書)가 정2품의 정경(正卿)이 되었으며, 인사·재정·군사권 등이 이제 어느 상위 부서의 직접적 제한도 받지 않는 이(吏)·호(戶)·병(兵) 등 각 조의 고유 권한으로 확보되었다.

거기다 최고 정치기관인 의정부마저 육조직계제(六曹直啓制)의 확립에 따라 그 고유의 정치적 권한이 많이 축소되기에 이르렀다. 이제 육조는 국왕을 상대로 각기 그 소관부처의 정책을 건의하는 국가의 중요 정책 기구이자 다수의 속아문(屬衙門)을 거느리고 육전제(六典制)라고 하는 지배체제의 전 분야를 포괄하는 국가의 주요 집행기관이며 국정의 중요 운용기관으로 행세하게 되었다. 이 사실은 조선왕조의 정치가 귀족적 정치행태라기보다는 상대적으로 행정적·관료적 행태로 변천하게 되었음을 의미한다. 물론 의정부 대신들의 견해가 항상 우선 채택되는 것이 통례이기는 했지만, 이제 제도상 행정 실무부서의 실제적 경험을 토대로 하는 구체적 정책 건의가 육조(六曹)를 통하여 국왕에게 직접 계달될 수 있었다. 따라서 정책의 결정권이 더욱더 왕권에 집중되도록 구조화하기에 이르렀다.

그리고 시종신(侍從臣)으로서 삼사(三司)의 언로(言路)가 확장됨에 따라 왕권은 제도상으로 이른바 사류(士類)의 여론을 대변하는 삼사의 정치적 견해를 참작할 기회가 커졌으며, 동시에 상소(上疏)제도가 확대됨에 따라 재야 사류의 광범한 정치적 견해를 접할 기회가 다양해졌다. 또한 경연(經筵)이라는 제도가 적극적으로 활용됨에 따라 국왕은 유식한 사류관인들과 정치적 견해를 직접 토론할 기회를 얻었다. 국가정책의 결정이 주로 정치행정 실무선에서의 구체적 건의를 접하는 왕권과 이른바 공론을 수렴하는 사류와의 토론 과정을 거치는 분업적 협력하에서 추진되는 형태로 구조화했다. 이 사실은 곧 보편적 지배층으로서의 사류가 더 크고 다양한 정치 참여의 기회를 얻게 되었음을 뜻하며, 동시에 그들의 협력으로 왕권이 그만큼 튼튼하게 뒷받침되었음을 말해준다.

제도상으로 지방행정 면에서는 더욱 현저한 변화를 거쳐 왕권의 강화를 뒷받침했다. 즉 조선왕조는 전국을 8행정 도(道)로 나누고 각 도에는 그 지역 내의 군(軍)·관(官)·민(民)을 총체적으로 지배하는 왕권 직속의 전임관으로서 관찰사를 파견해두고 있었다. 또한 전대 이래의 속현이라든가 향·부곡 등 이른바 임내지역을 그 고유한 유래와 성격에 따라 주현으로 승격하든가, 상호 병합 승격시키거나 혹은 주현에 흡수하여 직촌화(直村化)하는 등의 방법으로 전면 정리하여 전국을 약 330개 정도의 군현으로 조정하였다. 각 군현은 그 토지의 광협과 호구의 다과에 따라 부(府)에서 현(縣)까지 다양한 등급이 있었지만, 모두 수령이 파견되는 주현이었다. 또한 모두가 직속 상위기관인 관찰사에 직결되어 왕권으로 연결되도록 구조화했다. 각 군현은 원칙상 읍치(邑治)와 동·서·남·북의 4개 면으로 구획되고, 각 면에는 부실(富實)한 현지 주민으로서 권농을 선임하여 행정 연락을 맡게 하였다. 그리고 각 면은 자연 성장한 촌락으로 이루어진 여러 개씩의 이(里)로 구성되었는데 여기에는 이장(里長) 혹은 이정(里正)이라는 튼튼한 농민을 책임자로 선정하였다. 일개 군현이 다수 면 형태로 바뀌는 것은 조선 후기에 가서의 일이었다.

8도의 관찰사는 물론 전국의 모든 군현 단위 지역까지 파견된 수령도 왕권의 대행자로서 국왕이 직접 임면하는 전임의 지방 행정관이었다. 제도상으로 말하자면 이 같은 지방행정 편제에서는 왕권을 정점으로 하는 중앙정부의 정령이 관찰사와 수령을 경유하여 곧바로 면리제하의 일반 농민층으로 전달되는 것으로 구조화하여 있었다. 이전 시기에 비해 정령 전달의 경로가 현저히 공개되고 상대적으로 일원화하였다. 그것은 왕권이 상대적으로 직접생산자 농민을 상대하는 정치행정 구도로 한층 더 접근하게 되었음을 의미한다. 여기서 농민은 종래의 다원적 지배구조하의 여러 형태의 속박에서 벗어나 상대적으로 독자성을 획득하면서 공민인 양민층을 주축으로 성장하여 이제 제도상으로는 국가정치의 직접 대상으로서 기본 피지배 농민층으로 정립되기에 이르렀다는 사실을 주의하지 않으면 안 된다. 직접생산자 농민층이 왕권을 정점으로 하는 국가체제를 직접 상대하는 방향으로 접근하였다는 사실은 곧 왕권의 유지기반이 그만큼 확대되었음을 뜻한다. 이 시기의 기본 국역인 군역이 보편적 양민층의 신역(身役)으로 정착되고 실현되었다는 사실도 바로 그 같은 사실과 관련해서 이해하지 않으면 안 될 것이다.

조선왕조의 정치는 이전처럼 귀족이라든가 호족을 경유하여 운용되는 것이 아니라, 국왕을 정점으로 하는 중앙정부의 정령이 국왕을 대리하는 관료들에 의하여 더욱 일원적·행정적으로 처리되는 형태로 제도화하였다. 그 행정적 처리가 정치적 근거를 가져야만 하였으므로 이 시기에는 개국 초부터 여러 가지 법전이 다듬어졌다. 특히 『경국대전』과 같은 기본 법전이 편찬되고 이후로도 그 보완 법전이 계속 편찬되었다. 통치법제가 그때마다 보완된다는 것은 이 시기의 정치가 관료적 형태를 그만큼 크게 띠고 있었다는 사실을 반영한다. 구조적으로는 육조의 행정 실무를 통하여 정책의 입안 요청이 일어나고, 왕권이 삼사를 상대하여 그것의 수립을 논의하며 경연에서도 토의하고, 의정부·육조·삼사의 참여하에 왕권이 그것을 결정하고, 수립된 정책은 육조를 통하여 운용되고, 다시 현지의 관찰사·수령을 통하여 집행되는 형식을 취하였다. 여기서 삼사는 이 시기 지배계층인 사류의 여론을 대변하면서 전제적으로 강화된 왕권의 정치 토의 대상으로서의 기능을 크게 수행하였다. 그런 면에서 그것은 왕권의 독주를 상대적으로 제약하게 되는 셈이었다.

한편으로 왕권은 당시 사회에서 최고의 권세(權勢)와 부(富)를 장악하고 있었으며, 또한 그것들을 소유한 자들과 직접 결탁하고 있었다. 왕권의 찬탈 혹은 옹위를 에워싸고 전개된 여러 차례의 정변을 통하여 배출된 이른바 훈신, 그리고 왕실과의 혼인 관계로 맺어진 척신 등은 일차적인 왕권의 옹호자였으며 지배체제의 상호 보험적인 운용자들이었다. 왕실 자체도 그러하였거니와 훈신과 척신 등 세가 자체가 워낙 전국에 토지와 노비를 많이 소유하고 있었으며, 세가끼리의 혼인과 핵심 권력에의 참여를 통하여 정치권력·사회세력과 부를 재생산하는 방법으로 확보해가고 있었다.

왕권은 이 같은 훈신 및 척신과 일차적으로 결탁함으로써 자체의 국가사회적 지위를 공고히 유지해갈 수 있었는데, 이른바 세가·거실들일수록 그 같은 범주에 속하는 존재들이었다. 무릇 중앙의 재상으로부터 각 지방의 품관·토호에 이르기까지 대소 강약의 사족관인층 모두가 동일한 가치 지향 속에서 왕권을 정점으로 하는 지배질서를 적극적으로 옹호해간다는 데는 마찬가지 입장을 취했다. 그들은 계층 내부 간의 혼인과 교류를 통하여 성리학적 가치질서에 따른 지배층으로서의 개인적 능력과 사회적 세력을 재생산해감으로써 체제가 부여하는 제 특권을 항구적으로 유지할 수 있었다. 그러므로 이 시기의 왕권이란, 비록 보편적 농민층을 지반으로 하므로 공공의 이익을 보호한다는 입장을 취하고 있지만, 기본적으로는 지배계층 전체가 구조적으로 장악하고 있는 사회세력과 국가권력의 정점에 위치하며, 따라서 그들의 이익을 우선 옹호하는 존재였다. 그 같은 국가체제는 곧 직접생산자 농민층을 대극으로 하는 지배계층의 계급 협력적 사회질서를 고착시켜 구조적으로 항구화하기에 이르렀다.

2) 성리학적 지배이념

한편 조선왕조 국가 이데올로기로서의 주자학적 성리학은 이전의 불교나 전통 유교의 지배이념보다 한층 더 배타적인 속성을 지녔으며, 특히 왕권의 전제성을 강조하는 이론체계를 가지고 있었다. 그 이론이란 곧 왕권은 '천(天)을 대신하여 만물을 다스린다'는 '대천리물(代天理物)'의 이념이었다. 여기서 '대천리물'이라는 명제는 주자학적 정치사상에서 왕권의 근원과 정당성, 특히 그 전제성을 설명하는 기본 명제(命題)로서 널리 원용되는 말이었다. 그것은 전통 유교에서도 흔히 주창되어온 '막비왕토(莫非王土)' 혹은 '막비왕신(莫非王臣)'이니 하는 명제보다도 더욱 추상화되고 이론적인 깊이를 더한 내용을 담은 것이었다. 그 같은 왕권의 대천리물성에 관한 인식은 이미 조선왕조 개국 당시부터 현시되고 있었다.[32] 그것은 어느 귀족적 관인의 부인이 그 비첩(婢妾)을 투기하여 혹독한 사형(私刑)을 가한 사건을 두고 세종임금이 처벌을 내리면서 토로한 다음과 같은 말에서도 적절하게 표현되었다.

> 인군(人君)의 직(職)은 대천리물(代天理物)하는 것이다. 다른 사물이 제자리를 얻지 못하더라도 오히려 마음이 아프거늘, 하물며 사람의 경우이겠느냐. 인군이 다스림에 있어서는 실로 당연히 한 가지로 대하여야 하는 것이다. 어찌 양(良)이니 천(賤)이니 하여 차이를 둘 것인가.[33]

여기서 왕권 앞에서는 어떠한 귀족이나 천인이라도 일시동인(一視同仁)하는 무차별적 통치의 대상일 뿐이었다는 사유를 읽을 수 있다. 천(天)을 대리하는 왕권은 어떠한 귀족의 사적 권한보다도 초월적이며, 따라서 왕권 앞에서는 어떠한 귀족의 소유 관계도 사적(私的)일 수밖에 없었다. 오직 왕권만이 공적일 수 있으며, 따라서 그것은 유일하게 초월적 전제성

32 태조의 즉위 교서에 "천(天)이 만민(萬民)을 내고 그들에게 군장(君長)을 세워두었으니, 군장이 그들을 길러 상생(相生)케 하고 그들을 다스려 상안(相安)케 하는 것이다"(『태조실록』 권1, 원년 7월 정미)라고 하였다. 조선왕조의 개창에 최대의 사상적·정치적 기여를 한 정도전(鄭道傳)은 "인군(人君)은 천(天)의 일을 대리(代理)하며 천민(天民)을 다스린다"(『三峰集』 권7, 「朝鮮經國典」 上, 治典 官制)고도 하였다.

33 『세종실록』 권37, 9년 9월 갑신.

을 고유하게 지닌 것으로 현현되었다.

가령 세조임금은 다음과 같이 발하였다. "국왕(國王)은 체천(體天)하여 8도 군민(軍民)에게 이르노니, 나는 너희의 부모(父母)라. … 만약 수령의 침학을 받는 일이 있거든 직접 나에게 와서 고(告)해도 좋다."[34]

즉 국왕은 모든 관민(官民) 위에 초월적으로 존립하면서 대천리물하는 존재인 동시에 모든 관민을 하나하나 직접 상대하는 '부모'로서의 존재이기도 하였다. 이데올로기상으로 보아 왕권은 모든 신민(臣民)을 초월하는 전제적 속성을 본유(本有)할 뿐만 아니라 만민(萬民)의 가부장(家父長)으로서의 성격을 동시에 본유하는 존재로 현시되었다.[35] 가령 춘궁기에 곡종과 식량까지를 대여해줌으로써 소농민경영의 재생산 과정을 보장한다는 환곡제도는 이 시기 왕권이 그 적자(赤子)들을 상대하여 병경적(幷耕的) 관계로 생존을 보호해간다는 제왕적(帝王的)·가부장적 선정(善政) 이념의 실현으로 인식하였다.

그뿐 아니라 성리학적 이데올로기는 명분론을 특히 강조하여 부(父)·자(子), 부(夫)·부(婦), 주(主)·노(奴)의 관계를 군(君)·신(臣)의 관계와 같은 것으로 설명하였다. 『삼강행실도(三綱行實圖)』와 같은 이른바 강상(綱常)의 윤리를 강조한 책이 이 시기에 비로소 편찬되고 거듭 반포되는 한편, 이와 관련된 죄는 가장 엄격히 다스려졌다. 충(忠)·효(孝)·열(烈)의 덕목이야말로 최고의 윤리규범으로 거듭 권장되었다. 이른바 적(嫡)·서(庶)의 차대(差待)가 이 시기에 와서 제도화한 사실도 명분론의 하나인 정통론과 관련

34 『세조실록』 권5, 2년 11월 기축.

35 왕권 대행자인 수령과 일반 농민 사이에도 대(大)·소(小)의 분(分)이 다르기는 하지만 군(君)·신(臣)의 의(義)가 있음이 누누이 강조되었다(『세종실록』 권51, 13년 3월 병자; 『명종실록』 권11, 6년 7월 무술).

된 것이었다. 나아가 성리학적 명분론은 화(華)·이(夷) 관계를 특히 강조하는 편이어서 이 시기에 와서는 중국에 대한 사대의 예를 극진히 다하는 한편, 오랜 국가의식으로 지켜오던 제천(祭天)의 의례는 천자국(天子國)만이 행할 수 있는 참월(僭越)한 것이라 하여 혁파해버리기도 하였다.

그러나 성리학은 또한 개별 실재가 지닌 이법(理法)의 고유성을 강조하는 이론구조를 본질로 하고 있었다. 자기 실재의 고유한 이법을 탐구하고자 하는 시도가 조선 시기에 비롯된 것은 아니겠지만, 국가와 그 지배이념이 새롭게 갱신된 이 시기에 그것은 일단의 새로운 자기 주체의 정립으로 현현되기에 이르렀다. 가령 고려 시기에는 아직도 개인적 차원에서 자국의 시조로 막연하게 인식해오던 단군(檀君)을 조선왕조에 와서는 정식의 역사(歷史) 시조(始祖)로 인식하여 국가의 사전(祀典)에 올려 받들고 정사(正史)에도 기록하기에 이르렀다. 또한 종래 더러 활용해오던 중국 농사서의 설명이 결코 현실에 맞지 않음이 드러나자, 현실의 풍토와 수준에 맞는 농서로서 『농사직설(農事直說)』을 편간하여 전국적으로 이를 권장하게 되었다는 사실도 마찬가지다. 전국 각처의 고유한 강우량을 측정하기 위한 측우기(測雨器)를 만들고, 자기 고유의 약재를 들여 처방하는 『향약집성방(鄕藥集成方)』을 편찬하게 된 사정도 마찬가지로 설명된다. "정신과 힘을 더하여 책을 이루어냄으로써 후세로 하여금 오늘의 조선(朝鮮)이 전에 없는 일을 이루어놓았음을 알도록 하겠다"[36]는 각오 아래 이룩해낸 향력(鄕曆)도 마찬가지다. 그것은 중국력(中國曆)과 회회력(回回曆)을 비교 참작하고 자국의 왕도를 기준점으로 하여 제작한, 자국의 자연현상의 고유한 이법을 객관적·긍정적으로 탐구한 결과 성취된 것이었다.

36 『세종실록』 권58, 14년 10월 을묘.

그 같은 사실 가운데 최대의 업적으로는 역시 훈민정음(訓民正音)의 창제를 들 수 있다. 우리 말에 맞는 글자가 창제됨으로써 이후 우리 말과 글 자체의 발전은 물론, 보편적 농민층을 기본으로 하는 절대다수의 국가 구성원이 비로소 자신의 의사를 문자로도 표현할 수 있는 문화생활권 안으로 들어설 수 있게 되었으며, 이로써 이른바 민족문화의 성립이라든가 그 변증법적 발전이 일어날 수 있는 바탕이 마련되었다.

그것은 물론 성리학 이념을 이데올로기로 활용하는 조선 초기의 지배층이 새로운 왕조의 창건을 맞아 국가 사회적으로 요청되는 새로운 자아 관념의 실체를 객관적으로 정립하는 과정에서 성취된 일들이었다고 풀이된다. 또한 그것은 보편적 농민층의 광범한 성장이라고 하는 현실과 깊은 관련이 있었던 것으로 보인다. 현실의 농민층은 일상의 생산활동에서부터 외적을 방어하는 일에까지 결코 무시 못 할 자기 성장을 수행하고 있었다. 따라서 지배층은 이제 이들의 일상적 현실에 좀 더 관심을 두지 않을 수 없었고, 그래서 이른바 위민(爲民)정치니 훈민(訓民)정책이니 하는 것이 이제 새로운 의미에서의 불가결한 국가정책이 되었다. 이 시기 성리학은 새로운 인식 전환에 상대적으로 유효한 이론구조를 지니고 있었던 것이다.

3) 사림정치의 구현

그 같은 정치 교학으로서의 성리학이 더욱더 정착하여 사회적 기능을 발휘하게 되는 것은 15세기 말에서 16세기로 이어지는 사림파의 성장과 더불어서였다. 조선왕조의 정치형태를 특징짓는 것으로 사류정치, 나아가 사림(士林)정치라는 말을 쓰지만, 15세기는 아직도 의연 훈척(勳戚)

정치의 실태를 특징으로 했다. 특히 세조의 왕위 찬탈 과정에서부터 성종 초기까지 많은 공신이 중첩적으로 배출되고 일부는 척신으로도 얽히게 되었다. 이들 가운데는 중앙의 정권을 독점적으로 운용하는 한편 각 지방의 연고 관계를 좇아 수령과 결탁하여 방납(防納)을 일삼거나 경재소(京在所)를 맡아 유향소(留鄕所)를 지휘함으로써 무단을 자행하여 개인의 재부를 축적하는 자가 많았다. 개중에는 막강한 권세를 이용하여 제언(堤堰) 등의 수리를 독점하거나 민력을 강제 동원함으로써 연해지를 개간하여 농장화하고 그 소출로써 장리를 놓거나 혹은 당시 새로이 보편적 재화로 유통되기에 이른 면포(綿布)를 축적해두었다가 부등가 교환수단으로 이용하는 등 비리의 재산 증식에 골몰하는 자도 있었다.

그런데 이즈음에는 여말선초에 중앙 정계의 정변에 직접 간여치 않은 재지 품관사족(品官士族)들의 2·3세대 후예나 문인들이 점차 중앙 관계로 진출하기 시작하였다. 그들은 향촌의 중소 지주지를 경제적 바탕으로 하고 자신의 학행을 닦아 성리학적 가치질서를 실천궁행으로 체현(體現)하면서 성장한 새로운 관인층이었다. 그들은 대개 삼사 등의 언관직을 맡아 의리와 정통을 숭상하고 도덕정치를 구현하는 한편, 훈척 계열의 독주와 비리를 비판하게 되었는데 이들이 곧 사림파였다. 훈척 계열이 대신(大臣)·재상직(宰相職)을 독점한 상황에서 사림파는 대체로 하위의 낭관직(郎官職)을 맡아 그 자천권(自薦權)을 확보하는 등 입지를 굳혔으며, 삼사를 중심으로 언권(言權)을 크게 확대시키기에 이르렀다. 삼사 낭관직의 언로 확대와 상소제도의 확충은 구습에 물들지 않은 사림의 청론(淸論)을 현실정치에 반영코자 하는 명분 있는 관행으로서 조선시대 사류정치의 특색 있는 면이었다고 이해되거니와, 그것은 곧 사림파의 정치적 성장과 더불어 정착된 현상이었다. 그들이 언론과 여론을 통해 주장한 성리학적 도덕정치와 보편적 가치질서의 창도는 아직도 인습적 비리와 많이 결부된 훈척 계열의 반발을 초래하기 마련이었다. 사화(士禍)와 같은 변칙의 정치 탄압은 대체로 그 같은 사림세력의 성장에 대한 훈척 계열의 반동적 정변으로 거듭된 것이었다.

그러나 그 같은 탄압 아래서도 사림세력의 성장은 계속되었다. 그들은 자신의 출신 지반인 재지의 사림계 사족과 함께 군현 단위 향촌사회에 더욱 직접적인 지반을 갖추고 있었다. 여기에 향사례(鄕射禮)·향음주례(鄕飮酒禮) 등 성리학적 예속을 실행한다든가, 나아가 널리 향약(鄕約)을 보급하여 일반 농민층까지 공동체적으로 결속하여 장악하고 교화시킴으로써 성리학적 가치질서의 사회적 실천을 시도했다.[37]

그래서 16세기에는 사림계 사족 세력이 일찍 성장한 중부 이남 지역부터 군현 단위로 향회(鄕會)와 향규(鄕規)·향안(鄕案)이 마련되었다. 그들은 그것을 통하여 성리학적 윤리와 덕목을 계층적으로 과시함으로써 지배층으로서의 사회적 세력을 다지면서 향풍(鄕風)·향론(鄕論)을 주도하였다. 또한 국가시책에 호응하면서 유향소를 맡아 향리(鄕吏)에 대한 인사권까지 행사하는 한편, 점차 향약을 시행하여 농민층을 그들의 교화권 아래에 두었다. 고려 시기 이래 향리층이 직접 농민층을 장악해왔으나, 그 말기에 이족과 사족의 계층 구분이 일어나고, 이제 드디어 사족층의 이민(吏民) 지배가 실현되기에 이르렀다.

그들이 마련한 향규·향약은 조선왕조의 지배계층인 그들 자신과 국가권력과의 관계 및 그들 자신과 그 휘하 일반 농민층과의 관계를 다 새로이 인식하고 정립하게 되었다는 점에서 주목할 만하다. 그들은 우선 왕

---

37 이태진, 1972·1973, 「士林派의 留鄕所復立運動」, 『진단학보』 34·35 및 동 1983, 「士林派의 鄕約普及運動」, 『한국문화』 4. 모두 이태진, 1986, 『한국사회사연구』, 지식산업사에 재수록.

권의 대행자로서 각 군현 현지에 부임한 수령과의 원활한 관계를 새로이 정립하고 유지해가기 위해 힘썼다. 이전의 권신(權臣)이라든가 훈척 계열의 호강(豪强)들이 현지의 수령권을 침해하기 일쑤였음에 비하여 그들 사림은 수령을 모해(謀害)하거나 관권을 침해하는 일을 엄격히 규제한다는 규약과 부세의 납부 또한 솔선하여 이행한다는 조항을 향규·향약에 마련해두고 있었다. 각 지역 호강의 무단적 발호 현상은 실로 반드시 척결해내지 않으면 안 될 지방행정의 항구적 난제임을 고려할 때, 여기서 16세기의 향규·향약이 사족 자신들의 국가사회적 규범의 준수를 스스로 규정하고 나선다는 것은 훈척과 결부된 무단적 호강과 자신들의 독자성을 준별하여 정립하고자 하는 의지의 실현이며 그 현시에 해당하는 셈이었다.

그들은 국가사회의 현실적 규범과 그 가치질서를 앞장서 준행함과 동시에 새로운 중세적 지배이념으로서의 성리학적 도덕질서를 사회적으로 실천함으로써 지배층으로서의 사족 자신의 국가사회적 위치와 자세를 새로이 정립해나가고 있었다. 그들은 스스로 관령(官令)에 순응하는 국가사회의 현실 규범과 효(孝)·제(悌)·충(忠)·신(信) 등의 성리학적 윤리규범을 동일한 이치의 가치질서로 등치시키면서 솔선수범을 통하여 휘하 이민들에게 그것의 이해와 준행을 널리 완곡하게 촉구하기에 이르렀다. 향약이 시행되는 곳에서는 호강들의 발호가 금지되고 압량위천(壓良爲賤)이라든가 환곡을 거납하는 일이 없어지며 사송(詞訟)이 그치고 풍속이 점차 아름다워진다고 하는, 그들이 남긴 여러 기록은 곧 그 같은 사실을 두고 이른 것이었다.[38]

---

38 이수건, 1989, 『조선시대 지방행정사』, 민음사 및 김인걸, 1988, 「조선후기 향촌사회 권력구조 변동에 대한 시론」, 『韓國史論』 19 참조.

그들은 일반 농민들과의 관계도 재정립하여 주도해나갔다. 이 시기에는 아직도 소농민경영 일반의 재생산구조의 사립도가 낮았기에 곡종(穀種)과 농량(農糧)을 국가의 환곡이나 인근의 지주들에게 많이 의존하고 있었다. 더 빈한한 농민들은 지주의 협호(挾戶)나 고공(雇工), 혹은 비부(婢夫)라든가 나아가서는 노비로 전락하여 농장이나 혹은 그에 종속된 병작농으로 들어가는 경우가 허다하였다. 흔히 유망하기가 쉬운 이들 농민을 공동체적으로 결속시켜 향촌사회에 안착시키는 일은 곧 국가의 항구적 시책이며 당면 과제임과 동시에 지주사족 자신의 현실적 지배 지반의 확보에 관련되는 일이었다. 사림계 사족층이 이 시기 중앙 정계에서나 군현 단위 향촌사회에서 적극적으로 추진한 향약 보급운동은 그 같은 현실적 요청과 깊이 연관되어 있었다.

향약은 원래 성리학적 지배질서를 향촌사회에서 실현코자 하는 사족층의 자치(自治)규약으로 등장했다. 하지만 이 시기의 사림은 향약을 거국적으로 추진하기도 하고, 군현 단위로 시행하면서도 반상(班常)·양천(良賤)을 막론하고 모든 주민을 그 구성원으로 포괄했다는 점에서 특이한 면을 나타냈다. 그뿐 아니라 향약을 시행하면서도 성리학적 윤리규범 자체에 독자의 해석을 가하여 운용하였다는 사실이 조선사회 특유의 일로 주목된다. 그 해석의 핵심은, 노비의 상전(上典)에 대한 관계를 삼강(三綱) 가운데 군(君)·신(臣)의 분(分)과 같은 충(忠)으로 극단화시켜 강요한 점, 사족과 일반 농민의 관계를 오륜(五倫) 가운데 장(長)·유(幼)의 분(分)인 제(悌)와 같은 것으로 확대해석하여 공손을 강조한 점, 그리고 사족 신분 상호간의 관계를 역시 오륜 가운데 붕우(朋友) 관계로 해석함에 따라 종래까지의 혈연(血緣)·학연(學緣)과 같은 좁은 유대 관계를 상대적으로 불식하고 국가사회를 주도해가는 보편적 주체로서의 사류로서 자신들을 인식하

게 된 것이었다.[39]

그러한 인식은 사림계 사족층이 유향소를 맡아 향론·향풍을 주도하는 한편 수취(收取)행정에도 간여함으로써 농민의 실제 생활에 큰 영향을 미치게 되고, 향약의 보급과 함께 향촌사회가 그들의 주도하에 운용되면서 성리학적 가치질서가 확산되었으며, 그 집중으로서의 국가정치가 사림계열의 공론(公論)에 크게 좌우됨에 따라 점차 조선왕조 일대를 규정하는 전형적 사회규범(社會規範)으로 정착되었다. 보편적 농민층에 대한 사족층의 경제적·신분적·윤리적 지배와 교화의 사회질서가 형성되었던 것이다. 비록 관품(官品)을 띠지 않았을지라도 사족은 양반 관인(兩班官人)과 동일한 지배 신분이며 동일한 사류로서 붕우(朋友) 관계와 같이 상호 예우(禮遇)하는 처지에 있는 것으로 공인되었다. 농민 일반은 사족을 공경해야 하는 처지로, 그리고 노비는 상전에게 충성을 다해야 하는 존재로 체제적으로 정립되었으며, 그 같은 규범을 어기는 일은 곧 인륜을 어지럽히는 행위로 간주되었다. 그래서 농민 일반은 국가와 지주사족층의 중층적(重層的) 지배와 교화 아래 순응하도록 길들어졌다. 그것은 곧 국가적 수취와 지주적 수탈을 마침내 등질시하게 되는, 이른바 양반사회(兩班社會)·양반국가(兩班國家)다운 지배질서로 정착되기에 이르렀다.

결국 명분상으로나 사실상으로도 개인적으로는 가부장에 대한 처자의 순종이, 사회적으로는 지배층에 대한 피지배층 일반의 순응이 당연한 도덕질서로 보편화했으며, 그 집적으로서의 국가는 모든 신민의 충성을 정점으로 수렴하는 왕권 중심의 중앙집권적 통치체제가 강화될 수 있었다.

---

39 한상권, 1984, 「16·7세기 鄕約의 기구와 성격」, 『진단학보』 58집 및 김훈식, 1985, 「16세기 二倫行實圖 보급의 사회사적 고찰」, 『역사학보』 107집 참조.

4. 조선 전기 사회의 성격

1) 중층적 지배질서

조선 전기 사회의 사회경제적 기축(基軸)은 국가와 양민 소농민경영의 관계였으며, 그다음으로 지주사족과 그 직영 농장의 종속노동력·예속적 병작체로서 노비 소농민경영과의 관계가 중요한 비중을 점하고 있었던 것으로 이해된다. 물론 이 밖에도 여러 가지 영농형태가 다수 있었으나 전형적인 것은 이 두 가지였다. 이 두 가지도 물론 별개의 형태로 분립되어 존속한 것이 아니라 복잡한 상호 관계로 서로를 규정해가고 있었다. 양민 자영농은 자연재해와 국가사회적 침탈 앞에서 흔히 유리도산의 길로 접어들었기에, 지주지 농장의 협호라든가 고공·비부, 나아가 노비로 전입하게 되는 수가 허다하였다. 또 지주사족도 정치적 변동에 따라 국가나 왕권 앞에서는 그 신명(身命)과 사회경제적 지위마저 일조에 몰락당할 수도 있는 예속적 존재에 불과하였다. 국가사회를 총체적으로 지배하는 최고 차원의 존재는 왕권뿐이었으며, 그 예하에 차원을 달리하는 여러 계층의 정치적, 사회경제적 지배·복속 관계가 중층적으로 배치되어 상호 규정하면서 움직이고 있었다.

여기서 중층적 지배체제는 필연적으로 할거적 농단을 동반하기 마련이었다. 실상 그 같은 지배체제야말로 어쩌면 우리나라 중세국가 사회질서의 가장 본질적인 면 중 하나가 아니었나 한다. 이는 아마도 왕권의 전제성에서 유래하는 국가사회적 기본 구도였으리라고 추측된다. 즉 전제왕권하에서는 통치·지배권의 궁극적 원천이 언제나 왕권에서만 발원하게 되어있으며, 따라서 궁극의 책임 또한 왕권만이 질 수밖에 없는 구도였으나, 그 왕권은 자체의 전제적 속성상 책임이라는 것으로부터 원천적으로 면제되어 있었다. 다음의 세조임금의 말은 그 같은 전제왕권의 속성을 잘 나타낸다.

> 천(天)이 만민(萬民)을 낳아 그들에게 사목(司牧)을 세워두었다. 천(天)은 소위(所爲)가 없으므로 반드시 인군(人君)을 차탁(借托)해서 하며, 인군은 서무를 친독(親督)할 수가 없으므로 반드시 백관(百官)에게 위임해서 한다. 그런즉 인군과 백관은 모두가 대천리물(代天理物)하는 것이다.[40]

즉 천(天)으로부터 직접 '대천리물'권을 위임받은 자는 왕권뿐이며, 따라서 왕권이 책임져야 할 곳은 천(天)에 대해서일 뿐이었다. 그것은 곧 왕의 마음속 문제로서 원리상 혹 무제한의 구속력을 가지기도 하지만, 결코 현실 사회의 실제적 책임일 수가 없는 것이었다. 그런데 왕권 이외에 모든 지배계층의 지배권은 근원적으로 왕권의 위임을 받은 것이며, 따라서 왕권에 대해서 책임을 져야 했다. 그러나 그것이 동시에 왕권을 통하여 천(天)으로까지 도달할 수 있는 구도로 되어있었다는 사실은 중요한 의미를 갖는다. 즉 왕권과 연결되어있는 한 그것은 항상 정당하며, 왕권을 매개로 하는 무제한의 확대 가능성까지도 상정할 수 있다는 사실 때문이다. 문제는 왕권과 연결되어있다고 하는 생각이 개인의 주관적 해석 여하에 맡겨져 있는 구도여서, 그것이 얼마든지 자의적일 수 있다는 데 있었다.

그러므로 직접생산자 농민층을 지배하는 여러 계층의 사회세력은 언

40 『세조실록』 권14, 4년 11월 기축.

제나 전제왕권을 부분적으로 위임받은 형태로 지배력을 발동하는 존재들이었다. 따라서 모든 존재는 그 같은 왕권을 언제나 표방하고 의제적으로 닮아가게 되는 것이었다고 보인다. 가령 다음의 사료는 그러한 사실의 일단을 전해주는 내용을 담고 있다.

> 제주(濟州) 관리(官吏)는 진상(進上)을 빙자하여 개인이 사육하는 말(馬)에 대해서도 매매를 불허하고 다만 세가(勢家)에게만 팔도록 허락한다. 또 헐값으로 아마(兒馬)를 억매(抑買)하니, 참으로 균평치 못하다.[41]

가령 민간의 과일나무에 과일이 열리면 현지의 관리가 나와 개수를 헤아려 감봉(監封)해두고 익은 후에 그 개수대로 채워 징수해가며, 혹 중간에 낙과(落果)가 있어 감봉한 숫자에 모자라면 억지로 그 값을 우려내는 주구적 수탈행태가 고려 말기에 자행되었다. 그런데 똑같은 수탈행위가 조선 개국 후에도 계속 자행되었으며, 거듭되는 금령에도 불구하고 16세기에도 되풀이되었고 훨씬 지난 19세기 초에도 마찬가지로 그러하였다는 사실[42]은 새삼 고쳐 생각해볼 만한 문제이다. 그 같은 할거적 농단 혹은 주구적 수탈의 궁극적 근원은 언제나 진상(進上)이라고 하는 임금님에 대한 공궤를 그 의제적 근거로 하고 있었다. 곧 모든 국가사회적 권력과 지배의 통로가 전제왕권으로 수렴되도록 구조화한, 통치체제의 일부로서 전제왕권 중심의 수취구조에 의제적으로 기생하는 형태여야

---

41 『성종실록』 권232, 20년 9월 기축.

42 『태종실록』 권12, 6년 7월 기묘;『세종실록』 권31, 8년 2월 무진;『소문쇄록』 권2;그리고 『목민심서』, 공전육조 산림 등 참조. 그 때문에 과목을 아예 베거나 죽여 없애버리는 행태 또한 소개되고 있다.

그 같은 농단이 항구화할 수 있었던 것이라고 해석된다.

각 지역의 특수하거나 우수한 물산이 적극적으로 개발되기는커녕 주구적 수탈을 피하기 위해 오히려 있는 것도 소문나지 않도록 다투어 사장시켜 버리는 일이 흔히 있었다는 사실은 결코 간과해서는 안 될 우리나라 중세사의 한 특징적인 단면이다. 그것은 전제왕권에 이르기까지 중층적으로 구조화한 여러 계층 지배세력들이 저마다 왕권을 표방하고 의제적으로 닮아가면서 행사하는 지배체제의 본질적 속성과 직결된 문제로 해석된다. 그 같은 측면은 이미 당시의 혜안에서도 관찰되었다.

> 우리나라는 법제가 불명하여 세력이 법제 노릇을 한다. 공장(工匠)은 일정한 세(稅)가 없으며, 소문나는 대로 억지 사역을 시키고 그 보수를 주지는 않으니, 능한 자는 매양 고역(苦役)을 당하고 능하지 못한 자는 안일무해하다. 그러므로 백공(百工)의 제조가 한 가지도 조잡하지 않은 것이 없다.[43]

조선 전기로 말하자면, 비록 정연한 질서를 갖춘 것은 아니로되, 왕권 아래로는 훈척·대신 등의 세가, 그 아래에는 감사·수령 등의 관인, 그 옆으로는 품관·토호 등의 지주사족이, 다시 그 아래로는 향리·군교 등의 아전층이 배치되어 직접생산자 농민층을 중층적으로 지배하고, 때로는 할거적으로 농단하고 있었다. 그러므로 최고 차원의 왕권에서부터 아래로 직접생산자층에 이르기까지의 이해 관계를 아울러 관통하는 일정한 사회운영 원리나 제도란 있을 수 없는 것이었다. 국가는 대체로 지주사

43 『반계수록』 권25, 속편 상.

족의 계급적 입장을 대변하는 지배질서를 구현하면서도 한편으로는 그 존립지반인 직접생산자층을 항구적으로 안착시키기 위하여 지배층의 지나친 발호를 억제하는 정책 또한 항구적으로 표방했다. 즉 계층적 지배질서를 추구해가고 있었던 것이다.

2) 할거적 수취체제

사실상 이 시기에는 아직도 호적이라든가 양안이 애매한 상태로 운용되었다. 조선 초기의 사정을 보면 "호적에 올라있는 자는 겨우 10에 1·2"라거나, "호적에 부착된 자는 적고 누호(漏戶)·은정(隱丁)이 10에 6·7"이라는 표현이 나오는 정도였다.[44] 물론 과장된 표현이지만 전대 이래 아직도 누호·은정이 아주 많았다는 사실을 간과해서는 안 될 것이다. 그래서 새 왕국의 기틀이 잡힌 세종 대부터 여러 지리지를 편찬하는 등 전국 호구와 토지의 실세 파악에 더욱 힘쓰는 한편 유이민의 환본(還本)정책을 계속 추진해갔다. 세조 7년(1461)에는 기왕의 호적과 군적을 회수하고 어디까지나 현지 현실 그대로의 호구 실세를 파악하는 새로운 호적·군적을 작성하는 노력을 기울인 결과 드디어 70만 호, 400만 구에 85만 명의 군역자를 확보하게 되었다.[45] 이후 16세기에 가서도 80여만 호, 400여만 구 정도의 호구를 파악할 수 있었다는 사실은 앞에서 살펴본 바와 같다. 그러나 이 시기의 호적과 군적이 결코 실세 그대로를 파악하지는 못하고 있었다는 사실은 사헌부가 보고한 다음의 사료가 가리키는 그대

44 『세종실록』 권148, 「지리지」 경기 호구조; 같은 책 권88, 22년 2월 병진.

45 이때의 조사는 자못 철저했던지 "지금의 호적에는 이미 누정(漏丁)이 없다"(『예종실록』 권6, 원년 6월 신사)고도 하였다.

로다.

> 이전에 호구를 조사하여 호적을 만든다는 것은 으레 형식만 갖추는 일이었을 뿐입니다. 유정(遊丁)은 전혀 검괄(檢括)되지 않으며, (군적에) 올라있어도 유망한 자가 많습니다. 이 때문에 매번 책립(責立)되는 군액은 탈루자가 절반을 넘고 군정은 점점 원액보다 감소하고 있으며, 모자라는 숫자를 대충 채워 넣더라도 모두 보솔(保率)이 없습니다. 국가는 승평(昇平)이 백 년이나 되어 생치(生齒)가 날로 번성하는데도 군액의 감모(減耗)는 이같이 무섭습니다.[46]

즉 호적이나 군적 모두가 현실 그대로를 바탕으로 하여 편성되는 것이 아니라 위로부터의 책립에 따라 형식만 갖추어 작성되며 그것도 실세와는 많이 괴리된 것이어서 임시방편의 고식책으로만 운용되고 있다는 사실, 그리고 호구는 증가하는데도 군역을 담당할 자는 점점 감소한다는 사실을 읽을 수 있다. 이 시기 소농민경영의 분화는 상대적으로 가속화하고 있었다. 국가는 그 같은 변화에 전혀 대처하지 못하고 형식만 갖춘 고식책으로 호정(戶政)·군정을 운용하고 있을 뿐이었다.

호적 못지않게 중요한 바탕이 되는 양안(量案)의 경우도 더 나을 것이 없었다. 양전이란 워낙 당시로서는 정확성을 기하기 어려운 일이었으니 세종임금의 말을 빌리자면, "내가 즉위 초에 시험 삼아 경차관(敬差官) 3인으로 하여금 각기 한 전지를 양전하게 하였더니 그 결부의 수가 모두 서

46 『중종실록』 권80, 30년 12월 기묘.

로 같지 않았다"[47]는 것이다. 더구나 이 시기 새로 정립된 전품 6등제하에서의 양전은, 비록 객관적 근거나 기준은 과학적으로 나아졌지만, 시행과정이나 절차가 더욱 까다롭고 복잡하게 되어있어서 서투른 양전으로는 오히려 더 큰 착오를 일으킬 수도 있었다. 가령 공법수세제가 전국적으로 시행된 초기인 성종 대의 전라지방 양전에서 일개 군현 전지의 결수가 2·3천 결, 혹은 3·4천 결의 차이를 내고 있었다는 사실이 그것을 잘 말해준다.[48] 각 군현의 양안이 모두 모람(冒濫)하다는 논란이 일어나자, 성종임금 자신이 "비록 고쳐 바로잡더라도 폐단은 다시 여전할 것이다"[49]라고 지포자기할 정도로 그것의 지리멸렬함은 일반적이었다. 중종 때 양전을 논의하는 자리에서 의정부 3대신들은 임금에게 다음과 같이 우려스러운 사정을 보고했다.

> 듣건대 양전(量田)의 일은 비록 최선을 다하려 하나 그리되지 않습니다. 그러므로 [새 양안(量案)이] 오히려 전 양안만 같지 않으며, 또한 정안(正案)도 없다고 합니다.[50]

양전·양안에 관한 한 조선 시기에 와서 크게 개선된 제도인데도 그 실상은 이와 같았다.

이상 국세(國勢)의 기본이 되는 두 가지 내용을 보면, 이전부터 국가는 결코 그 구성원인 개별 농민의 호구나 토지를 실세대로 정확히 파악할

47 『세종실록』 권72, 18년 5월 경진.

48 김태영, 1983, 『조선전기 토지제도사연구』, 지식산업사, 321~326쪽 참조.

49 『성종실록』 권57, 6년 7월 계유.

50 『중종실록』 권62, 23년 7월 임오.

수 없었다는 사실을 살펴 알 수 있을 것이다. 아무리 중앙집권적 전제국가라 할지라도 호적·군적·양안 등 국가 실세의 기초 자료가 그같이 미비한 상태에 있고서야 국가수취제를 직접 실상에 맞도록 정확하게 운용하기란 가망 밖의 일일 수밖에 없었다. 그래서 그것은 필연적으로, 왕권의 대행자로서 현지에 나가 주재하면서 현지의 사정을 가까이 알고 있는 각 군현의 수령에게 위임하여 운영하는 방식이 최선의 길인 것으로 강구되었다. "외방의 군적은 그 군현의 잔성(殘盛)에 따라 평균 정액(定額)하여 국역에 이바지하도록 하는 것이 곧 상법(常法)"이며, 공물은 "각 군현 공안(貢案)에 부재(付載)되어 있는 물건"[51]으로 제도화하여 있었다. 즉 그것은 각 군현을 단위로 하는 공동체적 책정과 부과의 길로 구조화할 수밖에 없었다. 조선 전기에 지방행정제가 소농민경영의 발전에 상응하여 모든 군현에 수령을 파견하는 방식으로 훨씬 더 정비되기에 이르렀다는 사실의 의미도 여기서 다시 되새겨보아야 할 것이다.

그래서 군역은 각 도, 군현별로 대체적인 실세를 기준으로 책정한 군액이 있고 국가는 정해진 액수를 군현 단위로 부과했다. 공물도 당해 군현의 물산을 참작한 위에 그 전결(田結) 수를 기준으로 하여 책정한 공안(貢案)에 따라 국가는 매년 군현 단위에 규정된 물종과 액수를 부과하였다. 즉 군역과 공물같이 가장 무거운 부담이 되는 국가적 수취가 군현을 단위로 하여 공동체적으로 부과되는 것이 일반적이었다. 따라서 각 군현에서는 책정받은 액수를 대체적인 근거 자료가 되는 호적·군적·전적 등을 참작하여 각 면·리별로 배분하여 수취하는 구조로 운용하고 있었다. 요역은 계전법에 따라 부과하기에 이르렀지만, 여기야말로 수령의 용심

51 『세종실록』 권20, 5년 5월 정미; 같은 책 권101, 28년 정월 경인.

(用心) 여하가 가장 크게 작용할 수 있는 수취 부문이었다.[52] 다만 전세는 당해 군현의 자의가 개입될 여지가 비교적 적은 편이있지만, 그 상대적 비중이 16세기 이후로는 아주 적어졌다.

국가의 기본 수취제도가 각 군현을 단위로 하는 공동체적 대응으로 운용될 때 그것은 지주양반 등 세력자에게는 가볍게, 소농민과 같은 약자에게는 무겁게 분담되는 형태로 구조화하기 마련이었다. 그것은 계층제 사회가 공동체적으로 대응할 때 나타나는 필연적 구조이며 체제였다. 생민(生民)의 휴척(休戚)이 수령에게 달려있다든가, 농민이 수령보다도 그 실무 담당자인 향리를 더 두려워한다든가 하는 일상적 거론[53]에서 유추되듯이, 제도가 있기는 하되 거기에 인간의 자의성이 항구적으로 개입되는 측면도 아마 그 같은 공동체적 부과와 분담이라고 하는 수취구조 자체에 기인한 것으로 보인다. 그 공동체적 부과와 분담을 견뎌내기 위해 민간에서 호구의 구성이 이른바 주호(主戶)가 협호(挾戶)를 은접(隱接)시키는 구조로 널리 일반화할 수밖에 없었다고 하는 최근의 새로운 견해도 그런 면에서 타당성을 갖는다.[54]

그뿐 아니라 공동체적 분담의 오랜 관행은 농민층을 지배하고 상대하는 것이 어느 구체적 개인이나 개별 집단이 아니라 바로 국가체제 전체

---

52 가령 세종임금이 어느 수령의 사폐(辭陛) 자리에서 당부한 다음의 말을 참고할 것이다. "대저 백성이 안거(安居)해야 의식(衣食)을 갖추고 기한(飢寒)을 면할 수 있다. 부득이 국가가 거두는 공부(貢賦)의 경우야 다 면제할 수가 없지만, 기타 요역(徭役)은 너의 용심(用心) 여하에 달려 있다"(『세종실록』 권31, 8년 정월 병진).

53 『세종실록』 권7, 2년 윤정월 무술;같은 책 권20, 5년 5월 정미;『명종실록』 권32, 21년 5월 임인 기타. 이는 지방의 치민(治民)행정의 현실이 제도적으로 운용되기보다는 수령·향리 등 그 담당자의 자의에 크게 달려있음을 적실하게 표현한 조선왕조 일대의 기본 명제로서 항구적으로 원용되는 말이었다. 19세기에 가서조차 그러고 있었다는 사실은 한국역사연구회 19세기정치사연구반, 1990, 『조선정치사』 하권, 청년사, 652~668쪽 참조.

54 앞의 〈주 13〉에 제시한 이영훈의 학설 참조. 다만 그것이 어느 정도로 일반적이었는지는 좀 더 검증을 거쳐야 할 줄로 안다.

라고 하는 인식을 보편적으로 갖게 하는 방향으로도 작용하였을 것으로 보인다. 그 거대한 구조 앞에서 개별 농민의 입장이란 하찮은 것으로 비칠 수밖에 없었다. 상대적으로 폐쇄된 자연경제 사회에서 농민들은 흔히 가까운 이웃이나 친척끼리 향도와 같은 생활공동체를 운용하면서 상부상조도 하고 살았지만, 국가체제의 거대함 앞에서 그것이 그들의 사회의식 성장을 제고시켜 가기에는 아직도 요원한 편이었다. 홍길동이나 임꺽정처럼 혹 서민 호걸이 나타나 한때 군도(群盜)를 규합하여 소동을 벌이는 일도 있었지만, 그것은 아직 우발적이며 예외적인 일이었다. 자연적·사회적 재난에 직면한 농민층의 대응방법은 아직도 개별적 유리도산이 가장 일반적 형태로 나타났다.

그러나 이 시기 자연적·사회적 재난은 실로 혹독한 편이어서 소농민 경영을 치명적으로 유린하는 경우가 많았다. 가령 세종 6년(1424) 강원도 영서(嶺西) 각 군현의 흉황(凶荒) 실상을 보면, 민호 9,509호 가운데 2,567호가 유망하고 61,790결의 토지 가운데 34,430결이 진황하였다고 보고된 바 있다.[55] 중종 19년(1524) 겨울에서부터 그 이듬해 봄까지 서북지역에 역질(疫疾)이 창궐하였는데, 평안도에서 '물고(物故)'되었다고 정식 보고된 숫자만 보더라도 무려 12,915명으로 나타났다.[56] 또 가령 명종 10년(1555) 을묘왜변의 경우 왜구의 침입으로 함몰되거나 직접 전화(戰禍)를 입은 지역은 장흥·강진·영암·진도 등 남해안 일부뿐인데, 변란이 평정된 후 이 일대를 순시하고 돌아온 어느 선전관(宣傳官)의 상황 보고는 다음과

55 『세종실록』 권24, 6년 4월 갑진.

56 『중종실록』 권53, 20년 3월 을해. 이 수치가 당시 평안도 전 인구에서 점하는 비율이 어느 정도였는지는 알 수 없다. 이보다 약 100년 전에 파악된 『세종실록』「지리지」의 당해 지역 구수(口數), 즉 장정수는 105,444명이었다.

같았다.

> 지나온 길가에 김매는 자는 불과 여자 2·3인이요, 남자로서 김매는 자는 한 사람도 없었습니다. 물어본즉 군사(軍士)는 모두 전쟁에 달려가고 나머지 노약(老弱)은 또한 공·사의 식량 운반하는 일로 나갔기 때문에 그렇다고 하였습니다.[57]

이 같은 재난은 물론 사회생산력의 저급성으로 말미암은 바가 컸다. 그러나 그것은 실로 이 시기 일상적인 일이었으며, 피지배 소농민일수록 거기에 가장 첨예하게 노출되어 자기 신명과 산업까지 혹독하게 교란받기 마련인 것으로 체제적으로 구조화하였다.

3) 조선 전기 사회의 성격

국가사회 전체의 이해관계를 관통하는 하나의 사회원리를 갖추기는 어려웠지만, 조선 전기는 고려 시기에 비하여 상대적으로 좀 더 정비된 지배체제를 구현하기에 이르렀다. 앞에서 살펴본 바와 같이 양안과 호적, 그리고 공안이 그런대로 정비되고 그것을 근거로 하는 국가적 수취제도가 나름대로의 객관적 형태를 갖추게 되었다. 물론 그 같은 수취법제가 그대로 실행되는 것은 아니었지만, 제도의 개선에 따라 이 시기 주민의 삶이 상대적으로 나아진 것은 사실이었다. 가령 농민의 노동력 징발도 일수를 더 짧게 한정하고 농번기를 피하도록 제도화한다든가, 이전

57 『명종실록』 권18, 10년 6월 정축.

의 수다한 각종 임내(任內)가 혁파되어 일반 군현제 지역으로 변함에 따라 관리의 중간 농단이 크게 줄어들었다든가, 이전에는 비자(婢子)의 산아(產兒) 휴가가 산후 7일뿐이었으나 이제 산전 1개월·산후 100일로 그래도 인간에 가까운 대우를 하는 식으로 개선되는 등 많은 사례를 들 수 있다. 다음의 사료도 그 가운데 하나다.

> 의정부가 병조의 보고에 의거하여 아뢰었다. "경기·황해도 및 하삼도 각 군현의 목마장에서는 겨울철 말먹이 고초(藁草)를 모두 민간에서 징수하니, 바다를 건너 먼 섬에까지 싣고 가야 하며, 또 목자(牧子) 및 색리(色吏)가 틈을 타서 대납(代納)하고 그 값을 배로 받아 백성을 침해하니, 그 폐단이 적지 않습니다. 가만히 살피건대 양계(兩界)지역 목장의 말은 비록 고초가 없어도 남방과 마찬가지로 번식하는바, 대개 항상 방목하는 고로 그 성질이 야수(野獸)와 같게 되어있기 때문입니다. 청컨대 가을철 점마(點馬)할 때 그 수를 헤아려 각 목장의 목자(牧子)로 하여금 꼴을 많이 베어다 목장 안에 쌓아두게 하고, 그 고초는 영전(營田) 소출 이외의 것은 싣고 들어가지 못하도록 할 것이며, 감목관(監牧官) 및 수령(守令)으로서 만약 이전처럼 작폐하는 자가 있으면 법에 따라 죄를 주도록 하소서." (임금이) 그에 따랐다.[58]

즉 어디까지나 국가 용도 위주로 짜여 일반 농민까지 동원하던 목장 운영방식을 이제 목장 종사자가 더 책임지고 경영케 하는 부분적 전업(專業)의 방식으로 개선하게 되었다는 내용이다. 그것이 생산력의 일정한

58 『단종실록』 권6, 원년 5월 신사.

발전단계에 상응하여 전개된 소농민경영 일반을 더 효율적으로 지배하기 위한 국가의 개량정책으로 나타난 것이었음은 더 말할 필요가 없지만, 그에 따라 농민의 부담이 줄어들고 자기 경영에 외부교란을 덜 받게 되었으리라는 사실 또한 간과해서는 안 될 일이다.

조선 전기에는 이전 시기보다 국가 직속 양민층의 소농민경영이 크게 확충되었던 것으로 판명된다. 우리나라 중세사회에서 양민층의 광범한 존속 사실이야말로 하나의 특징적인 면이라고 생각되거니와, 그것이 전형적으로 확충된 시기가 조선 전기였으리라고 추측된다. 그래서 양반 관인층은 이 국가 직속의 직접생산자층을 독점적·효율적으로 지배하기 위한 보족장치로서 중앙·지방의 기술관이라든가 경아전(京衙前), 외아전(外衙前), 그리고 군교(軍校)라고 하는 행정 및 경찰실무를 전담하는 광범한 중인층을 정립시키게 되었다. 그리고 관인층은 자신의 지주지를 항구적으로 경영하기 위해 그 예속노동력으로서 노비층의 대대적 확보 장치 또한 결코 소홀히 하지 않았다.

조선 전기는 신분직역제가 상대적으로 가장 잘 정비된 시기였다. 그럼에도 불구하고 이 시기에는 정치적으로 왕권이 가장 강화되어 모든 신민 위에 초월적으로 군림하는 형세를 취하고 있었다. 그것을 성리학적 정치이념은 '대천리물'이라는 명제로써 뒷받침하고 있었다. 양민층의 소농민경영이 전형적으로 확충된 사실을 사회경제적 지반으로 하여 신분직역제가 전형적으로 정비되고 성리학적 지배이념을 원용하는 왕권의 전제성이 가장 전형적으로 추구되었다고 하는 사실이야말로 우리나라 중세 사회구성의 전형적인 전개 현상이 아니었나 한다. 그렇게 볼 때 고려 시기는 아직도 그 전형으로 보기에는 미숙성을 나타내는, 그리고 조선 후기는 이미 그것의 변동과 해체가 크게 진행되는 시기였던 것으로 비정된다.

그런데 이 시기 전형적인 것을 구성하기도 하고 그것의 변화를 초래하기도 한 주요 요인으로 소농민경영이라고 하는 이른바 하부구조의 전개와 함께 전체 국가사회의 기축을 이루고 있던 상부구조로서의 강인한 국가체제의 규정력 또한 여기서 간과해서는 안 될 것이다. 양자는 물론 별개로 작용한 것이 아니라, 전체 사회구성의 모든 측면에서 차원과 분야를 달리하는 갖가지 대응 관계로 이 시기 역사를 움직여가는 기축으로 작용하였다.

그래서 국가체제가 주로 그 사회현실을 규정한 사실도 허다하게 상정할 수 있다. 가령 거의 천 년 동안이나 국가적으로, 귀족적으로, 그리고 서민에 이르기까지 깊은 신심을 모아온, 그래서 이미 거대한 사회세력을 형성한 불교를 이 시기 정권이 법제적으로 억압한 결과 공식적으로는 불교가 주로 서민들의 신앙으로 귀착되고 말았다는 사실은 그러한 사례의 하나로 들 수 있다. 반면에 충·효·열과 같은 성리학적 도덕 규범이 더욱더 보편적 사회윤리로 행세하게 된 사실도 그 같은 사례로 들 수 있다.

그중 가장 대표적인 사례로 이 시기 신분직역제의 새로운 정립과 그 변화 현상을 들 수 있다. 주로 관인지주 등 지배층의 현실적 요청에 따라 규정되었으리라고 여겨지는 종천법·추쇄법(推刷法) 등 극악하다고 할 수밖에 없는 노비 관련 법제가 이 시기에 재확인되고 강고한 규정력을 발휘하였다는 사실, 그래서 원래 큰 비율을 점한 노비의 숫자가 이 시기 점점 더 증가하였다는 사실, 그러면서도 그들이 소극적 저항으로서의 태업은 할지언정 끝내 천대를 벗어나고자 하는 계층운동을 추진할 수는 없었다는 사실이 그 같은 사례로 이해된다. 수군의 군역 한 가지를 예로 들더라도 이것이 모든 군역 가운데 가장 고중(苦重)한 것이었으므로 국가는 이들이 다른 직역으로 투속하는 것을 막기 위해 수군의 자지(子枝)가 대대로 그 역을 밭도록 제도화해두었다.[59] 그 결과 원래는 양민의 신역(身役)이었던 수군의 역이 사실상으로나 관념상으로 점차 천역(賤役)으로 변해갔으며, 마침내 신량역천(身良役賤)이라고 하는 이른바 칠반천역(七般賤役)의 하나로 귀착하기에 이르렀다.

그래서 적어도 이 시기에는 전형적일수록 그 구성이 불안정하며 과도적이기조차 하였다는 사실, 그리고 전형적인 현상들도 일시에 한꺼번에 다 구비되어 나타나는 것이 아니었다는 사실 또한 간과해서는 안 될 것이다. 가령 과전법이라는 신분제적 토지법제가 이 시기에 전형적으로 구비되었으나 그것이 의존하고 운용되는 기초로서의 소유권적 토지지배관계가 더욱 발전함에 따라 드디어 이 시기에서 사실상 종말을 고하게 되었다는 사실이 그중 하나다. 그것은 곧 국가법제로써 막을 수 없는 소농민경영 분화의 필연적 결과이며, 이후 더한층 크게 전개될 지주제의 성격과 향방을 제시하는 현상이기도 하였다. 왕권을 정점으로 하는 중앙집권적 국가의 전형적 수취제의 하나로서 이 시기 소농민경영의 보편적 전개에 상응하여 그나마 가장 완비된 형식으로 정립된 공납제도가 그 공물 부담의 기본 지반인 소농민경영의 발전 분화에 따라 바로 이 시기에 무너지면서 미납법(米納法)으로의 길이 열렸다. 병농일치의 군역제가 기준적인 사회계층에 부과되는 형태로 이 시기에 그나마 가장 잘 정비되었으나 그 또한 소농민경영의 발전 분화에 따라 포납제(布納制)로의 길이 열리면서 사실상 무너졌다는 사실도 같은 사례로 이해된다.

조선 전기에 사회적 생산력의 기본은 연작농업의 보편적 실현이라고

---

59 『명종실록』 권23, 12년 7월 을해.

하는 농업생산력을 바탕으로 하고 있었다. 이 단계에서 양민 자영농을 중심으로 하는 중세적 소농민경영이 우리나라 역사상 전형적으로 정립되고, 그에 상응하는 신분직역제, 계전법적 수취제 등 우리나라 중세 사상 전형적인 국가체제와 사회질서를 구현하기에 이른 것으로 해석된다. 그러나 그 같은 전형적인 질서는 그 지반으로서의 소농민경영 및 그것과 기본적 대응 관계에 있는 국가체제의 상호 기축적 전개에 따라 바로 이 시기, 이 사회 안에서 점차 전반적인 변천의 길로 들어섰다.

(朝鮮前期 社會의 性格;『한국사』7-중세사회의 발전 1, 한길사, 1994)

제2장

조선 초기 세조왕권의 전제성에 대한 일고찰

1. 머리말

국가권력이 군주(君主) 한 사람에게 집중된 통치형태가 전제정치(專制政治)라고 보는 일반적인 견해를 받아들인다면, 한국사에서는 특수한 경우를 제외하고는 조선왕조에 왕권의 전제성이 가장 발달하였다고 할 수 있다. 조선왕조에서도 통치권을 자의적으로 남용하다가 결국 폐위를 당한 연산군과 같은 특수한 사례를 예외로 한다면, 아마도 세조임금이 가장 전제적 왕권을 행사하고 있었던 것으로 보인다.

한국사에서 왕권의 전제성에 대해 흔히들 언급되기는 하지만, 정작 그것의 권력구조라든가 구체적 속성에 관해서는 거의 고찰된 적이 없다. 가령 『경국대전』과 같은 국가통치의 기본 법전을 두고 볼지라도 정작 왕권 자체에 관한 조항은 전혀 찾아볼 수 없다. 그것은 말할 필요도 없이 왕권은 법제로 규정할 수 없는 초월적인 존재라고 하는 통념이 반영된 현상으로 해석된다.

사실상 왕권의 초월성(超越性)에 대한 관념은 조선왕조로 말하자면 이미 개국 당시부터 현시되었다. 태조의 즉위 교서에 "천(天)이 만민을 내고 그들에게 군장(君長)을 세워두었다"고 하거나, 개국공신 정도전(鄭道傳)이 국가법제를 초창하면서 "인군(人君)은 천(天)의 일을 대리(代理)하며 천민을 다스린다"고 한 사실이 그 대표적 사례이다.[1] 또 세종과 세조임금은 각기

1 『태조실록』 권1, 원년 7월 정미 및 『三峰集』 권7, 「朝鮮經國典」 上 治典 官制.

"인군의 직(職)은 대천리물하는 것이다"라거나 혹은 "국왕은 체천하여 8도 군민에게 이르노니, 나는 너희들의 부모이다"라고도 단언하였다.[2] 즉 왕권의 근원은 천(天)에 있는 것이며 따라서 왕(王)이란 천(天)을 대신하여 만물을 다스리는 존재로 현시하였다. 여기서 '대천리물'이라고 하는 명제야말로 주자학적 왕권론의 기본이기도 하였다.[3] 곧 왕권은 천(天)과 직결되는 것이므로 지상(地上)의 질서를 초월하는 전제성을 본유함과 동시에 천도(天道)의 무사성(無私性)과 공평성(公平性)을 체현하지 않으면 안 되는 존재임을 뜻하는 이론이었다.

그런데 왕권은 초월적이라기보다는 오히려 현실에서 구체적 권능을 행사하였으며, 무사성보다는 전제적 속성을 언제나 더 크게 발휘하고 있었다. 가령 세조임금의 "대저 내 말이 곧 법이다"[4]라는 선언이 시사하는 바처럼 오히려 왕권이야말로 가장 역사적이며 현실적 존재였다. 그것은 현실에 실재하면서 현실 정치의 운용에 그야말로 '초월적'으로 인식될 만한 막강한 권한을 행사하고 있었다. 왕권이 초월적 권능을 행사하는 존재로 사실상 공인되고 문헌에도 현시되었으므로, 그것의 구조나 행태를 파악하고 설명하기란 그만큼 막연하게 여겨질 수밖에 없었다.

그런데 조선 초기의 관계 사료를 읽으면서 필자는, 어쩌면 세조왕권이야말로 그 같은 문제의 해명에 접근할 수 있는 길을 다소나마 열어두고 있지 않은가 하고 생각하게 되었다. 그것은 무엇보다도 원래 국왕이 될 위치에 있지 않았던 세조 자신이 정변(政變)을 일으켜 왕권을 탈취한 처

---

2 『세종실록』 권37, 9년 9월 갑신 및 『세조실록』 권5, 2년 11월 기축.

3 주지하듯이 『서경(書經)』 고도모(皐陶謨)의 "天工人其代之"라는 문자가 주자(朱子)의 유촉을 받은 문인 채침(蔡沈)에 의하여 "인군(人君) 대천리물(代天理物)"이라고 해석되어 명제화하기에 이른 것이다.

4 『세조실록』 권4, 2년 5월 을해.

지였으므로, 그 비정통성을 극복하기 위하여 역으로 누구보다도 가장 왕위·왕권의 전세성을 확고히 하기 위한 노력을 의도적으로 기울였다는 사실이 사료상으로 어느 정도 드러나기 때문이다. 그는 개인적 성품이 상대적으로 경정(徑情) 직절(直截)하여 자신의 심경을 많이 그대로 토로하는 편이므로,[5] 왕권의 행사와 관련된 객관적 정세를 어느 정도 사료상으로 읽어낼 수 있지 않은가 하는 생각을 갖게 되었다. 그래서 이 장에서는 우선 조선 초기 세조왕권의 전제성의 일단을 고찰해보기로 한다.

필자가 검토한 바에 따르면, 세조의 전제적 통치정책은 크게 보아 다음의 두 가지 행태를 범주적으로 추구하였던 것으로 보인다.

첫째, 세조는 비정상적으로 획득한 왕권을 확고히 운용해가기 위해서 특히 종친(宗親)·훈신·척신(戚臣)을 자신의 제1차적 지지(支持) 기반으로 삼아 이들과 매우 심도 있는 결탁 관계를 맺었다. 그래서 왕권을 정점으로 받드는 이른바 훈척 세력이란 것이 상층 지배계층으로서 튼튼하게 자리잡았으며, 이후로도 그것을 계급적 지반으로 하여 국가체제가 튼튼하게 지탱해가도록 정책적으로 기도하였던 것으로 보인다. 말하자면 나름대로 새로운 계급배치를 획책하고 추진하였다.

둘째, 또 한편으로 그는 왕권의 전제적 지반을 널리 백성들 사이에도

5 세조가 만년에 여러 근신(近臣) 앞에서 토로한 다음의 말을 참조할 것이다;상(上)이 말하였다. "내가 잠저(潛邸)로부터 일어나 창업(創業)의 군주가 되었으니, 사람을 죽이고 형벌한 것이 많았다. 어찌 한 가지라도 원망을 취함이 없었겠느냐. 『주역(周易)』에 이르기를, '소정(小貞)은 길(吉)하고 대정(大貞)은 흉(凶)하다' 하였다. 이제 사민(徙民)·군적(軍籍)·호패(號牌) 등의 대사(大事)를 한꺼번에 아울러 거행했으니, 비록 국가에는 매우 이롭다 하더라도 어찌 대정(大貞)의 일에 원망이 없겠는가. 또 나는 무릇 모든 국무(國務)에 비록 심히 작은 일이라 하더라도 반드시 극진한 데에 이르러서야 행하였으니, 이것이 이른바 '대정(大貞)의 흉(凶)'이라 할 것이다. 나의 허물은 이런 것에 불과하다. 내가 어찌 숨기겠느냐. 나는 (경들에게) 숨기는 것이 없다"(『세조실록』 권46, 14년 5월 정해). 『주역』의 문자는 둔괘(屯卦)의 단사(彖辭)로서, 작은 혜택을 베풀면 길(吉)하고 큰 혜택을 베풀면 흉하다는 말이다.

확고히 구축하고자 하여 새로운 법제를 만들어가면서까지 모든 신민에 대한 신분(身分)·인신별(人身別) 직역을 부과하되, 중간 농단을 될수록 제거하는 정책을 추구하였다. 호적의 새로운 파악이라든가 호패법(戶牌法)과 보법(保法)의 시행, 그리고 노비종천제(奴婢從賤制)의 확정 등이 그 대표적 사례였다. 그 같은 법제의 시행은 당시로서는 매우 중대한 사회 관계의 변동을 초래하면서 15·6세기를 이끌어갔는데, 그것이 의도하는 기본 방향으로 현실의 사회 관계가 실현되었는지에 대해서는 매우 강한 의문이 제기된다.

이 두 가지 정책은 일견 모순되는 관계를 가진 채 시도된 듯하지만, 두 가지 모두 국왕 자신의 전제적 지위를 유지하는 지반을 확고히 하려는 데 합치한다는 사실로 귀일될 수 있다.

그런데 이 장에서는 그같이 광범한 문제들에 대해서 두루 언급할 겨를이 없다. 여기서는 우선 세조왕권이 그 자체를 일차적으로 지탱해주는 훈척 세력을 어떻게 우대하고 있었는가, 그 같은 우대정책은 필경 훈척들의 권력이 비대해질 계기를 내포하기 마련인데 세조는 그 같은 계기를 어떻게 제어하고 통치권을 어떻게 조절함으로써 자신의 전제왕권을 실현해갔는가, 그리고 그런 현상들이 당대의 정치사회사에서 갖는 역사적 의미는 대체 무엇인가 하는 문제에 국한해서 고찰하기로 한다.

2. 세조의 공신 우대정책

세조는 동 2년(1456) 6월에 사육신사건이 일어나자 곧 "집현전(集賢殿)을 혁파하며 경연을 정지(停止)"하고 말았다.[6] 사육신사건은 그 "창의자가 모두 집현전에서 나왔"는데, 경연은 곧 유자(儒者)인 집현전 관원을 중심으로 하여 운용되었기 때문이다.[7] 그는 만년에 가서도 그 생각을 바꾸려 하지 않았다.

> 나는 이미 불혹(不惑)의 나이를 넘겼으나 심기(心氣)가 더욱 건장하여 피곤하지 않다. 날마다 경연(經筵)에 나가더라도 힘이 부족하지는 않을 것이다. 그러나 경연은 옛 성현(聖賢)이 하는 바 아니었다. 요(堯)·순(舜)은 경연을 열지 않았고, 주공(周公)도 실로 스승이 없었다. 송(宋)나라 임금들이 구구하게 처음 시작한 일이야 어찌 본받을 만한 것이겠느냐(『세조실록』 권33, 10년 4월 갑진).

요컨대 그는 경연을 통하여 주자학적 왕도를 강마함으로써 치세(治世)를 이룩한다는, 이미 부왕인 세종 대 이래 확고한 전통이었던 길[8]을 의도적으로 거부했다. 그는 이미 수양대군 시절부터 "석씨(釋氏)의 도(道)가 공자(孔子)보다 나은 것이 다만 하늘과 땅 차이 정도만이 아니다"라고 성언(聲言)하였다.[9] 그는 성균관의 유학(儒學) 교육 자체에 대해서도 매우 부

---

6 『세조실록』 권4, 2년 6월 경자·갑진.

7 『세조실록』 권46, 14년 6월 경인.

8 南智大, 1980, 「조선초기의 經筵제도」, 『韓國史論』 6; 權延雄, 1982, 「世宗朝의 經筵과 儒學」, 『世宗朝文化研究』(I) 참조.

9 『세종실록』 권122, 30년 12월 정사.

정적 입장이었다. 가령 "성균관은 부유(腐儒)들이 모여드는 숲이다. 하루 동안 두면 하루만큼 썩고, 10일 동안 두면 10일만큼 썩는다"고 하여 유능한 인재는 성균관에 두지 말고 즉각적으로 전직(轉職)시키도록 하는 일도 서슴지 않았다.[10] 그는 종친·재추(宰樞)들이 모인 자리에서 현직의 성균관 대사성(大司成)에게 심지어 "병서(兵書)와 노자(老子)·장자(莊子)와 한문(韓文) 등의 글"을 강론케 하고는 그것이 자기 마음에 거슬리자, 그를 하위지(河緯地)·성삼문(成三問) 등의 무리에 견주면서 결국 죽음으로 몰아 처형하는 일도 자행하였다.[11]

우리나라 역사상 오래 거행해온 사천(祀天)의 의례인 원구제(圓丘祭)를 혁파한 것은 세종임금이었다.[12] 그러나 세조는 즉위 3년에 그것을 '환구제(圜丘祭)'로 다시 부활시켜 거행하기 시작하였는데, 그 배경에 대해서는 자세한 설명을 남기지 않았다. 관련 기록을 보면, "전하께서는 남교(南郊)에서 상제(上帝)를 친사(親祀)하여 태조(太祖)를 배향하시니 즉 무왕(武王) 주공(周公)의 달효(達孝)입니다"라 하고, 혹은 "정책(定策)하여 정난(靖難)함으로써 종사(宗社)를 영안(永安)케 하고 거기 맞는 큰 의례(儀禮)를 베풀어 남교에서 친사(親祀)하였다"라고 전한다.[13] 그는 이른바 '제후(諸侯)'왕의 명분(名分) 따위에는 결코 국척(跼蹐)되지 않고, 스스로 천제(天帝)에 대하여 직접 제사를 받들어 천(天)과 직결된다는 의식(意識)을 스스로 다짐함으로써 자

---

10 『세조실록』 권34, 10년 8월 임인.

11 『세조실록』 권23, 7년 정월 임술·계해·갑자·기사.

12 혁파한 배경은 세종임금의 다음 말에서 단적으로 드러난다. "제후(諸侯)가 사천(祀天)할 수 없음은 예(禮)에 원래 그러한 것이다. 어찌 지역이 바야흐로 수천 리 된다고 해서 드디어 천자(天子)의 예(禮)를 참람되이 행할 것인가"(『세종실록』 권1, 원년 6월 경진). 주자학적 명분론에 따라 세종이 '제후왕(諸侯王)'으로 자처하여 그러하였다는 사실에 대해서는 金泰永, 1973, 「조선초기 祀典의 성립에 대하여」, 『역사학보』 58집 참조.

13 『세조실록』 권7, 3년 3월 무인;권6, 3년 정월 신사.

기 왕권의 정통성을 현시하고자 환구제를 거행하였던 것으로 해석된다. 이는 그가 '체천지보(體天之寶)'라는 어새(御璽)를 새로이 만들어 사용하고 있었다는 사실[14]과도 연관되는 일이었다. 그는 천(天)과 직결되는 위상에서 천(天)을 체현하는 군주로서의 존엄을 한껏 갖추려고 노력하고 있었다. 왕권은 초월적인 것이므로 지상의 모든 존재질서를, 아마도 주자학적 명분론(名分論)을 포함한 가치질서까지 초월한다는 그의 독특한 전제적 속성을 드러내는 처사로 이해된다.

세조도 물론 주자학적 왕도라는 것의 정체에 대해서는 알고 있었던 것으로 보인다. 살펴본바 그는 이미 즉위 초부터 전국 군민에게 '체천'한다는 국왕으로서의 유서(諭書)를 발하고 있었다. 형명(刑名)을 논하면서도 "천(天)·인(人)은 일리(一理)이며 동(動)·정(靜)은 상응(相應)한다"는 주자학 문자를 써서 공표했다. 심지어는 들끓는 도적들을 자수시키기 위해 '대천애물(代天愛物)'하는 국왕으로서의 자혜심을 널리 알렸다.[15]

그는 왕권의 초월성과 무사성을 동시에 설명하는 주자학적 명제를 누구보다도 즐겨 사용하였다. 그러나 그가 추구하는 것은 아마도 주자학적 왕도와는 다른, 자기 나름의 독특한 '왕도'를 체현하려 한 것으로 보인다. 대체 그 정체는 어떠한 것이었는가.

세조는 문(文)·무(武)의 근신(近臣)들이 모인 자리에서 세자(世子)에게 술을 따르게 하고는 다음과 같이 제왕(帝王)과 재신(宰臣)의 관계를 피력했다.

---

14 『세조실록』 권11, 4년 2월 을묘. 그는 대신들 앞에서, "나의 왕위(王位) 또한 공기(公器)이며 사직(社稷) 역시 천하 만세의 공기이다. 나는 응당 이 공기를 받을 사람이다. 그러므로 받은 것이다."(같은 책 권7, 3년 3월 신묘)라고 공언하였다.

15 『세조실록』 권4, 2년 11월 기축; 권12, 4년 5월 병술.

(신)숙주는 나에게 있어서 이체동심(異體同心)이요 여러 재추(宰樞)는 모두 너의 부집(父執)으로서 다음에 모두 너의 신하(臣下)가 될 터이니 마땅히 후대(厚待)해야 할 것이다. 응준(鷹隼)이 비록 용맹하다 하지만 실로 우익(羽翼)이 없으면 오히려 범조(凡鳥)만도 못한 것이다(『세조실록』 권26, 7년 11월 병술).

세조는 왕권을 응준(鷹隼)의 용맹에 비유하면서 그 용맹을 발휘하고 실현하는 요체로서 무엇보다도 '우익(羽翼)'이 필요 불가결한 것임을 역설하였다. 신숙주와 같은 공신(功臣)·재추(宰樞)가 그의 일차적 우익이었다. 세조와 같은 강력한 군주도 우익이 되는 정치세력을 지지 기반으로 하고서야 비로소 자기 왕권을 실현할 수 있었다는 뜻이다.

우선 그가 수양대군으로서 이른바 계유정난(단종 원년:1453)을 일으켜 군국(軍國)의 실권을 장악하였을 때 그의 반대파로 지목된 안평대군을 처단하자는 정론(廷論)을 주도한 자가 종친 및 공신집단이었다. 즉 우선 대간(臺諫)이 선도하여 논의를 일으키고 이어서 양녕대군을 필두로 하는 다수의 종친, 개국(開國)·정사(定社)·좌명(佐命) 등 개국 이래의 여러 공신 자제(子弟), 부마부(駙馬府)와 중추원의 당상(堂上), 그리고 새로 '정난(靖難)'에 참여하여 의정(議政) 같은 고위 관직을 차지한 정인지(鄭麟趾)·한확(韓確) 등 정난공신들이었다.[16]

또 세조가 왕위를 차지한 직후 단종에게 진전(進箋)하는 사례(謝禮)를 베풀고 수작(酬爵)할 때 앞장서서 주선한 것은 당시 종실(宗室)의 최고 원로인 양녕대군(讓寧大君)이었다.[17] 그리고 금성대군(錦城大君) 유(瑜)가 단종의

16 『단종실록』 권8, 원년 10월·무술·기해·경자.

17 『세조실록』 권1, 원년 윤6월 병진.

복위를 획책하였다는 사유를 들어 그를 처단하여야 한다고 강력히 요청하고 나선 경우에도 우선 대간이 앞장을 서고 이어서 영의정 정인지·우의정 한확·좌찬성 이사철(李思哲) 등 공신들이 그 주창자였다. 이들의 논의에 "유(瑜) 등의 치죄(治罪)는 다만 신등(臣等)의 요망일 뿐 아니라 종친(宗親)·부마(駙馬)·육조(六曹)·대간이 모두 그러하다"고 한 바와 같이, 종친과 공신을 필두로 하고 의빈(儀嬪)을 포함한 주요 관계 부서가 대부분 등장했다.[18] 대간을 비롯한 관계 부서의 관원들이란 대개 시세(時勢)를 좇아갔다고 생각되거니와, 언제나 그 같은 시세를 적극적으로 조성한 장본인은 아무래도 종친과 공신, 그리고 척신들이었다.

그 가운데 종친에 대한 우대는 일반적인 일이었지만, 세조는 특히 "공신과 종친은 일반"[19]이라 하여 고위의 관직까지 수여해가면서 종친을 의도적으로 활용했다. 그는 근친들을 날마다 2인씩 번갈아 입직(入直)하게 하면서 이를 아종(兒宗)이라 칭했으며, 자신이 친히 임하여 사후(射侯)할 때 배석시키는 자들을 사종(射宗)이라 하였다. 또한 강무(講武) 등의 결진(決陣)에 참여시킨 자들을 진종(陣宗), 그리고 종친 가운데 자원하여 어가(御駕)를 수행하는 자들을 원종(願宗)이라 칭하여, 항상 자신의 주위에서 노닐며 호위하게 하였다.[20] 그뿐 아니라 이시애의 난(李施愛亂, 세조 13년;1467)이 일어나자 그는 친조카인 구성군(龜城君) 준(浚)을 최고 사령관으로 임명하여 이를 토평하게 하였으며, 다음 해에는 젊은 나이(28세)의 그를 영의정으로 삼을 정도로 중용하였다.

그러나 세조의 종친 특대정책은 자신의 우익(羽翼)을 확보하기 위한 특

18 『세조실록』 권1, 원년 윤6월 경신 및 신유.

19 『세조실록』 권30, 9년 6월 경진.

20 『세조실록』 권32, 10년 정월 갑인;권34, 10년 10월 임오 기타.

이한 사례에 속했다. 종친의 경우 지친(至親)일수록 왕권(王權)과의 경쟁관계에 휩싸이기 쉬우므로, 그들에게 정치적 권한을 부여하는 것은 결코 바람직하지 않았다. 그것은 이미 『속육전』 이래의 금단사항이었다. 또한 세조 당대에도 종친은 "친진(親盡)하면 문무관(文武官)의 예에 따라 시행한다"고 하여 유복친(有服親)의 범위를 벗어나야 관직(官職)을 떨 수 있도록 규정해둔 바 있고, 『경국대전』에도 그대로 실렸다.[21] 그래서 종친은 높은 품계와 중록(重祿)을 받으면서 특히 부세(富勢)로운 가문과의 혼인을 통하여 재리(財利)를 보전해갈 수 있었지만,[22] 특수한 경우를 제외하고는 직접 고위 관직에 발탁되거나 혹은 정치세력화하는 경우는 없었다.

그런데 세조는 왕권 획득의 길을 다진 일 자체가 지략(智略)과 무력(武力)을 동반한 '정난(靖難)'을 통하여 성취되었으므로 이미 즉위 이전에 책훈(策勳)한 정난공신부터가 그와는 불가분리의 혈맹 관계에 있었으며 가장 중요한 우익이었다. 그가 즉위하자 곧이어 "개국·정사·좌명·정난의 4공신 등이 맹족(盟簇)"을 그에게 바쳤는데, 이는 멀리 개국 이래의 훈신들로부터 그의 왕위를 공인받는 거조였다. 이에 그는 그들 공신과 양녕대군 이하의 다수 종친·의빈(儀賓)들에게 연회를 베풀어 춤까지 춰가면서 상호간의 동맹을 거듭 다짐하였다. 또한 그는 무려 2,000여 명에 달하는 다수의 원종공신(原從功臣)을 책훈함으로써 자신의 우익(羽翼)을 널리 확보하

21 『세조실록』 권23, 7년 3월 신유;권30, 9년 6월 경진;『경국대전』 권1, 吏典 宗親府조.

22 "종실(宗室) 자녀는 혼가(婚嫁)할 나이가 되면 그 집의 자원(自願)을 들어 사대부 모인(某人)의 자녀와 혼인하게 되는데, 비록 사대부의 정원(情願)이 아니더라도 억지로 혼취(婚娶)케 하는 것이 소위 구례(舊例)이다"(『중종실록』 권12, 5년 11월 계유).;"왕자군(王子君)의 길례(吉禮) 시에는 그 선행(善行)을 보지 않고 먼저 벌열호부지가(閥閱豪富之家)를 살피니, 재리지사(財利之事)를 상(上)이 먼저 보이고 있다"(같은 책 권33, 13년 6월 갑술)고 비판받는 상태가 관행되고 있었다.

고자 노력했다.[23]

이어서 그는 좌익공신(佐翼功臣)을 책훈하였다. 좌익공신은 무슨 별다른 '공훈(功勳)'이 있어서가 아니라 세조의 왕권 확립을 확고히 유지하기 위해 의도적으로 우익을 망라하여 책훈한 것이므로 이후 그의 왕권을 뒷받침하는 기본 집단이 되었다.[24] 이때 책훈된 신숙주(申叔舟)·한명회(韓明澮)·정인지·정창손(鄭昌孫)·구치관(具致寬)·홍윤성(洪允成)·조석문(曺錫文)·박원형(朴元亨)·윤자운(尹子雲) 등이 이후 세조 일대를 통하여 길이 중용되었다.

세조는 즉위한 지 1년쯤 지나 세자를 명(明)나라 황제에게 '조견(朝見)'토록 조처한 일이 있는데, 일이 결정되자 "왕세자와 개국·정사·좌명공신의 친자(親子)와 적장손(嫡長孫) 및 정난(靖難)·좌익(佐翼)공신과 그 친자 등이 북단(北壇)에서 동맹(同盟)"하고 "자손만세(子孫萬世)토록 국가와 휴척(休戚)을 함께한다"고 다짐하였으며, 다음 날에는 왕궁에서 '회맹음복연(會盟飮福宴)'을 열고 무릇 180여 명의 동맹자가 모여 자축하였다.[25] 양자가 다 이전에 없는 일이었다. 이는 중국으로부터 자기 왕권의 정통성을 다시금 확인받고자 하는 일을 획책한 것이며, 동시에 국내에서도 개국 이래의 역대 공신 자손들로부터 그 정통성을 '동맹'으로 다짐케 한 일이었던 것으로 해석된다.

---

23 『세조실록』 권2, 원년 8월 기미 및 12월 무진.

24 좌익공신은 세조의 즉위 두 달 후인 원년 9월 정축일에 책훈한바, 홍윤성은 여기 미처 참여하지 못하였으나 세조의 특별 호의로 추후 녹훈하였다(『세조실록』 권2, 원년 11월 계미). 한편 성삼문 등은 다음 해의 사육신사건으로 처형되고 말았으며, 그 대신 밀고한 김질(金礩)을 추후로 녹훈하였다(같은 책 권2, 2년 7월 경오). 세조의 집권으로부터 성종 초에 이르는 다섯 차례 공신(功臣)의 책봉과 그 정치적 상관 관계를 개괄·고찰한 연구로는 鄭杜熙, 1983, 『朝鮮初期 政治支配勢力연구』, 일조각의 제4장 「世祖-成宗대 功臣集團의 政治的 性格」 참조.

25 『세조실록』 권5, 2년 11월 경진·신사. 그러나 '조현'은 명(明)이 거절함에 따라 실현되지 못하였다.

세조는 사육신사건이 진압되고 자기 왕권이 안정되자 예조의 계청에 따라 개국 이래의 5공신을 불천위(不遷位)로 봉사(奉祀)토록 하는 제도를 창시하였다. 즉 원래 대부(大夫)는 증(曾)·조(祖)·고(考)의 3묘(廟)만을 두는 것이 예문(禮文)의 규정이지만, 그 같은 대부가(大夫家)로 용립(聳立)하는 데는 애초에 '시봉(始封)의 군(君)'이 있다는 선유(先儒)의 학설을 그 주요 논거로 원용하였다. 그래서 개국 이하 좌익에 이르는 5차의 공신들은 성조(聖朝)에서 "봉군사작(封君賜爵)하고 토지와 노비를 하사하였으며 자음(資蔭)이 자손에 미치고 은유(恩宥)가 영세(永世)토록 이어지니, 이것이 곧 그 집의 시조(始祖)요 선유가 말한 시봉(始封)의 군(君)"이라 해석하여, 3묘 이외에 별도의 불천위(不遷位)로 봉사하도록 하였다.[26] 공신을 불천위로 제도화한다는 것은 그 하사받은 토지·노비에 대한 소유권은 물론이요, 특히 승음(承蔭)과 사유(赦宥)가 영속될 수 있도록 제도화하는 일이었다. 공신을 영구히 최고 지배집단으로 계급배치하는 처사였던 것이다.

그리고 세조 3년(1457) 세자의 사후(死後)에도 그 "혼궁(魂宮)에 상식(上食)치제(致祭)"할 때 "종친 및 공신 자손"들이 "매일 1인씩 번갈아 숙직해가면서 전작(奠爵)"하도록 하였다.[27] 그야말로 공신은 "국가와 휴척(休戚)을 함께"하고 있었던 것이다. 그리고 세자의 죽음 이후 종친·공신들과의 연회(宴會)는 더욱 빈번해졌다. 특히 세조는 세조 4년 2월부터 개국·정사·좌명·정난·좌익공신과 그 적장(嫡長)들에게 '공신중삭연(功臣中朔宴)'이란 것을 베풀게 되었는데, 차례로 그들의 '진주(進酒)'를 받고서는 자기의 회포를

---

26 『세조실록』 권7, 3년 3월 갑신. 5공신의 불천위를 제도화한 이틀 후에, 사육신 관련자 소유의 전국 각처 전지(田地)·가사(家舍)를 가까운 종친과 좌익공신들에게 나누어 하사하였다(동 병술조).

27 『세조실록』 권10, 3년 11월 무인.

글로 썼다.

> 5공신(功臣)들이 헌수(獻壽)하니 내 스스로 경사스러움을 이길 수 없다. 여기 앉은 공신(功臣)·재신(宰臣)·종친(宗親)·부마(駙馬)들에게 이르노라. 죽어서 앎이 없다면 의당 자손(子孫)을 위한 계책이 없겠지만, 개국공신 등이 자손을 두었으니 오늘의 성관(盛觀)을 보면 어떠하겠는가. 천하 고금을 막론하고 사람은 모두 그 공(功)으로 먹고산다. 너희들이 집에 살면서 한 가지라도 공(空)으로 얻어지는 물건이 있던가. 항상 의식(衣食)의 유족(裕足)함을 생각하고, 또한 복(福)을 누리는 것이 끝날 수도 있다는 이치를 생각한다면, 기쁨이 어찌 홀로 나만이겠는가. 반드시 하늘이 도와줄 것이다(『세조실록』 권11, 4년 2월 신축).

그는 공신이 되면 그 '공(功)'으로 "의식(衣食)이 유족"한 행복을 누릴 수 있되, 만약 등을 돌리는 경우에는 그 같은 "복(福)을 누리는 것이 끝"나고 말 것이라는 '이치'를 강조했다. 극히 공리적(功利的)·패권적(覇權的) 실리론(實利論)을 가지고서 공신들과의 영구적 '동맹'을 다짐했다. 그해 11월에는 태종의 부마이자 정난공신인 "운성부원군 박종우(朴從愚)가 그 집에서 공신연(功臣宴)"을 열었는데, 세조는 거기에 '주(酒)·악(樂)'을 하사하였으며, "이로부터 공신들이 윤차(輪次)로 설연(設宴)"하게 되었다.[28] 임금과 공신, 혹은 임금이 하사하는 '주·악'을 앞에 두고 그들은 임금에 대한 충성과 상호 간의 결속을 다지는 연회를 제도적으로 번갈아 가면서 빈번하게 거행했다.

---

28 『세조실록』 권14, 4년 11월 기축.

또 세조는 직접 충훈부(忠勳府) 청사에 나아가 글을 쓰되, 여러 종재(宗宰)·공신과 자기 사이는 자석(磁石)과 철(鐵), 섶과 불, 그리고 땅과 하늘의 관계와 같아서 아무도 그사이에 틈을 낼 수 없다고 다짐하기도 하였다.[29]

앞에서 살펴본 것처럼 공신을 책봉할 때는 혹 범죄가 있더라도 사유하며 그 자손(子孫) 대대에 이르기까지 작록(爵祿)이 미치게 함을 맹약하는 것이 일반적인 관행이었다. 그러나 그것은 여간해서는 체형(體刑) 등을 가하지 않는다는 것일 뿐, 구체적 범법사실을 문제 삼지 않는다는 것은 아니었다. 가령 뇌물을 주고받는 경우 양쪽을 다 처벌하는 것이 통상의 법규였다. 그것은 『경제육전(經濟六典)』 이래의 법례요, 의거 형률(刑律)인 『대명률(大明律)』의 규정으로, 선왕인 세종 대에도 양자는 거듭 확인하여 시행해왔다.[30] 그런데 세조는 공신의 수뢰(收賂)에 대해서는 법규를 어겨가면서 특별히 보호했다. 그는 온양(溫陽)온천에 행차한 기회에, 충청도 관찰사가 금령(禁令)을 어기고 근신(近臣)들에게 뇌물을 바쳤다 하여 현지에서 그를 참형(斬刑)에 처하고는 8도에 유시하기를, "나는 만 리(萬里) 밖을 폐(肺)·간(肝) 보듯이 환히 알고 있다. 너희들은 내가 알지 못한다고 하지 말 것이며 멀어서 듣지 못한다 여기지 말라"고 일렀다.[31]

그런데 이 경우, 그가 친신하는 중신들 거의 모두가 수뢰(受賂)한 것으로 판명되었다. 법리(法理)를 따지는 대간은 당연히 쌍벌(雙罰) 원칙을 거듭 강력히 주장하였다. 그러나 세조는 비록 근신(近臣)들이 수뢰한 허물이 있다 하더라도 "모두가 공훈이 있는 장상(將相)인즉 이 같은 일에 특사(特

29 『세조실록』 권15, 5년 2월 기미.

30 『세종실록』 권116, 29년 5월 임자;『大明律』 권5, 名例律 給沒贓物;같은 책 권23, 官吏受財·坐贓致罪. 뇌물을 공여한 자보다도 수뢰자(受賂者)가 더 큰 벌을 받도록 규정되어있다.

31 『세조실록』 권36, 11년 9월 병오.

赦)를 하지 않고 어떤 일에 사유하겠느냐"고 하여, 일체를 불문에 부치고 말았다.[32] 즉 한 도의 관찰사는 그 자리에서 죽이면서도 친신하는 '공훈 장상'의 경우는 한낱 파직(罷職)조차 하는 일 없이 고스란히 보전하였다. 그러면서도 일련의 일을 두고 그는 "인군의 마음은 정대 광명(正大光明)하여 한번 죽이고 한번 상(賞) 주는 것을 모두 공의(公義)로 결단한다"고 공언하며, "임금이 체천(體天)하지 않으면 임금이 아니다"라고 전국에 유시했다.[33] "만 리 밖을 폐·간 보듯이 환히" 내다보는 권능을 가진 존재로 스스로를 현시하는 세조는 동일한 지배계급인 관인층을 두고서도 자신의 '동맹'계급 내부와 그 외부에 대해서는 '정대(正大)' 혹은 '공의(公義)'의 기준을 매우 편당적으로 적용했다. 그것이 세조 전제왕권의 특징이었던 것으로 고찰된다.

세조의 공신 편중 정책은 홍윤성(洪允成)의 경우에 대표적으로 드러난다. 홍윤성은 힘과 용맹을 타고난 데다 활쏘기에 능하며 기질도 남보다 뛰어난 덕에 세조가 잠저(潛邸) 시부터 알고 '기이(器異)'하였다. 홍윤성은 문과(文科)로 발신한 후 세조의 '정난'에 참여하여 책훈되고, 세조의 특별한 호의로 좌익(左翼)공신에도 뒤늦게 참여할 수 있었다. 그는 특히 "문·무 가용자(可用者)"를 대망하는 세조의 지기(志氣)에 매우 투합하여, "권우(眷遇)가 날로 돈독해져서 몇 년도 안 되어 권세와 벼슬이 이미 극도에 이르게" 되었다.[34] 여러 종재(宗宰)·공신들이 후원(後苑)에 모여 사후(射侯)하면서 나눈 다음의 대화를 보면 그들의 지기 투합 관계를 짐작할 수 있다.

---

32 『세조실록』 권37, 11년 9월 정미. 이때 뇌물을 받지 않은 근신은 홀로 구치관(具致寬)뿐이었다고 전한다(같은 책 8월 경자). 이 같은 특사(特赦) 혹은 특대(特待)의 사례는 특히 세조 일대에 매우 빈번하였다.

33 『세조실록』 권37, 11년 9월 무신·기유.

34 『세조실록』 권23, 7년 정월 신미;권45, 14년 3월 계해.

상(上)이 제장(諸將)더러 말하였다. "거년(去年)에 한신(韓信)을 죽이고 금년(今年)에 팽월(彭越)을 죽였으니, 나는 한(漢)나라 고조(高祖)를 취(取)하지 않는다." 또 예조판서 홍윤성에게 말하였다. "경(卿)이 세 번 쏘아 비록 다 맞추지는 못할지언정 반드시 두 번은 맞추어야 호걸(豪傑)이라고 할 것입니다." 윤성이 곧 연달아 맞추자, 상(上)이 말하였다. "참으로 호걸이다. 그대는 곽자의(郭子儀)·이광필(李光弼)로 더불어 누가 더 우월하다고 생각하는가." 윤성이 말하였다. "전하(殿下)께서 당(唐) 태종(太宗) 위에 뛰어나셨으니, 신(臣)이 어찌 이신(二臣)의 아래에 굽히겠습니까?"(『세조실록』 권9, 3년 10월 임인)[35]

그같이 세조의 총애를 받는 홍윤성이 모상(母喪) 중에, 그리고 조강지처를 두고서도 아들이 없다는 것을 핑계 삼아 새로 혼취(婚娶)할 일을 꾀하는 도중, 취중(醉中)에 의혼가(議婚家)에 들어가 숙박(宿泊)하고 나오는 일을 저질렀다. 그것은 강상(綱常)에 관계되는 중대한 문제였으므로, 아무리 숙련된 대간일지라도 탄핵을 극렬히 할 수밖에 없었다. 그러나 세조는 가장 선봉에 나선 지평(持平) 권이경(權以經)을 파직시키면서 일방적으로 그를 옹호하였다.

홍윤성이 그 누이를 혼취(婚娶)하려 한다고 김분(金汾) 등이 무고(誣告)하였다. 윤성을 모함한 것은 그 죄가 가볍지 않으니, 마땅히 죽여 용서함이 없어야 할 것이다. … 원훈대신(元勳大臣)은 국가(國家)와 더불어 휴척(休戚)을 같이한다. 범민(凡民)은 모름지기 국가와 일체(一體)로 대하여야 할 것이다.

35 곽(郭)·이(李)는 당(唐)나라 때 안사(安史)의 난을 평정한 큰 공신.

만약 김분 등이 말한 바와 같다면 어떻게 공신(功臣)을 보전(保全)하고 국가를 유지하겠는가?(『세조실록』 권13, 4년 8월 기묘)

여기서 '국가'란 것은 기실 '왕권'을 뜻하는 것임이 분명히 드러난다. '범민(凡民)' 즉 일반 백성들 앞에서는 원훈이 왕권과 일체 관계에 있는 존재라고 그는 강조하였다. 그것은 왕권 유지의 일차적 지반으로서의 원훈(元勳)에 대해서는 특수한 계급성을 설정한다는 관념을 현시한 일이었다.

실상 세조는 이 일을 신숙주·한명회 등에게도 의논한바 모두가 "윤성이 실로 옳지 않습니다"라고 대답했으며, 세조도 "권이경(權以經)을 파직하지 않았더라면 윤성(允成)을 보전할 길이 없었다"라고 하여, 자신의 처사가 무리임을 시사하였다. 그런데 그 같은 무리는 정국을 경색시키기 마련이었다. "권이경의 파직 때문에 위축되어" "이때 승정원(承政院)은 (왕의 뜻을) 미리 알아내어 봉행(奉行)할 뿐이고 대신과 대간은 일찍이 한마디도 말하지 아니하였다"라고 사신(史臣)이 안타까워했다.[36]

홍윤성은 그 출신 고장 홍산(鴻山)에서도 무단(武斷)을 자행하였다. "망정익졸(亡丁匿卒)이 모두 다 그 집에 (숨어) 있으며 홍산 한 고을의 태반이 그에게 붙었는데 붙좇지 않은 것은 특히 가난한 백성뿐이었다"는 형세이며, "그 비부(婢夫) 효생(孝生)을 수리(首吏)로 만들고 노부(奴父) 지생(枝生)을 형방(刑房) 자리에 앉혀 홍산 한 고을을 자가(自家)의 사(私)로 삼았으며, 현감(縣監) 최륜(崔倫)도 그의 노복(奴僕)"[37]으로 복무하고 있다는 정도였다.

---

36 『세조실록』 권13, 세조 4년 8월 기묘·계해.

37 『세조실록』 권45, 14년 2월 계축·병진.

그런데 세조 만년에는 홍윤성이 거상(居喪) 중에 사제(私第)를 짓기 위해 연호군(烟戶軍) 수백 명을 동원하여 정병(正兵) 나계문(羅季文)의 집 동산 송목(松木)을 자의적으로 수백 주(株) 무단 벌채해 가더니, 이 일에 말썽이 일자 이윽고 그 비부(婢夫) 김석을산(金石乙山)이란 자가 역졸(驛卒)을 동원하여 나계문을 구타해 치사케 하는 사건을 저질렀다. 살인사건은 당시 현감(縣監)과 감사(監司)의 미온적 처리로 실상이 밝혀지지 못하고 있다가, 마침 세조가 온양온천에 행행한 길에, 계문의 처 윤씨(尹氏)가 수백 리를 걸어와 호곡(號哭)함으로써 공개되기에 이르렀다. 이에 사건을 미온 처리한 감사와 현감은 구수(拘囚)하면서도 세조는 홍윤성에게, "경은 석을산의 살인한 일로 염려하지 말라. 일이 사직(社稷)에 관계된 경우야 어떻게 할 수 없지만, 그가 스스로 살인한 것이니 경이 무슨 관계가 있는가" 하고 오히려 비호하였다.[38] 반역이 아닌 한 공신은 좀처럼 소추(訴追)되지 않을 것임을 드러낸 것이다.

이 사건은 중앙에서 조사하는 도중, 심지어 홍윤성이 홍산 호장(戶長) 이효생(李孝生) 등으로 하여금 오히려 윤씨 편이 "대신을 모해(謀害)"하기 위하여 사건을 꾸몄다고 '무고(誣告)'한 일까지 더하여 탄로 났다. 대간의 극단한 상소가 잇달아 홍윤성의 처벌을 주장하였으며, 신숙주 등도 "석을산이 살인한 것이야 윤성이 처음에 어찌 알았으리오마는, 그러나 몰래 수리(首吏)를 시켜 오히려 윤씨를 해치려고 한 일이야 그 원정(原情)으로 말하면 어찌 무죄라고 할 것입니까"라고 하여, 홍윤성의 무고죄(誣告罪)를 국왕 앞에서도 명확히 말하였다. 그러나 세조는 살인에 직접 관련된 하수인(下手人)들만을 처형하는 선에서 그쳤을 뿐, "무고의 일은 모두 그의

---

38 『세조실록』 권45, 14년 2월 을묘.

아랫사람들이 한 짓이요, 윤성이 아는 바 아니다. 이 작은 일을 가지고서 공신을 죄줄 수는 없다"고 하여, '원훈'을 끝내 보전하였다. 어려운 사건을 마무리 짓거나 억지로 화해시킬 때마다 세조는 상투적으로 연음(宴飮)을 내렸는데, 이때에도 그는 정인지·신숙주 이하 여러 원훈대신과 대간, 그리고 당자인 홍윤성까지 한자리에 불러 술 마시고 화해하게 하면서 맺음말로 다음과 같이 훈계하였다.

> 석을산이 (위세를) 빙자하여 살인하고 자의로 횡행하여 거리낌이 없으니, 호시(虎兕)가 우리에서 뛰쳐나오고 귀옥(龜玉)이 궤 속에서 훼손된 것이 과연 누구의 허물인가. 경은 그 책임을 피할 수가 없을 것이다. 또 부귀(富貴)하고서도 고향에 돌아가지 않음은 비단옷을 입고 밤길을 가는 것과 같다. 경이 홍산(鴻山)으로 왕래하면서 수령(守令)과 읍인(邑人)들로 하여금 모두 나와서 알현하게 한 것, 이는 인정(人情)의 상사(常事)이다. 다만 경이 연호군(烟戶軍)을 동원하여 남의 정원의 나무를 베어 사제(私第)를 짓고, 또 망정(亡丁)을 많이 은닉시켜 군액(軍額)을 축낸 것, 이는 실로 경에게 죄가 있다. 내가 경에게 벌을 주지 않는다고 지금 대간이 연장(連章)으로 극간하는데, 그 말이 심히 절실하게 와닿는다. 내가 이미 책임을 졌으니, 경도 마땅히 달게 받아야 할 것이다(『세조실록』 권45, 14년 3월 을축).

세조는 홍윤성의 무단(武斷)과 군사 은점(隱占)에 대해서만 힐책함으로써 그의 지나친 호강(豪强)을 자못 억제하려고는 하였으나 그의 무고행위는 결코 인정하려 하지 않았다. 반역에 관련된 죄가 아니고서는 끝까지 '원훈'을 왕권과 '일체'로 생각하여 보전해가고자 하였다. 그러나 그것은 '천도(天道)를 체현'한다는 왕권의 본질과는 어긋나는 처사였다. 즉 그 초월성은 십분 발휘하고 있었지만, 그 무사성은 전혀 도외시한 것으로 판명되었다. 그러므로 '원훈'과 왕권이 '일체'라고 하는 주장의 본질에는 그 같은 공리적(功利的)·패권적 편당성(偏黨性)이 내포해있었다. 그 같은 편당성이야말로 세조왕권의 전제성을 드러내는 독특한 면이 아니었나 한다.

3. 공신과 왕권의 전제성

그런데 세조는 자신의 왕위·왕권의 전제성(專制性)에 촉휘(觸諱)되는 사단이 생기는 경우, 비록 공신이라 할지라도 결코 편당적으로 보전해두려고는 하지 않았다. 이에 가까운 사례로 정창손(鄭昌孫)의 경우를 살펴볼 수 있다. 그는 좌익공신에 책훈된 후 특히 그 사위 김질(金礩)의 밀보를 받고 사육신사건을 고발하여 좌익 3등공신에서 2등공신으로 승급되며 이어서 의정(議政)으로 승진하였다. 그 공신 녹권(錄券)을 내려주는 날에 세조는 연회를 열어 양녕·효령대군 이하 주요 종친과 박종우·윤사로(尹師路) 이하의 의빈(儀賓)과 정인지·신숙주·한명회 이하의 여러 공신이 대대적으로 참여하여 서로 축하하고 결속을 다짐하게 하였다.[39]

세조는 모상(母喪) 중의 정창손을 영의정으로 기복(起復)시키려 하였으나 군이 사양하자, "경은 나에게 좌(左)·우(右)의 손과 같다"고 하여, "만약 나오지 않는다면 내가 장차 백관(百官)을 이끌고 친히 가서 기복시키겠다"[40]고 할 정도로 그를 친신하였다.

---

39 『세조실록』 권4, 2년 7월 경오; 권8, 3년 8월 무오.

40 『세조실록』 권14, 4년 12월 신유·병인.

그런데 세조가 재신(宰臣)들을 배석시키고 세자에게 병(兵)·형정(刑政)의 어려움을 훈계하는 자리에 마침 양녕대군이 들어와 함께 환담하는 기회가 마련되었는데, 여기서 원훈대신인 정창손이 실언(失言)을 했다.

> 상(上)이 (영의정 정)창손과 더불어 세자의 학문을 논하면서, "크게 통달한 후에 장차 국사(國事)를 돌려주겠다"고 하자, 정창손이 "윤당(允當)합니다"라고 대답하였다. 제신(諸臣)은 모두 다른 말이 없었으나, 홀로 제(禔, 양녕대군)가 이르기를, "상교(上敎)가 무엇을 가리킴인지 모르겠습니다" 하고는, 다시 "창손이 실대(失對)했으니, 불가(不可)합니다" 하였다.
> 저녁에 상(上)이 교태전(交泰殿)에 나가 도승지 홍응(洪應)을 불러 일렀다. "내가 선위(禪位)하고자 하니, 모든 일을 속히 처리하라." (홍)응이 놀라 어찌할 바를 모르고 … 천천히 말하였다. "수선(授禪)은 대사(大事)인즉 신자(臣子)로서는 차마 들을 수 없고, 신(臣)은 감히 명을 받들지 못하겠습니다." 상(上)이 일어나 (홍)응의 손을 잡아 일으키면서 말하였다. "정창손이 나로 하여금 속히 왕위를 물러나라 하는데, 네가 명을 따르지 않음은 어인 일이냐. … 조정이 모두 나를 미워하는 고로 창손의 말이 이에 이르렀다. 내가 어찌 연연해하면서 그대로 앉아있겠느냐. … 세종의 초정(初政) 때 태종이 아직도 대정(大政)을 청람하고 있었는데, 어떤 이가 '정병(政柄)은 불가불 귀일(歸一)되어야 한다'라고 말하여 중한 처벌을 받았다. 창손의 이 말이 그와 무엇이 다르냐. 창손은 명유(名儒)로서 벼슬이 수상(首相)이니 군부(君父)의 도(道)를 본래 환히 익혔을 것이다. 자식이 아비를 버리고 신하가 임금을 택하는 경우와 같은 일은 후세에 가르칠 만한 도(道)가 아닐 것이다"(『세조실록』 권28, 8년 5월 임인·계묘).

이에 좌의정 신숙주(申叔舟), 우의정 권람(權擥) 등이 추국하기를 촉구하고, 다음 날에는 충훈부·대신·친공신 적장(親功臣嫡長) 등이 합세하여 강력히 촉구하였다. 그러나 세조는 다음과 같은 말로 일을 무마시키고 말았다.

> "(정)창손이 말한 것은 실로 망령된 대답이지만, 비록 천지(天地) 귀신(鬼神)으로 하여금 찾아내게 하더라도 정실(情實)은 찾아내지 못할 것이다. 그러나 이 한마디 실언이 관계되는 바는 심히 크다. 난신적자(亂臣賊子)가 발자취를 이어가며 일어날 터이니, 이것이 정(鄭)의 허물이다." 드디어 명하여 창손을 파직(罷職)하게 하고, 전교하였다. "내가 자식을 과애(過愛)하여 극도로 칭예(稱譽)하다가, 이에 창손의 죄악(罪惡)을 만들게 되었다"(『세조실록』 권28, 8년 5월 갑진).

살펴보면 정창손은 결코 세자에게 전위(傳位)하는 것을 두고서가 아니라, 세자가 '크게 통달한 후'라는 사실에 찬동하는 뜻으로 '윤당'이란 말을 하였다. 그러나 이 실언을 두고 조처한 세조의 문책은 모든 신료(臣僚)에게 그야말로 왕권, 왕위의 초월성에 대한 인식을 다시금 깊이 되새기게 하는 엄중한 계기가 되기에 충분했다. 정창손의 다른 마음은 '천지 귀신'조차 찾아내지 못할 것이라고 말할 정도로 그의 일편단심을 세조 자신도 믿고 있었다. 그러나 세조와 같은 전제왕(專制王)을 섬기는 데는 주관적 단심(丹心)만으로 되는 것이 아니었다. 만에 하나라도 '전위'의 뜻으로 받아들여져서 혹시라도 난신적자가 생기는 일이 없도록, 모든 것을 철저하게 현재의 왕권·왕위 위주로 생각하고 언동하지 않으면 안 되는 일이었던 것이다.

비슷하지만 좀 더 심각한 사례로는 양정(楊汀)의 경우를 들 수 있다. 양정은 세조의 '정난'·'좌익'의 전 과정에서 무력으로 큰 공을 세운 심복 공신일 뿐 아니라 이후 서·북의 변경 방비에도 오랫동안 복무한 중신(重臣)이었다. 그를 함길도 도절제사로 복무케 하면서 세조는 "경(卿)이 직무를 다스리는 것은 내가 본디 아는 바요, 내가 경을 대하는 것도 경이 본디 아는 바"라는 친서를 보내어 친신을 표하였다. 또 그가 야인(野人)을 패주시킨 일이 있을 때는, "경은 가히 나의 은우(恩遇)를 갚는다 할 만하고 나는 가히 현신(賢臣)을 썼다고 할 만하다"고 하면서 '공후간성(公侯干城)'이라고 극찬하였다.[41]

그러나 양정과 같은 심복도 세조왕권의 전제성에 저촉하는 경우에는 끝내 죽음을 면할 수 없었다. 그것도 마침 자기의 오랜 평안도 방수(防戍)의 노고를 위로하는 연회석상에서의 실언(失言)이 화단이 되었다. 그는 취중에, 마침 세조가 번거롭게 다른 신하를 힐책하여 하옥(下獄)시키는 현상을 목도하고서는, 만년에 이르러 번거롭게 왕 노릇 하지 말고 편하게 쉬는 것이 좋겠다고 그 면전에서 진언하고 말았다.

> 양정(楊汀)이 앞으로 나아가 꿇어앉아 말하였다. "상(上)께서는 어찌 이같이 괴로이 근로(勤勞)하십니까?" 상(上)이 말하였다. "인주(人主)는 만기(萬機)를 총리해야 하니 어찌 근심하고 근로하지 않으리오." 정(汀)이 말하였다. "전하(殿下)께서는 임어(臨御)한 지 이미 오래되었으니 마땅히 우유안일(優遊安逸)해야 할 것입니다." 상(上)이 말하였다. "경(卿)이 말하는 것은 곧 사시(四時)의 차례가 성공(成功)하고서는 떠난다는 뜻인가." 정(汀)이 말하였

41 『세조실록』 권5, 2년 10월 신묘;권19, 6년 정월 병오.

다. "그렇습니다." 상(上)이 말하였다. "나는 퇴위하고서 편히 지내고 싶지만 아직 그러하지 못하고 있다." 정(汀)이 말하였다. "그것이 신(臣)의 마음입니다." 상(上)이 말하였다. "경은 오래 서방(西方)에 있었으니, 서방의 인심(人心) 또한 그와 같은가?" 정(汀)이 말하였다. "누가 그렇게 말하지 않는 사람이 있겠습니까?" 상(上)이 말하였다. "내가 죽고 숙주(叔舟)와 명회(明澮)도 죽고 경(卿) 또한 죽고 군신(君臣)이 모두 죽고 나면 국가(國家)의 일은 누가 할 것인가?" 정(汀)이 말하였다. "차차 하게 될 것입니다." 상(上)이 말하기를, "내가 어찌 천위(天位)를 탐(貪)하는 자일까 보냐?" 하고는 즉시 승지(承旨)에게 명하여 대보(大寶)를 가져오도록 하여, 세자(世子)에게 전위(傳位)하려고 하였다(『세조실록』 권39, 12년 6월 정미).

말이야 좀 거칠지만, 무부(武夫)인 그로서는 아마도 인간적으로 국왕의 '우유안일'을 기원하는 충성스런 마음에서 그 같은 진언을 하게 되었으리라 짐작된다. 세조 자신도 "양정의 말은 불과 우직(愚直)할 따름이다"라고 말하고 있었다. 그 실정은 알고 있었던 것으로 이해된다. 그러나 정창손·신숙주·한명회를 비롯한 공신들은 "천지(天地)에 용납하지 못할" 중죄이므로 "불가불 대징(大徵)"해야 한다고 거듭 강력히 촉구하였다. 세조는 결국 "(양)정의 말은, 내가 혼자 있을 때라면 실로 헛말에 해당한다 할 것이다. 그러나 제신(諸臣)이 다 들었으니, 그 사(私)가 용납될 수 없다. 경(卿)들의 말을 깊이 생각하고 반복 상구(詳究)해보니, (양)정의 경우는 곧 패역(悖逆)이다. … 인군이 법을 씀에는 이치를 따를 뿐이다. 내가 어찌 사심(私心)을 가지고서 공의(公義)에 누(累)를 끼치겠느냐?"고 하여 그를 의금부로 넘겼다. 그리고 신하로서 "두 마음을 품고 어찌 해보려 하였다"는 명목으로, 마침내 그를 죽이고 말았다.[42]

여기서 '공의(公義)'의 기준은 무엇이라고 해석해야 할 것인가. 앞에서 살펴본 홍윤성의 범법사실과 대조해보면, 그것은 아마도 왕위·왕권의 불가촉성(不可觸性)에 간여하는 일이었던 것으로 해석된다. 그에 관한 한 어떤 사소한 간여라도 결코 용인하지 않는다는 단호한 뜻을 그는 혁혁한 심복의 공신을 두고서도 치명적으로 현시했다. 이 또한 전제왕의 패권적(覇權的) 결단(決斷)에 속하는 일인 것으로 해석된다.

나아가 국가와 일체(一體) 관계에 있다는 홍윤성과 같은 원훈(元勳)의 경우는 어떠하였는가. 궁극적으로 일체일 수가 있는 존재였는가. 세조는 강무(講武) 차 외방으로 나간 기회에 예조판서 홍윤성을 사장(射場)으로 불렀으나 얼른 달려오지 않았다고 하며 그의 도진무(都鎭撫) 겸직을 면전에서 박탈하면서, 준엄히 경계하였다.

> 어제 윤성(允成)에게 명하여 나를 따라 사장(射場)으로 들어오라 하였는데 오랫동안 오지 않으므로 사복(司僕)을 시켜 불렀는데 또한 오지 않았다. 또 전날에도 윤성을 불렀으나 곧 달려와 응하지 않고 종친(宗親)에게 예모(禮貌)를 보이면서 천천히 왔다. 윤성은 반드시 자기의 의견을 고집하여 옳다고 할 것이지만, 병통이 바로 여기에 있는 것이다. 지존(至尊) 앞에서 어찌 사례(私禮)를 둘 것인가. 윤성은 예관(禮官)의 장(長)으로서 이같이 하였으니 예(禮)를 안다고 하겠느냐. 이같이 일해서는 동료(同僚)가 반드시 추복(推服)하지 않을 터이요, 외방의 장수(將帥)를 맡아서는 반드시 뭇사람을 호령하지 못하여 일을 그르치게 될 것이다(『세조실록』 권29, 8년 10월 병인).

42 『세조실록』 권39, 12년 6월 정미·무신·신해.

역시 지존(至尊)의 전제적 위치에 관계되는 한 어떤 원훈에 대해서도 그는 결코 일체 관계를 허용하지 않았다. 그것이 곧 그의 전제성의 본질이었다. 심지어 그는, "나는 젊어서부터 소인(小人)까지 겪어보아서 세정(世情)을 갖추어 알고 있다. 그 가운데 제법 능한 자는 남을 깔보지 않는 자가 없고 혼자서만 일을 행하니, 다른 사람이 붙좇지 않고 일은 모두 그르치게 된다. 장수(將帥)는 더욱 폐단이 많다. 그러므로 홍윤성을 쓰지 않는다"[43]고 공언했다. 세조 자신이 홍윤성을 '소인'으로 대하고 있지는 않았지만, 그의 '소인'스러운 면은 익히 꿰뚫어보고 있음에서 나온 말로 이해된다. 그러니 세조가 홍윤성을 가리켜 "국가와 일체 관계"에 있는 원훈이라고 한 말은 곧 '일반 백성'에 대하여 선언하는 계급적인 수사에 불과했던 것으로 판명된다. 아마도 양자의 지기(志氣)가 투합하여 공리적(功利的) 심정으로는 '일체' 관계를 유지하고 있었던 것 같기도 하다. 그러나 그것은 객관적으로 살피자면 상호가 결탁(結托)하고 있는 관계라고 하는 편이 더 적절하다. 함께 공도(公道)를 추구하면서 의리(義理)의 심정(心情)으로 상용(相容)하는 '일체' 관계는 아니었던 것이다.

이제 신숙주·한명회의 경우는 어떠하였는가. 양자는 정난·좌익의 두 차례 공신에 책훈되었을 뿐 아니라 세조의 여러 공신 가운데에서도 가장 유능하며 신임이 두터웠던 것으로 보인다. 세조는 신숙주가 유능한 문신일 뿐 아니라 '지장(智將)'으로서도 불가결한 존재임을 공언하면서 이를 역사기록에도 써서 남기도록 하였다.[44] 그래서 즉위 초부터 "무릇 숙주가 말하는 바는 상(上)이 윤허하지 않는 것이 없다"고 할 정도로 친신

43 『세조실록』 권30, 9년 정월 갑진.

44 『세조실록』 권7, 3년 3월 무인.

하였다.[45] 또 그는 "숙주와 나는 이체동심(異體同心)"이라거나, "옛 군신으로서는 당태종(唐太宗)과 위징(魏徵)만 한 사이가 없었다. 경은 나의 위징이다"라고 공언하여 세자에게 타이르기도 했다.[46] 야인(野人)의 침략이 빈번해지자 대병력을 동원하는 정벌을 결행할 때도 세조는 우의정 신숙주의 "손을 잡고 [교태전(交泰殿)의] 남쪽 난간을 한보(閑步)하면서 북정(北征)을 결계(決計)"하였고, 그를 함길도 도체찰사로 삼아 이를 수행시켰다.[47] 결정적인 중대사에는 반드시 신숙주를 활용할 정도로 세조는 그를 신임하며 중용했다.

한명회의 경우도 비슷하였던 것으로 보인다. 세조는 그에게 명사(明使)를 선위(宣慰)할 겸 서로(西路)의 민막(民瘼)을 살피는 임무를 맡겨 파견하면서, "경과 나는 동심(同心) 동덕(同德) 일체인(一體人)"이니 "경의 이목(耳目)이 곧 나의 이목"이라고 충정을 토로하였다.[48] 종재(宗宰)·공신들이 모인 연회에서 세조는 "중궁(中宮)과 함께 잔대(盞臺)를 잡아 (우승지 한)명회에게 술을 하사"하고는, 이 사실을 다음 날 자랑했다.[49] 삼도도순문진휼사(三道都巡問賑恤使)로 다녀온 한명회가 복명하는 자리에서 세조는 여러 종재·공신들에게 "한공(韓公)이 맡은 일을 이같이 하니, 참으로 사람 가운데의 용(龍)이다. 경(卿)들이 미칠 바 아니다"라는 극찬을 아끼지 않았다. 만년에 이르러서도 세조는 여러 재신(宰臣) 앞에서 영의정 한명회더러, "나는 경과 더불어 화가위국(化家爲國)하였다. 경은 나를 도와 (터전을) 튼튼히 굳

45 『세조실록』 권9, 3년 9월 신미.

46 『세조실록』 권26, 7년 11월 병술;권31, 9년 10월 병신.

47 『세조실록』 권21, 6년 7월 신축;9월 정축.

48 『세조실록』 권5, 2년 8월 신해.

49 『세조실록』 권4, 2년 5월 을미·병신.

히라"고 자기의 심경을 피력하였다.[50] 진실로 지기지간(知己之間)이었던 것이다.

그런데 세조 13년(1467) 이시애의 난에서는, 신숙주·한명회 등 중앙의 대신이 내응하고 있다거나, 혹은 "군측(君側)의 악(惡)"이라는 말을 반란군 측에서 하고 있다는 비밀스러운 소문이 돌았다. 비상 상황인 만큼 세조는 밀보(密報)를 받은 즉시 양자와 그 자제들을 의금부에 수금(囚禁)케 하였는데, 한명회만은 '단종(丹腫)'을 앓고 있어 수금치 않고 군사들이 집을 지키게 되었다.[51]

그런데 세조는 그 이틀 만에 관인을 의금부 옥(獄)에 보내어 그들의 수금 상태를 점검하고, 밤에 다시 보내어 점검케 하여, 신숙주 등의 "항쇄(項鎖)가 모두 느슨하여 벗어날 수 있는" 상태라는 사실을 환관에게서 듣고는 크게 진노하였다. 그는 날이 밝는 대로 여러 중신과 군사들을 모아 놓고, 의금부 옥(獄)을 관리하는 제조(提調) 이하 전 관원을 불러와 일일이 친문(親問)하여 신숙주의 항쇄를 느슨하게 해준 남용신(南用信)이란 자를 가려내고는 이에 "군명(君命)을 가벼이 보고 권신(權臣)에 아부하였으니 마땅히 죽여야 한다" 하고는, "즉시 명하여 환열(轘裂)하도록 하고, 그 시체를 사방에 돌려가며 보이도록 하였다." 이어서 그는 "(신)숙주는 수금하고 (한)명회는 수금치 않았는데도 아무도 수금하자고 청하는 자 없고 또한 죄명(罪名)을 청하는 자가 없이 귀머거리와 장님처럼 마치 아무것도 듣지도 알지도 못한 것 같으니, 가히 조정에 사람이 있다 할 수 있겠느냐. 내가 어찌 (남)용신을 편벽되이 미워하겠느냐. 그를 죽임으로써 나머지를

50 『세조실록』 권41, 13년 정월 신묘.

51 『세조실록』 권42, 13년 5월 경진·계미.

경계하고, 조정으로 하여금 숙청(肅淸)하도록 하는 것이다"라고 선언하였다. 이어서 나머지 의금부 관원도 수금하거나 개차(改差)하고 한명회도 수금하였다.[52]

함길도에 반란이 진행 중인 비상시국에서 세조의 이 같은 거조는 그야말로 "조정으로 하여금 숙청"하게 하는 정도가 아니었다. 극도의 공황이 일어나고 말았다. 우선 이로부터 두 사람을 치죄해야 한다는 주장이 빗발치듯 일어났다. 세조도 물론 양자가 반란군과 내응하고 있다는 소문이 사실이라고는 믿지 않았다. 그러나 그는 이 기회에 두 사람에 대해서도, 또한 모든 신료를 상대로 자기 왕권의 전제성을 더욱더 확신케 하고 싶었던 것으로 보인다. 그는 시·원임대신과 승지들을 불러 모아놓고서는, "한명회, 신숙주는 죄과(罪過)가 없지 않다. 무례(無禮)와 전천(專擅)이 그 죄이다"라고 선언하였다.[53] 그리고 그는 '무례'와 '전천'의 내용으로서, "숙주가 일찍이 상(上) 앞에서 일을 논의하다가 뜻이 어긋나면, '상의 보시는 것이 잘못입니다'라고 말하였고, 명회가 전주(銓注)할 때 양계(兩界) 수령의 낙점 단자(落點單子)가 제 뜻과 맞지 않으면 다시 아뢰어 반드시 스스로 택하고자 하였다"는 사실을 귀띔하였다.[54]

임금더러 직접 잘못이라고 한다거나 인사권을 천단하는 것은 왕권의 전제성에 정면으로 배치되는 일이었다. 당연히 두 사람을 처벌해야 한다는 논의가 극도에 이르게 되었다. 이에 대하여 세조는, "내가 일찍이 세종조의 주소(奏疏)를 살피건대 모두 말이 그 실정을 지나쳐서 오로지 부화(浮華)를 숭상하고 있었다. 근일의 상소(上疏)는 글과 실정이 서로 맞고,

---

52 『세조실록』 권42, 13년 5월 을유·병술.

53 『세조실록』 권42, 13년 6월 무술.

54 『세조실록』 권42, 13년 6월 기해.

뜻과 문사(文辭)가 서로 적절하여, 내가 비록 한 글자를 증감하고자 한들 어찌할 수 있겠느냐. 내가 심히 가상히 여긴다. 그러나 그 일인즉 청허(聽許)할 수가 없다"[55]는 말로 왕권의 전제성을 과시하였다. 그리고 드디어 "경들이 말하는 바는 마땅하다. 그러나 임금이 잘못이라고 말하거나 전천(專擅)한다는 것은 크게 말하자면 인신(人臣)의 대악(大惡)이지만, 작게 말하자면 그 누가 하지 않는 짓인가. 다시 말하지 말라"는 말로 이 일을 마무리 지었다.[56]

이미 누누이 살핀바 신숙주와 한명회는 세조 일대를 통하여 가장 유능한 신료로서 인신(人臣)으로서는 더할 수 없는 신임을 받으며 중용된 원훈(元勳)이었다. 아마 인간적인 면에서도 여타의 어느 군신보다 가까운 관계를 지속한 사이였으리라고 보인다. 실상 그들의 '무례'와 '전천'이란 것도 그같이 친밀한 관계가 오래 지속됨으로 인하여 생겨날 수 있는 일이었다. 그러나 이 사건의 전말을 검토해보면, 세조는 그들에 대해서조차 결코 '일체'감을 갖고 있지는 않았던 것으로 이해된다. 즉 그는 그들의 '무례'와 '전천'에 대해서 마음속으로 매우 못마땅한 감정을 움켜쥐고 있었다는 사실이 명백하다. 그는 결코 그 감정을 털어버리지 않은 채 간직하고 있다가, 반란 연루설이 나온 기회를 이용하여 엉뚱한 다른 관인을 형사(刑死)시켜 가면서 조정을 '숙청'하고, 끝내 그 감정을 발설하여 모든 신료가 양자의 죄를 성토케 하고, 그 성토의 논조에 대해서는 칭찬도 해주는 거조를 벌였다. 양자의 '무례'와 '전천'의 죄과를 널리 드러내며 극도로 부각시키고 난 후에야 일을 마무리 지었던 것이다.

55 『세조실록』 권42, 13년 6월 갑진.

56 『세조실록』 권42, 13년 6월 무술.

그러므로 세조는 아무리 친신하며 중용하는 근신(近臣)이라 할지라도 결코 마음속까지 그들과 '일체'가 되지는 않고 항상 자기 지위의 초월성을 따로 생각하면서 그들을 대했다. 왕이 자신 이외의 어떠한 자에 대해서도 항상 의도적으로 왕권의 초월성을 견지해가는 그 같은 자세야말로 전제왕권의 본질적 측면이 아닌가 한다. 가령 세종임금은 내불당(內佛堂) 건립을 온 조정이 반대하자, "비록 1천(千) 의정(議政)이 말할지라도 내 뜻이 이미 정해졌으니 어찌 따를 리가 있겠느냐"라고 하면서 결국 그 뜻을 관철시키고 말았다.[57] 또 성종임금은 인사문제로 인하여 홍문관(弘文館)이 '공론'으로 반대를 해오자, "비록 백 명의 홍문관원이 말할지라도 어찌 재상의 말과 같겠느냐"고 하면서 재상을 원용하여 자신의 주장을 끝까지 관철했다.[58] 중종 대의 기묘사화를 살펴보면, 하룻밤 사이에 일이 벌어지고 사림은 국왕을 한 번 면대(面對)해보지도 못한 채 죽음으로 내몰렸다는 사실은 널리 알려진 바와 같다.[59] 16세기 사림정치의 시대가 된 후에도 군주의 기본 자세라는 것이 소인에 대해서는 말할 필요조차 없으려니와 "군자(君子)에 대해서까지도 깊이 믿지를 않는" 고질을 가지고 있는 것이라고 누누이 지적되었다.[60]

---

57 『세종실록』 권121, 30년 7월 임인 이하.

58 『성종실록』 권181, 16년 7월 을묘.

59 "因論己卯士禍 (尤菴)先生曰 中宗大王之於趙靜庵 君臣契合 可謂千載一時 而一入袞·貞等讒說 則一邊宣醞 以示厚恩 一邊備具刑殺器械於闕庭 卽欲擊殺 幸賴文翼公鄭光弼牽衣泣諫目前姑免其死 而流竄遠外 終陷大禍已後已 從古以來 不可恃者 人君也"(『鶴庵集』 권3-34, 華陽聞見錄 語錄).

60 "自古 明王誼辟 不能獨治 必得賢者而共國 故大哉之堯 猶以不得舜爲已憂 君哉之舜 猶以不得禹皐陶爲已憂 人君任臣 天地之道也 顧所任有邪正 而治亂係焉…今殿下之明聖 小人固不得肆其姦矣 至於君子 亦未深信 而任之不專 故君子亦不能行其志 是君子小人 皆無所用也由是 國柄無寄 而朝綱渙散 有如第宅無主 路人爭入 發言盈庭 具曰予聖 各以私見 馳騁而横議 至於牛童馬卒 乳臭小兒 欲預論朝廷之是非 故朝廷不嚴 國勢不尊 此所以政亂於浮議者也"(『율곡전서』 권7-32, 陳時弊疏 壬午).

다만 세조왕권의 경우는 더 특별한 면을 발휘하고 있었다. 그것은 자신의 정치적 지지 기반으로서의 훈척에 대한 지나친 편당성(偏黨性)을 강조함에 따라 기인하는 새로운 정치적·사회적 계급배치(階級配置)가 퇴행적 방향으로 전개되어가는 양상이었다. 그는 왕권이 만민에 대해 동시에 체현해야 하는 무사성·공평성에서뿐만 아니라 동일한 관인(官人)계급에 대해서까지도 훈척의 지나친 편당적 우위성을 강조했다. 조선왕조의 훈척적 지배체제는 그렇기에 확고부동의 행태를 지니고서 전개될 수 있었다.

4. 훈척적 지배체제의 성립

한편 세조는 척신(戚臣)에 대해서도 공신에 못지않은 우대를 계속하였다. 외척의 정치 참여는 전대 이래 금지된 적이 없었다. 또한 조선 전기까지는 대소 양반가에서도 내(內)·외(外)의 족친을 같은 '족(族)'으로 인식하며 호칭하는 것이 전대 이래의 관행이었다. 더구나 왕실의 경우 척신은 왕권과의 경쟁관계에서 벗어나 있으면서도 국왕과 가장 가까운 혈족관계에 있었으므로, 일찍부터 척신은 중용되기 마련이었다. 오히려 외척의 지나친 발호를 염려한 태종의 경우 자신 및 자왕(子王)의 왕비족인 민씨(閔氏)와 심씨(沈氏)를 의도적으로 제거한 적도 있었다.

그러나 세조는 척신을 우익으로 매우 중용하였다. 우선 그는 즉위 직후 외숙(外叔)인 심회(沈澮)를 "당상관으로 탁용하여 은권(恩眷)을 심히 융숭히 했으며 매양 대내(大內)에서는 숙부(叔父)라 부르고 이름을 일컫지 않았다."[61] 그의 처남 가운데 문과 출신인 윤사윤(尹士昀)은 정난·좌익공신에 참여하였는데, 이윽고 '거부(鉅富)'를 이루면서 현달하였다.[62] 또 그는 "문과(文科)도 무과(武科) 출신도 아닌" 처남 윤사흔(尹士昕)을 1년 미만에 승지(承旨)에서 호조참판을 기처 이조참판에까지 승진시키고는, "복(福)이 극진하면 재앙이 생긴다"고 경계할 정도로 파격적으로 처우했다.[63] 그는 종친인 이씨(李氏), 외가인 심씨(沈氏)와 함께 특히 처가인 윤씨(尹氏)의 족친들을 의도적으로 발탁하여 관직에 서용코자 하였다.

> 이조(吏曹)에 전지(傳旨)하기를, "윤씨(尹氏)의 족친으로서 아직 서용되지 않은 자는 지금 모두 녹용(錄用)코자 한다"고 하고는, 이윽고 도승지 노사신(盧思愼)을 불러 말하였다. "나는 중궁(中宮)의 족친으로서 아직 서용되지 않은 자를 모두 쓰고자 한다. 중궁이 나에게 이르기를, '관작은 실로 현자(賢者)를 택하여 수여하는 것이며 윤가(尹家)의 자제가 한둘이 아닌데 어찌 현부(賢否)를 가리지도 않고 모두 다 쓸 것이며, 또 이씨·심씨의 족친으로서 아직 서용치 않은 이도 많은데 홀로 윤족(尹族)만 서용함은 마음에 실로 미안합니다'라고 하였다. 이 말이 심히 훌륭하니, 내가 가납(嘉納)고자 한다. 너는 (우의정) 구치관(具致寬) 등으로 더불어 이·심·윤씨의 족친으로서 쓸 만한 자들을 널리 논의하여 계문하라"(『세조실록』 권32, 10년 2월 정해).

세조의 이 같은 척신 우대정책이 어느 정도로까지 파급되었는지는 아직 자세히 알려지지 않았다. 그런데 그는 재위기간 중 극히 빈번하게 거행한 연회(宴會)라든가 심지어 강무(講武)에 이르기까지 왕비 윤씨를 대동

---

61 『세조실록』 권7, 3년 3월 신묘.

62 『세조실록』 권26, 7년 12월 계유.

63 『세조실록』 권17, 5년 8월 을해.

함으로써 여러 종친·공신들에게 널리 알현할 기회를 부여하였다. 또 세자의 생신에 종친·공신·승지들을 불러모아 연회를 열고서는, "지금 중궁의 현덕(賢德)이 당(唐)나라 장손황후(長孫皇后)나 우리나라의 신의왕후(神懿王后)와 병칭할 만큼 아름답다"고 극찬하여 여러 신하로부터 "성덕난명(聖德難名)"이라고 하는 칭송을 유도해내기까지 하였다.[64] 중요한 기회마다 왕비 자신이 '풍정(豊呈)'을 제공하였으며 이에 뒤질세라 "종친·의정부·충훈부·외척제신(外戚諸臣)"들이 답례의 '풍정'을 열었으니, 국왕과 왕비가 임석하는 풍정이라는 연회가 이때처럼 빈번하게 열린 적이 없었다. 심지어 함길도 도체찰사로 떠나는 신숙주(申叔舟)와 같은 총신에게는 "대내(大內)에 들어와 중궁에게 배사(拜辭)하기를 명(命)"하기도 하였다.[65] 아마도 세조는 국정(國政)이 곧 가정(家政)이라고 하는 확고한 전제적 인식을 가지고 있었을 것이다. 그래서 근신(近臣)일수록 왕비를 명실상부한 '국모(國母)'로 받들어 친근하게 알현할 수 있도록 유도하였고, 종친·공신 이하 제신들도 다투어 응하였던 것으로 이해된다.

세조는 자신이 가장 친신하는 공신인 한명회의 딸을 재위기간에 각기 며느리(나중의 예종비)와 손부(孫婦, 나중의 성종비)로 맞아들임으로써 중첩적인 사돈 관계를 맺기까지 하였다. 이것이 선례가 되어 멀지 않은 뒷날 그 자신 종친녀(宗親女)와 혼인한 임사홍(任士洪)의 두 자식이 각기 예종과 성종의 부마가 되기에 이르렀는데, 그의 부(父) 임원준(任元濬)은 세조의 특별한 총신(寵臣)이며 나중에 좌리(佐理)공신으로도 책훈된 자였다. 주자학을 국학으로 정립한 조선왕조에서 이 같은 중첩혼은 찾아보기 어려운 일이

64 『세조실록』 권41, 13년 정월 경오.

65 『세조실록』 권15, 5년 2월 임자;권41, 13년 정월 경오·갑술 기타.

었다.

그러나 척신이 공신으로 되고 공신이 척신으로도 얽히게 되는 것은 그들 모두가 뒤질세라 전제왕권을 가장 가까이서 받들면서 사환(仕宦)하는 동일 집단이요, 그래서 왕권 쪽에서도 혹은 양자 상호 간에도 왕권을 정점의 매개(媒介)로 하여 혼인으로 결탁하기에 가장 큰 친화성을 가진 사이였다. 가령 정난·좌익공신인 정인지는 세조와 사돈 간으로서 부마인 그의 아들 현조(顯祖)와 더불어 세조 당년에 많은 총애를 입었고 나중에는 부자가 함께 익대(翊戴)·좌리(佐理)의 두 차례 공신으로도 책훈되기에 이르렀다. 또한 세조의 처남인 윤사흔(尹士昕)은 음(蔭)으로 출사하여 나중에 좌리공신으로도 참여하였는데, 그의 아들 계겸(繼謙)은 그보다 먼저 익대공훈에 참여하고 나중에 부(父)와 함께 좌리공신으로 책훈되기에 이르렀다.

나아가 세조 통치행태의 가장 특이한 현상 중 하나는 정치권력에 참여하는 인사를 거의 훈척 중심으로만 메워갔다는 사실이다. 특히 3의정에는 훈척이 아닌 자를 1인도 거용하지 않았으며, 인사를 담당하는 정조(政曹)의 경우도 거개를 훈척들로 구성하였다.[66] 심지어 세조가 한명회·심회·황수신(黃守身)을 3의정으로 임명함에 따라 "모두 문신(文臣) 아닌 자들이 예문(藝文)·춘추관직(春秋館職)을 띠게" 되는 일까지 일어났다.[67]

세조가 이처럼 훈척 계열을 계속 편중한 것은 세종조 이래 성장한 상신(相臣)이라든가 사육신 관련인 등 유능한 신료들을 다수 살육한 사실의 반대 현상이었다. 자기 왕권의 우익 정치세력으로서 훈척계를 활용한 것

66 정두희, 앞의 책, 219~221쪽 참조.

67 『세조실록』 권40, 12년 10월 정사. 황수신은 좌익공신임.

이었다. 전제왕권을 꾸려나가기 위해 가히 훈척정권이라 일컬을 정도의 편당스러운 통치행태를 이끌어갔다. 극히 공리적·패권적 통치행태였던 것이다.

세조는 또한 공신들을 다음 세대를 통치할 세자에게까지 연결시키고자 의도적으로 노력했다. 가령 그는 "공(功)이 많은 사람을 내가 다 등용치 못하면 네가 알아서 쓰도록 하라"고 당부하면서 그 예로 윤필상(尹弼商) 등을 들었고, 다음 날에는 호조(戶曹)의 일에 능함을 들어 좌익공신 박원형을 언급했다. 특히 한명회를 두고는 "정난의 일은 명회가 한 것이다. 나는 한 일이 없다"고 극찬하면서 특별히 대하도록 지시하기까지 하였다.[68] 세조는 종친과 여러 공신이 보는 앞에서 세자에게 술을 치게 하고, 신숙주·정창손·홍윤성에게는 술병을 들고 따르게 하면서, "이들은 정히 상산사호(商山四皓)이다"라고도 하였다.[69] 이는 모두가 이들 공신을 세자의 세대까지 연결시키려는 그의 의도적 처사였던 것으로 해석된다.

세조는 또 특별히 공신의 자제 가운데 쓸 만한 인재를 구하기 위하여 승정원에서 이름을 적어 올리도록 하였다. 이에 정인지의 아들 숭조(崇祖), 신숙주의 아들 정(瀞) 등 35인이 보고되자 날마다 2인씩 "승전(乘傳) 환관(宦官)의 예에 따라 공사를 출납"하도록 조처하였다.[70] 그리고 그가 만년에 지은 원각사(圓覺寺)에서 사리(舍利)가 분신(分身)하고 서기(瑞氣)가 나타나며 우화(雨花)가 내리는 등 계속 상서(祥瑞)가 보이자 이에 대사면(大赦免)을 단행하고 공신·재추(宰樞)에게도 특별한 은전을 베풀었다. 즉

68 『세조실록』 권7, 3년 3월 경인·신묘. 윤필상은 이때 아직 공신이 아니었으나, 뒷날 적개·좌리공신에 책훈되고, 성종 대에 상신(相臣)이 되었다.

69 『세조실록』 권33, 10년 4월 정해. 상산사호는 한(漢) 고조(高祖)의 태자(太子)를 보호하여 왕위에 오르도록 주선한 4인의 유일(遺逸)이다.

70 『세조실록』 권34, 10년 8월 계묘.

그는 "경들의 자손이 세자궁(世子宮)에 번갈아 숙직도록 하겠는가"라고 물어, "모두 머리 조아려 사례"함을 보고는, "충훈부와 병조에 전교하여 공신 자손을 날마다 3인씩 익위사(翊衛司)에 입직(入直)하도록" 하였다.[71] 세조 당대에는 여래(如來)와 관음(觀音)이 현신(現身)하고 사리(舍利)가 분신하는 등 실로 수다한 상서가 출현했는데, 이는 불교계의 경사였을 뿐 아니라 고위 공신들도 계급상 덕을 볼 수 있게 해주었다. 즉 왕권을 정점으로 하여 세자와 공신 자손들이 더 가까이 연결될 기회를 부여해줌으로써 다음 세대로 계승해가면서까지 그들의 계급적 영달(榮達)을 기약했다.

세조의 그 같은 훈척 우대정책은 그의 사후에도 한동안 큰 효과를 발휘했다. 그는 만년에 병이 위중해지자 세자에게 신숙주·한명회·구치관·정인지·정창손 등 원훈대신(元勳大臣)들과 협의하여 국정을 처리하라고 명하였다. 이것이 이른바 '원상(院相)'의 시초를 이루게 되었고, 그의 유명으로 원상제를 예종 대에도 그대로 지속하였다.[72] 이 원상제 아래에서 남이(南怡)의 옥사가 일어나고 그것을 다스린 익대(翊戴)공신이 탄생하였다. 이는 신숙주·한명회 등 세조 일대를 통하여 계속 중용되었지만 이시애의 난과 그 극복과정에서 한때 흔들렸던 좌익공신 계열의 정치적 입지가 다시금 확고해지는 계기로 작용하였다.[73]

예종이 즉위하여 재위 14개월 만에 사거하고 다시 성종이 13세의 소년으로 즉위하자, 세조비인 정희(貞熹) 왕후가 왕실의 최고 어른인 대비(大妃)로서 이른바 원상(院相)들의 보필을 받아가면서 성종 7년(1476) 초까지

71 『세조실록』 권36, 11년 5월 임자·계축.

72 『세조실록』 권40, 12년 10월 기해; 권41, 13년 2월 갑인; 金甲周, 1973, 「院相制의 성립과 기능」, 『東國史學』 12집 참조.

73 정두희, 앞의 논문 참조.

'청정(聽政)'을 하게 되었다. 우선 예종의 사후 세조의 적손(嫡孫) 가운데에서 성종을 사왕(嗣王)으로 선임한 이는 결국 대비였는데, 그 직후 신숙주 등 원상(院相)이 "대비가 함께 청정"해주기를 "일국(一國) 신민의 여망"으로 고청(固請)하여 재삼 사양 끝에 허락을 얻어내기에 이르렀다.[74] 원상제도는 성종 대에도 한동안 지속되었다.

대비의 청정은 조선왕조에서 처음 있는 일이었지만, 당시 원상은 모두 세조의 총애를 입으면서 그 전제적 통치행태에 숙련된 원로 대신들이었다. 그래서 대비의 청정은 무리 없이 매우 큰 정치적 영향력을 행사할 수 있었다. 즉 국왕에게 극도로 집중되었던 통치권이 이에 이르러서는 대비와 원상 양자 사이에서 한동안 타협적으로 수행되었다. 그 같은 정국의 대표적 현상이 성종 2년(1471) 3월 좌리공신의 책훈으로 드러났다.

좌리공신은 마치 좌익공신의 경우처럼, 무슨 특수한 공훈을 세운 자를 녹훈한 것이 아니었다. 이는 공신을 책훈한 당일부터 대간을 중심으로 "치평(治平)의 세(世)에 논공(論功)함이 마땅치 않음"을 들어 취소를 요구하고 나서자 "금일 공신을 봉한 것은 부득이하다"고 구차스러운 답변을 했다는 사실, 또한 "종재(宗宰)로서 공신의 반열에 들지 못한 자 39인이 스스로 공로를 서술하여 녹훈되기를 요청 상서(上書)"하였다는 사실이[75] 웅변으로 말해준다. 대체 무엇이 '부득이'한 사유였는가.

세조는 많은 사람을 살육하고 왕권을 차지하였거니와 그 치세 동안에도 공리적·패권적 전제왕권의 실현과 관련하여 실로 많은 사람을 죽이고 형벌하였다. 만년인 세조 13년에는 이시애의 난이 일어나 석 달을 끌

74 『성종실록』 권1, 즉위년 11월 무신.

75 『성종실록』 권9, 2년 3월 경자·신묘.

었다. 세조 14년 5월에는 궁중에 벼락이 떨어져 환관이 맞아 죽는 일이 벌어졌으며,[76] 9월에는 세조 자신이 사거하였다. 이어서 예종이 즉위하였으나 곧이어 남이(南怡)의 역옥(逆獄)으로 다수의 형사가 있었는데, 1년 만에 예종이 다시 사거하였다. 그래서 13세의 어린 나이로 성종이 즉위한 당시에 극도의 전제왕권을 행사해온 세조 직계의 왕가는 거듭된 흉참(凶慘)을 견디면서 고단(孤單)한 상태에 놓여있었다.

이에 왕가의 어른인 대비로서는 세조 이래 오래 국정에 참여해온 원상 이하 다수 훈구(勳舊) 신료들의 적극적 협력이 요망되는 한편, 훈구들로서는 이제 어린 국왕을 중심으로 자신들의 정치 지반을 한층 더 확고히 굳힐 필요가 있었다. 그 타협적 산물이 무려 70여 명에 달하는 좌리공신의 책봉으로 나타났으며, 뒤이어 미처 참여치 못한 신료들을 망라한 무려 1,059인의 원종(原從)공신 책훈으로 매듭이 지어진 것으로 이해된다.[77]

그러므로 좌리공신은 세조 초기부터 좌익공신에 참여하였거나 세조대에 등장하여 모두 세조의 신임을 받으면서 국정을 이끌어온 훈구가 주류를 이루는 가운데 심회(沈澮)·윤사흔(尹士昕) 등 척신이 참여하는 훈척 집단으로 구성되었다. 인원으로서도 다시없는 대규모를 이루었거니와 특히 신숙주·한명회·정인지 등 다수의 부자·형제가 가능한 한 이에 망라되기에 이르렀다는 사실도 기록적인 일이다. 그러므로 성종의 치세

76 『세조실록』 권46, 14년 5월 병술. 세조 3년에는 세자가 죽었다. 7년에는 새로 책봉된 세자빈(世子嬪, 韓明澮 女)이 죽고, 9년에는 원손(元孫)이 죽었다. 10년에는 궁중의 '북소(北所)'가 장마로 무너져 숙직 군사 15명이 압사하고 40인이 다쳤다(같은 책 권33, 10년 5월 기사·임신).

77 『성종실록』 권11, 2년 8월 을축;이는 앞서 살핀바 세조 즉위 직후 원종공신으로 2,000여 명을 녹훈한 사실과 정히 유비(類比)된다. 원종(原從)공신 3등에 이르기까지 모두 "각기 1자(資)를 가(加)하고 자손(子孫)은 승음(承蔭)하며 유급후세(宥及後世)"한다 하였다.

는, 대비의 청정이라든가 원상제도가 아니더라도, 당분간 세조정권의 연장선을 따라 훈척정치의 틀을 지속하게 되리라는 것은 자명한 일이었다. 실제로 성종 일대를 통하여 공신 아닌 자가 상신(相臣)에 오른 경우는 한 명도 없었으며, 정조(政曹)의 판서도 한두 사람의 예외를 제외하고는 모두 공신이 맡고 있었다.[78] 그 같은 정국이었던 만큼 공신 본인은 물론이요 그 적장(嫡長) 등에 대한 특별 서용의 기회가 누누이 부여되었다. 심지어는 '도(睹)'와 '자(者)'도 분간 못 하며 '유(囿)'를 '도(圖)'로 읽되 그 뜻인즉 '도읍(都邑)'이라거나 '도덕(道德)'으로 해석하는 '불학무식'한 무신일지라도 공신이라는 이유로 호조참판에 제수되는 일이 벌어졌다.[79]

척신의 등장도 이에 와서는 한층 더 본격화했다. 가령 대비의 형제인 윤사분(尹士昐)·사흔(士昕)은 예종 즉위년과 성종 6년에 각기 우의정에 올라 형제 상신으로서의 혁혁한 척신 가문을 이루었으며 그 자손들도 다 현달하였다. 그 결과 뒷날 윤사분의 증손녀는 중종비인 장경(章敬)왕후(인종의 모후)가 되고, 윤사흔의 고손녀는 중종 계비인 문정(文定)왕후(명종의 모후)가 될 수 있었다.

또한 세조 대에 비하여 왕권의 전제성이 다소 완화되는 만큼 오히려 훈척정치의 속성은 더욱 완성되었던 것으로 해석된다.

세조의 집권으로부터 성종 초기까지 18년 사이에 5차례 공신으로 책훈된 자가 연인원 250명이 넘는 대집단을 이루었는데, 그같이 전무후무한 책훈의 행진은 좌리공신에서 일단락되었다. 세조의 특이한 통치행태에서 자리 잡게 된 훈척의 정치세력화는 성종 초기에 확고한 뿌리를 내

78 정두희, 앞의 책, 241~251쪽 참조.

79 『성종실록』 권174, 16년 정월 경술; 권151, 14년 2월 무인.

리면서 이후 필연적으로 관행이 이루어졌다. 그리고 당연한 추세에 따라 그 자손들에 의해 장악된 정치세력은 16세기 말에 드디어 사림정치의 시대가 열릴 때까지는 결정적인 훈척정치의 기능을 연출하게 되었다. 가령 연산군 대의 무오사화(戊午士禍)는 기본적으로 세조왕권의 정통성 문제가 사초(史草)로 발단이 되어 세조의 공신들이 앞장서서 신진의 사림을 죽인 정치적 참화였다. 연산군 대의 권간(權奸) 임사홍(任士洪)은 본인의 기민한 능력 이외에도 그가 예종·성종과 중첩의 사돈 간이 되는 인척 관계였기에 더욱 신임을 얻었고, 그래서 갑자사화(甲子士禍)를 유도해내기에 이르렀다. 중종 대 기묘사화(己卯士禍)는 반정공신의 위훈(僞勳) 삭제 문제가 도화선이 되었고 거기에 훈척 홍경주(洪景舟)의 매개 역할이 한몫했다. 그 후 권간 김안로(金安老)도 중종과 사돈 간으로서 동궁(東宮)을 보호한다는 구실과 명분 아래 권좌에 앉아 갖은 용사를 다하였다. 더구나 대(大)·소윤(小尹)의 대립과 을사사화(乙巳士禍)는 세조의 척신 우대책으로 말미암아 발신한 외척 가문끼리의 파쟁이 초래한 정치적 대파란이었다.[80]

그 같은 조선 전기의 정치적 파행이 기본적으로 세조의 훈척 특대(特待) 정책을 계기로 양성(釀成)된 것이라고 과연 말할 수 있는가. 물론 훈척정치라는 것도 시기에 따라 배경과 곡절은 달라졌다. 그러나 그 계기에 관한 한 자못 객관적이라고 할 만한 사실을, 16세기 사림정치 시기의 한 사론(史論)이 다음과 같이 말했다.

> 조종조에는 누차 변혁(變革)을 겪는 가운데 훈척(勳戚)의 권세(權勢)가 태중(太重)하게 되었다. 그러므로 열성(列聖)의 치세에는 문사(文士)를 가장(嘉奬)

80 이른바 사림정치 이후로도 조선 후기의 당쟁에서 19세기의 김(金)·민씨(閔氏) 세도에 이르기까지 척신의 정치 간여는 끝없는 파행을 야기하였다.

하여 언로(言路)를 넓힘으로써 훈귀(勳貴)의 세력을 꺾으려 하였다. … 그 때문에 대각(臺閣)의 신진(新進)들이 매양 공경(公卿)과 서로 알력하게 되었는데, 불행히도 권간(權奸)이 당국(當國)하여 군상(君上)이 가려지는 바 되면 반드시 사림(士林)의 화(禍)가 일어났다(『선조수정실록』 권17, 16년 7월).

5. 결론

세조는 자신의 통치행태에 대하여 자신감을 피력한 적도 많지만, 동시에 불만도 많았다. 종친·훈척들이 모인 자리에서 세자더러 "나의 행사(行事)는 능히 일체로 궤범(軌範)을 준수하지는 못하였다. 나 같은 경우는 족히 본받을 것이 못 된다. 너는 세종의 일을 법으로 삼아야 할 것이다"[81] 라고 훈계한 적도 있었다. 그는 자신의 어떠한 면이 세종의 경우와 다르다고 생각하고 있었는가.

궁극에 가서는 누구의 견해도 믿지 않고 거기 구애받지 않으면서 자기의 뜻대로 독단(獨斷)하는 통치행태를 전제적이라고 한다면, 세조도 가령 세종이라든가 성종·중종·선조임금의 경우와 마찬가지였던 것으로 고찰된다. 그런데 세종임금의 경우 "신하들을 예(禮)로 부렸으며 간쟁(諫爭)을 좇아 어기지 않았다" 하며, "왕의 치세가 마치도록 사대부로서 형륙(刑戮)을 당한 자가 없었으며, 비록 작은 일이라도 반드시 대신과 상의한 뒤에 행하였기로 과격한 거조가 없었다"고 전한다.[82] 세종도 물론 계급지

81 『세조실록』 권20, 6년 5월 병술.

82 『세종실록』 권127, 32년 2월 임진·정유.

배의 본질이야 벗어나지 않았겠지만, 상대적으로 더 보편적인 왕도의 실현을 추구하였던 것으로 이해된다. 그러나 세조는 당상관(堂上官)인 유자(儒者)에 대해서조차 때에 따라서는 자의(恣意)대로 관(冠)을 벗기고 머리칼을 잡아 끌어내리며, 일방적으로 형륙을 가하기도 하였다.[83] 반면 그는 자신의 우익인 훈척들에 대해서만 지나치게 편당적으로 신임하며 중용하였다. 왕도의 무사성·공평성과는 현저한 거리가 있었다. 그것은 만민에 대한 훈척 계급의 편당성을 조장한 것뿐만이 아니었다. 동일한 지배계급 내부에서도 훈척만의 편당성을 지나치게 강조하는, 훈척적 지배체제의 정치적·사회적·법제적 기초를 확고히 했다. 살펴본바 그 같은 통치행태를 한마디로 말하자면 아마도 극히 공리적·훈척적·패권적 전제정치였다고 할 수 있다.

그런데 개국 후 50여 년이 지난 이 시기는 『경국대전』으로 상징되는 조선 전기 통치체제의 편성과 정립이 일단락되는 때였다. 가령 토지 소유 관계를 두고 말하자면, 과전법 처음의 이념과는 달리, 비록 진황전(陳荒田)일지라도 그 소유권은 항구적으로 보장받을 수 있도록 법례가 정립되었다. 노비제는 종천법으로 정립되기에 이르렀다. 또한 공신으로 책훈될 때마다 하사되는 전지·노비·반당(伴倘)은 이제 그것을 본인이 자점(自占)하는 관행이 세조 대부터 열렸다.[84]

세조의 공리적 통치행태는 자신의 전제적 왕권의 실현을 위해 자기의 우익인 훈척 위주의 계급배치를 실행하였다. 그들을 편당적으로 중용함으로써 그들의 중간 농단(壟斷)의 길을 열어두는 계기가 되었다. 그래서

83 『세조실록』 권2, 원년 8월 임자·계축·기미.

84 『세조실록』 권44, 13년 10월 임술 참조.

시작된 이른바 훈척정치라는 것은 이후로도 한동안 대신과 정조를 그들이 독점적으로 장악하면서 세조의 정책노선을 이어 계급배치의 항구화를 시도했다. 이로써 훈척정치의 본질인 정치사회적 중간 농단의 길이 열렸다. 다음은 그 같은 사실의 일단을 가리키는 사료이다. 뒤의 사료는 조선 전기 훈척정치의 대미를 맡은 소윤(小尹) 정권하에서의 난맥상을 지적한 사론이다.

> 고려의 말기에는 사풍(士風)이 크게 무너졌었다. 우리 태조(太祖)로부터 세종(世宗)에 이르러 사풍(士風)이 다시 떨치게 되었으나, 세조(世祖) 이후 탕연히 기강(紀綱)이 없어지고 대신(大臣)으로서 탐오(貪汚) 무절(無節)한 자가 많아졌다(『성종실록』 권40, 5년 3월 정미).
>
> 세조(世祖)·성종조(成宗朝)에는 훈구지신(勳舊之臣)이 포열반거(布列盤據)해서 [회뢰(賄賂)의 성행(盛行)이] 쌓여 폐습(弊習)을 이루게 되었는데, 폐조(廢朝)에 이르러서는 그 폐단이 더욱 고질로 되어 부끄러워할 줄을 모르게 되었다(『靜庵集』 권3, 參贊官時啓 十一).
>
> 권신(權臣)이 당국(當國)하매 제 뜻을 자행하여 능히 제 하고자 하는 바를 봉승(奉承)할 자라야만 전형(銓衡)에 부친다. 주관(注官)하는 날에는 서간(書簡)이 주집(走集)하며 공공연히 정청(政廳)에 투부(投付)되는데, 그것의 봉행(奉行)이 군명(君命)보다 급하다. 모든 관원이 그의 청탁에 따라 얻어진 것인지라, 그 문항(門巷)은 저자와 같고 보화(寶貨)를 바리나 수레로 실어다 바친다(『명종실록』 권4, 원년 12월 신묘).

그러므로 이후 사림정치 시기의 역사적 과제는, 훈척의 중간 농단을 청산하고 국왕을 정점으로 하는 왕도정치를 실현하는 일이 가장 큰 몫으로 남게 되었다고 이해할 수 있다.

(朝鮮초기 世祖王權의 專制性에 대한 一考察;
『韓國史硏究』87, 韓國史硏究會, 1994)

제3장

주자학 세계관과 조선 성리학의 주체의식

1. 문제의 제기

흔히 주자학, 신유학(新儒學)으로 통칭되는 성리학은 동아시아 유교 문화권의 새로운 중세적 지배이념으로 정립되기에 이르렀다. 유교는 인간을 포함하는 우주 자연의 최고 지배자로서 천(天)의 존재를 전제하였다. 고대 유교는 천(天)의 주재성(主宰性)을 강조하는 편이었다. 그런데 주자학은 그것을 이법천(理法天)으로 이해하게 되었다. 즉 천리(天理)는 그 자체 실리(實理)로서 인간을 포함하는 우주 자연의 모든 현상까지 관철하며 실현한다는 이론이었다.[1] 그러한 주자학 세계관·가치관에 정립된 이론으로서 이 주제와 관련해서는 다음의 3가지를 여기서 주목하고자 한다.

첫째, 특히 인간은 모든 현상 가운데에서 가장 빼어나며 허령(虛靈)한 리(理)·기(氣)를 타고난 존재이므로 그 심(心)은 "모든 리(理)를 다 갖추고서 만사(萬事)에 대응할 수 있는 것"으로 이해하였다. 그뿐 아니라 인성(人性)은 천리를 구현(具現)한 것이므로 인간의 본질은 인의예지(仁義禮智)를 근원적으로 타고난 도덕적 존재라고도 하였다. 그러므로 개별 인간은 모두가 천리의 구현체로서 그 자체 독자성(獨自性)을 가지는 존재인 것이다. 이는 고래로 자행되어온 비리(非理)의 억압(抑壓)을 극복하고자 하는 새로운 중세적 인간관, 사회이론의 바탕을 이루게 되었다.

---

1 우주(宇宙)에는 일리(一理)가 있을 따름이다. 천(天)은 이를 얻어 천(天)이 되었고 지(地)는 이를 얻어 지(地)가 되었다. 무릇 천지(天地) 사이에 태어난 자 또한 각기 이를 얻어 각기의 성(性)으로 삼았다(『朱子大全』 권70, 雜著 讀大紀).;리(理)는 천(天)의 체(體)이다(『朱子語類』 권5, 性理 2 性情心意等名義;道夫錄).

둘째, 천리의 구현체가 인간이니만큼 이제 인간은 그 일상(日常)의 현실 자체가 의미와 가치를 지닌 것으로 인식하게 되었다. 인간은 그 주체적 노력에 따라 자기 자신을 도덕적 이상형으로 성장시킬 수 있을 뿐 아니라 사회 관계와 국가체제를 이상적으로 개조해나갈 수도 있는 존재인 것이다. 이 경우 이상적인 인간형은 곧 요(堯)·순(舜) 이하의 성인(聖人)이요, 이상적 국가체제는 곧 그들 성왕(聖王)이 실현한 왕정(王政)이었다. 주자학은 무엇보다도 인간의 삶의 현실을 긍정하고 그것의 개선을 통한 왕정의 실현을 최고·최대의 정치적 목표로 추구하는 정치사상이었다. 이는 고래의 전제적(專制的)·자의적(恣意的) 지배체제를 극복하고자 하는 이론으로 활용되기에 이르렀다.

셋째, 하나의 천리가 천차만별의 현 세계 질서로 다양한 전개를 보이는 현상, 특히 동일한 천리를 타고난 인간이라 하더라도 그 사회 관계가 지배-복속의 다양한 상하 관계로 차등 지어져 있는 사실을 주자학은 '이일분수(理一分殊)'라는 이른바 체(體)·용(用) 관계로 이론화했다.[2] 고전 유교는 인간의 사회 관계를 오륜이라는 명제로 규범화하였는데, 주자학은 이를 인간의 기본 사회규범인 강상(綱常) 관계로 설명하면서 여기에도 '이일분수'론이라는 명분론을 적용하여 이론화하였다. 그뿐 아니라 소위 중국(中國)과 이적(夷狄)의 국제질서를 설명하는 데도 동일한 명분론을 적용하여 중국 중심의 화이론적(華夷論的) 세계관(世界觀)을 가일층 고착된 이론으로 정립시키기에 이르렀다.

그런데 여기서 우리가 주자학 세계관과 조선 성리학의 주체의식을 문

2 "至誠無息者 道之體也 萬殊之所以一本也 萬物各得其所者 道之用也 一本之所以萬殊也"(『論語集註』 권4, 里仁편 吾道一貫章 朱子註).;"物物各具此理 而物物各異其用 然莫非一理之流行也…凡世間所有之物 莫不窮極其理 所以處置得 物物各得其所"(『朱子語類』 권18, 大學5 或問 下;僩錄).

제시하는 까닭은, 정작 중국 자체에서보다도 오히려 조선 사회가 더욱더 주자 성리학을 유일무이의 독점적 지배이념으로 길이 운용하고 있었다는 역사적 사실에서 기인한다. 주자학에서는 요·순 이래의 왕도가 맹자 이후 폐색(閉塞)되었는데, 주자(朱子)에 이르러 그것이 마치 "태양이 중천(中天)에 떠 있음"과 같이 환하게 밝혀졌다고 믿었다. "선생(先生, 즉 주자)이 나오자 주(周)나라 이래 성현(聖賢)들이 상전(相傳)해오던 도(道)가 하루아침에 활연(豁然)해져 마치 태양이 중천에 떠 있음과 같이 환하게 밝혀지고 드러나게 되었다"는 것이 그들의 소신이었다.[3] 조선 성리학은 물론 그 도통을 확신하게 되었으므로, 화이론(華夷論)까지 수용하게 되었던 것으로 이해된다.

그런데 주자의 화이론에 따르면, 이른바 '이적'의 기질(氣質)은 '인간'과 '금수(禽獸)'의 중간(中間)에 위치하므로 그 타고난 기질지성(氣質之性)의 폐색됨을 고쳐 통청(通淸)하게 하기는 어려운 존재라고 단정하였다.[4] 구체적으로 주자는 자신과 동시대인 고려(高麗)의 경우를 두고서도 끝내 '만이지풍(蠻夷之風)' 이외의 '인간'적인 천품(天品)을 좀처럼 허여하지 않았다.[5] 그의 화이론적 세계관은 중화(中華) 아닌 이적의 독자적인 주체성을 부정하는 편이었던 것으로 이해된다. 그것은 이민족의 침략으로 국가의 운명이 풍전등화로 몰린 당시의 상황에서 고래의 '존왕양이(尊王攘夷)'의 사유

---

3 『朱子大全』, 附錄 3 行狀(黃榦狀).

4 인간은 (氣質之性의) 폐색(蔽塞)된 것을 통청(通淸)하게 할 수 있는 이치를 타고났지만, 금수(禽獸)는 … 생겨나면서 그 폐색됨이 너무 심하여 통청할 수가 없다. … 이적(夷狄)으로 말하자면 인간과 금수의 중간에 위치하므로 마침내 고치기가 어렵다(『朱子語類』 권4, 性理 1 人物之性 氣質之性).

5 혹자가 "고려(高麗)의 풍속이 좋다"고 하자, 주자는 "종대만이지풍(終帶蠻夷之風)"이라 단정하고 다만 고려에서 "그 자제들을 (중국의) 국학(國學)에 입학시켜 급제(及第)한 후에 돌아간 자가 심히 많다"는 사실은 인정하였다(『주자어류』 권133, 本朝 7 夷狄).

를 새로 심화시킨 사상체계였다 할 것이다.

조선 성리학은 과연 자국(自國)의 역사와 문화에 대한 독자성, 주체성을 어느 만큼이나 말할 수 있을 것인가.

그런데 조선 성리학이 주자의 화이론까지 수용하게 되었다 하더라도, 주자의 인식을 그대로 따라 스스로가 '인간'과 금수의 중간에 있는 기질지성을 타고난 존재라고는 생각하지 않았다. 주자가 그같이 인식하였다고 해서 조선 성리학자들이 자신의 실재(實在)를 두고 처절한 고민에 빠져있지는 않았다. 이는 무엇보다도 자국의 유구한 역사와 문화의 실재에 대한 문명(文明)의식에서 기인하는 것이었다.

일찍이 남송(南宋)과 대치하고 있는 북쪽의 금(金)나라에 사신을 다녀온 매호(梅湖) 진화(陳澕)는 당시 세계에서 문명을 발휘할 나라는 고려뿐이라는 기대를 다음과 같이 시로 말하였다.

> 서화(西華)는 이미 소삭(蕭索)해졌고, 북채(北寨)는 아직도 혼몽(昏蒙)하구나.[6] 앉아서 문명(文明)의 아침을 기다리노라니, 동녘 하늘에 붉은 해가 떠오르려 하는도다(『梅湖遺稿』, 五言絶句 奉使入金).

같은 시기의 이규보(李奎報)는 우리나라는 판도가 비록 작지만 그 가운데서도 "고금의 현재(賢才)가 끊임없이 태어나 중화에 비해서도 크게 부끄럽지 않다"는 자긍심을 말하기도 했다.[7] 고려 말 성균생원 박초(朴礎) 등은 모름지기 불교(佛敎)를 억누르고 문물예악(文物禮樂)의 문명을 일으킬 유

6 서화(西華)란 서쪽에 있는 남송(南宋)을, 북채(北寨)는 여진(女眞)·몽고(蒙古) 등을 지칭한 것이라는 원주(原註)가 있다.

7 『東國李相國集』 권17, 題華夷圖長短句.

학의 숭장을 주장하는 상소를 올리면서, "우리나라는 경인·계사(무인난) 이전으로 말하자면 통유(通儒) 명사(名士)가 중국보다도 많았다. 그러므로 당(唐)나라는 군자국(君子國)이라 일컬었고, 송(宋)나라는 문물예악지방(文物禮樂之邦)이라 하여 우리나라 사신(使臣)의 하마소(下馬所)를 '소중화관(小中華館)'이라 이름 붙였다"고 자랑삼아 말하였다.[8]

물론 그들의 소신에는 일찍이 기자(箕子)의 교화(敎化)를 받은 나라라고 하는 역사적 신념이 작용하고 있었으리라고 짐작된다. 그 '교화와 예악(禮樂)'에 대한 보답의 신념으로 고려 숙종 대 이래 기자를 정식 사전(祀典)에 올려 치제(致祭)해오고 있었다.

그런데 성리학의 수용과 더불어 그 같은 문명의식과 화이관은 어떠한 변모를 보이게 되었는가. 성리학 수용 이후로는 아마도 주자의 화이론을 의식하기라도 한 듯, 기자의 교화를 받아 예악의 풍속이 전승되며 심지어는 공자가 건너와 살고자 할 정도로 문명이 발전한 나라임을 특히 강조하게 되었다.

> 우리 동방(東方)의 예악문물(禮樂文物)이 중국과 짝하는 것은 기자(箕子)의 유풍(遺風)이 있기 때문이다. 그러므로 (홍범) 9주(疇)가 밝아지고 8조 법금이 행해졌으니, 백성이 그 혜택을 받아 (기자를) 만세에 우러르고 사모한다(『태종실록』 권15, 8년 5월 정사).
>
> 기자는 현인(賢人)으로 천하 만세가 다 같이 공경하고 사모하는 바이며, 공부자(孔夫子)도 은(殷)나라에 삼인(三仁)이 있었다고 하였다. 우리 동방의 예악문물(禮樂文物)이 중국과 견줄 수 있는 것은 기자가 이 땅에 봉(封)을

8 『고려사』 권120, 金自粹列傳.

받아 8조의 교훈을 베풀었기 때문이다(『세종실록』 권3, 원년 2월 경자).

기자가 조선(朝鮮)을 크게 다스림에 그 백성을 비이(鄙夷)하다 여기지 않고 후생(厚生)으로 양육하고 부지런히 교화(教化)하며 추결(魋結)의 습속을 변화시켜 제(齊)·노(魯)의 나라로 만들었으니, 백성이 지금도 그 혜택을 입고 있다. 예악(禮樂)의 풍속이 남아 없어지지 않았으니, 심지어 공자(孔子)도 바다를 건너와 살고자 하는 뜻을 두셨다(『栗谷全書』 권14, 雜著 1 箕子實記).

그런데 '이적'의 범주에 들면서도 그 '이적'의 본질을 벗어나고자 하여 문명의 연원을 기자의 교화에서 추구하는 조선 성리학의 경우, 그 주체성(主體性)은 과연 독자적인 것으로 정립될 수 있는가. 우선 '동방(東方) 이학(理學)의 조(祖)'로서 조선 성리학의 도통을 처음으로 열었다고 하는 포은(圃隱) 정몽주(鄭夢周)의 경우는 어떠하였는가.

관련 문헌이 적어 자세히 살필 수는 없지만, 포은 또한 화이관(華夷觀)에는 매우 철저한 편이었다. "황명(皇明)이 비로소 일어나자 (정)몽주가 힘써 청하여 맨 먼저 (명나라에) 귀부(歸附)"토록 하였다는 것이요, "대명(大明)이 일어나 사해(四海)를 다 차지하자 우리 돌아가신 (공민)왕이 천명(天命)을 밝히 알아 표문(表文)을 받들어 칭신(稱臣)하니 황제(皇帝)가 가상히 여겨 왕작(王爵)을 봉(封)해주었다"는 것이 그의 화이론적 번국론(藩國論)이었다.[9] 그가 명경(明京)으로 사신 간 길에서는 진실로 화이론적 세계관의 소신에 따라 정성을 다한 '사대(事大)'를 생각하고 있었다.

강남땅 형승(形勝)이 좋은데, 천고(千古)의 석두성(石頭城)이로다. 녹수(綠水)는

9 『고려사』 권117, 鄭夢周列傳.

금으로 칠한 궁궐을 둘렀고, 청산(靑山)은 옥경(玉京)을 에워쌌구나. 한 사람이 건극(建極)의 지위에 바로 앉으니, 만국(萬國)이 그날로 바로잡히도다. 나 역시 배를 타고 사신으로 이르러보니, 완연히 천상(天上)을 거니는 듯하구나(『圃隱集』 권1, 入京).

나그네 탄식하면서 앉아 매 그림을 보니, 풍상(風霜)에 날개를 펄럭이고자 하는 기세가 벽면에 가득하구나. 천자(天子)가 장졸(將卒)을 거느리고 종산(鍾山)에 사냥 나감을 맞아, 이 천(賤)한 사신은 어느 때쯤 해동청(海東靑)을 바칠 수 있으리오(같은 책 권1, 金州韋指揮宅畵鷹走筆).

그러나 화이론적 세계관에 충실하다 하더라도 포은의 경우 자기 주체(主體)를 몰각하고 거기에만 몰입해있지는 않았다. 무엇보다도 성리학 고유의 실리론을 그는 확신하고 있었다.

깊은 못 속에 잠긴 물고기가 때로는 풀쩍 뛰어오르기도 하는데, 자사(子思)는 무슨 뜻을 취해서 글로 써 남겼는가. 눈을 크게 뜨고 분명히 본다면, 물물(物物)마다 물고기처럼 참으로 살아 뛰노는 존재임을 알리라(『圃隱集』 권1, 湖中觀魚).

황금(黃金) 궁전에 비단옷 드리우고 앉아서도, 백전백승 영웅의 마음 자지(自持)할 줄을 모르네. 당태종이 친히 전장(戰場)에 나온 모습 상상해보니, 완연히 풍부(馮婦)가 팔 걷고 범 잡으러 나서는 모양이라네(같은 책 권1, 安市城懷古).

위의 것은, '어약우연(魚躍于淵)'의 현상이 모두 천리의 운행 아님이 없다는 주자학설을 포은이 자기 나름의 감흥으로 읊은 것이다. 모든 사물은 각기의 실리를 지니고서 자기 나름의 생명력으로 운동하고 있는, 그래서 사물마다 자체의 독자적(獨自的) 존재(存在) 의미를 지닌 것이라고 하는 확고한 인식을 읽을 수 있다. 그러므로 가령 일국의 역사적 독자성을 두고 말하자면, 결코 세력의 강약만으로 함부로 말살될 수 없는 것이었다. 당태종같이 뛰어난 영웅이라 하더라도 함부로 남의 나라에 대한 침략전쟁을 일으킨다는 것은 만용(蠻勇)에 불과한 천하고 어리석은 짓이라고 그 비리성(非理性)을 규탄한다. 미물(微物)도 천리를 타고난 존재인데 하물며 인간이리오. 하물며 유구한 역사를 이룩해온 문명국이리오. 그의 성리학적 실재론(實在論)은 자국의 독자적 주체성 관념을 튼튼히 뒷받침하고 있었던 것으로 이해된다.

그런데 우리가 여기서 주자학 세계관·가치관을 전제로 할 때 과연 조선 성리학의 주체의식(主體意識)의 내용으로 무엇을 말할 수 있을 것인가. 혹 그것은 반드시 주자학과는 이질적인 조선 성리학 특유의 정체성(正體性)을 말하는 것인가. 역사적으로 본다면 주체성이란 것은 역사와 더불어 전개되는 것이며, 주체적 노력을 통해 역사와 더불어 형성되며 정립되어 가는 것이다. 그것은 결코 주자학적 가치질서와는 이질적인, 조선 특유의 사상문화 현상만을 가리켜 말하는 것은 아니라고 이해된다.

주자학은 분명히 고대적인 것을 지양하면서 전개된 새로운 중세적 세계관이며 가치체계였다. 고려 말기에는 당시 사회 내부의 요청에 따라 주자학을 절실히 필요한 것으로 수용하여 전개했다. 한국사는 주자학을 수용함으로써 역사적으로 한 단계 더 높은, 그리고 더 큰 보편성을 지닌 문명과 가치를 실현하고 발전시켰다. 그러므로 여기서는 주자학을 수용함에 따라 한국 사회가 역사 발전의 긍정적인 방향으로 전개된 여러 측면을 조선 성리학의 주체의식이 전개·정립된 것으로 이해하고자 한다.

즉 조선 성리학의 운용과 연관하여 실현된 인간과 사회의 독자성 구현이라든가 객관적 합리성의 추구, 인간의 삶을 더 풍부하게 하고 그 사회적 역량을 확대시키는 등 역사의 발전 방향과 순행하는 사회적 가치의 실현에 관한 여러 사실을 주체성의 발현으로 이해하고자 한다.

그런데 여기서 거듭 명심해야 하는 것은 조선 성리학이 중국의 경우와는 비교할 수 없을 정도의 유일한 배타적 지배이념으로 운용되기에 이르렀다는 사실이다. 그러므로 조선 성리학에서는 결국 주자학 본래의 명목인 중국 중심의 화이론적 세계관 또한 보편주의적 이데올로기로 행세하였다. 그러면서도 거기에는 또 한편으로 자아(自我) 중심의 사유와 그 주체적 문화(文化)가 독자적인 전개를 보이게 되었다. 그것은 결국 중국 성리학이 아닌 조선 성리학으로 전개되었기 때문이다. 그 같은 보편주의와 자아 중심적 사유는 어떠한 갈등 혹은 조화로운 관계를 유지하면서 주체의식을 정립해가게 되었는가.

이 연구의 또 한 가지 다른 주제는 성리학을 수용하여 조선왕국 독자의 국가사상·사회사상으로 전개해가면서, 그것이 한국사 특유의 인습(因襲)이라든가 비리의 측면들을 어떻게 비판·정리·교정해가게 되었는가에 관한 것이다. 국가나 시대마다 그 특유의 성격이 있듯이 조선왕국의 성리학적 정치체제에서는 인습적으로 극단적인 중앙집권적 통치체제라든가 왕권과 귀족의 야합적(野合的) 결탁행태, 훈척과 벌열(閥閱) 위주의 정치 운영방식 등으로 인하여 사화·당쟁(黨爭)이 치열하게 전개되었다. 성리학은 그 같은 비리와 인습의 행태에 대해서 어떻게 주체적으로 대응하였는가 하는 주제야말로 한국 중세사의 발전, 그리고 그 주체성의 전개와 직결되는 측면으로 이해된다. 그것은 곧 폐습(弊習)을 지양하는 길이며 인간 본연의 가치와 존재의의를 발견하고 문명을 실현하는 길이었다.

이 주제의 범위는 고려 말기 성리학 수용기로부터 조선 초기 문물제도의 정립과 관련한 여러 가지 왕정론(王政論)의 전개, 나아가 사림정치 시기 인간 자아 관념의 성장과 사회 개혁론, 그리고 사림정치가 확립되면서 성리학 지배이념이 주자 유일주의(唯一主義)로 경화되는 시기까지를 대상으로 다루게 될 것이다.

2. 고려 말 성리학 수용기의 국가중흥론

한국사에서 성리학의 수용은 고려 충렬왕 대의 안향(安珦)과 백이정(白頤正)을 그 효시로 하며 그 뒤 권부(權溥)·이제현(李齊賢) 등에 의해서 점차 널리 사회적으로 수용되기에 이르렀다. 그런데 성리학이 국가적 교학으로 확고히 수용된 것은 아마도 공민왕 대의 목은(牧隱) 이색(李穡, 고려 충숙왕 15~조선 태조 5;1328~1396)이 겸대사성(兼大司成)을 맡아 성균관을 중심으로 여러 유현(儒賢)과 함께 이를 의도적으로 널리 강학(講學)하면서부터였던 것으로 이해된다.

> (공민왕) 16년(1367) 국가에서는 성균관(成均館)을 중영(重營)하고 이색(李穡)을 판개성부사겸성균관(判開城府事兼成均館) 대사성(大司成)으로 삼았다. 생원(生員)을 증치(增置)하고 경술(經術)에 밝은 인사들인 김구용(金九容)·정몽주(鄭夢周)·박상충(朴尙忠)·박의중(朴宜中)·이숭인(李崇仁) 등을 선발하여 모두 다른 관직을 겸대(兼帶)하고서 교관(敎官)의 일을 맡도록 하였다. 이보다 앞서 성균관생(成均館生)은 불과 수십 인에 지나지 않았으나, 이색이 다시 학식(學式)을 고쳐 정하고 매일 명륜당(明倫堂)에 나와 앉아 경전(經傳)을 분담하여 수

업(授業)하고, 강의(講義)를 마친 후에는 서로 더불어 열심히 논란하여 게을리하지 않았다. 이에 학자(學者)들이 분집(坌集)하고 서로 더불어 관감(觀感)하게 되었으니, 정주(程朱)의 성리학(性理學)이 비로소 흥기(興起)하게 되었다(『高麗史』 권115, 李穡列傳).

지정(至正) 무신년(1368; 공민왕 17)에 내가 대사성(大司成)으로 승핍(承乏)된 후 생도(生徒)들이 심히 은성(殷盛)하게 되었다. 오경(五經)을 분치(分治)토록 하였는데, 『서(書)』를 공부하는 자가 80여 인이었다. 그 가운데 유경씨(劉敬氏)는 거지(擧止)가 출중하였다. 이미 수업(受業)하고 나서도 단정히 앉아 독서하기를 그치지 않았다. "칙천지명(勅天之命) 유시유기(惟時惟幾)"의 8자(字)에 침잠(沈潛)해서 반복해 외우는데 그 소리가 길게 끌어가며 혹 높기도 하고 낮기도 하니, 동렬(同列)이 가리키면서 웃었으나 그는 개의치 않았다. 그의 마음의 전일(專一)함을 알 수 있었고, 오래되매 관중(館中)이 모두 그에게 경복(敬服)하게 되었다. 신해년(1371; 공민왕 20)에 내가 지공거(知貢擧)로 되었는데 유경씨가 시의(詩義)로 합격하니, 그가 『시(詩)』와 『서(書)』에 통달하였음을 알 수 있었다. 곧 학관(學官)에 보해지고, 공로(功勞)를 쌓아 참관(參官)에 제배되어 성균관을 떠나게 되었다. 그러나 여러 교관(教官)이 조정(朝廷)에 청하여 유경씨로 하여금 순유박사(諄誘博士)를 겸하도록 하였으니, 지금 5년이 되었다(『牧隱文藁』 권10, 孟儀說).

즉 이전에는 성균관에서 공부하는 인원을 모두 합해도 수십 인에 불과하였는데, 목은이 대사성이 된 후에는 "심히 은성(殷盛)해져서" 『서경(書經)』을 공부하는 인원만도 80여 인이나 되었다. 그 후로도 성균관은 학관(學官)을 갱신(更新)하고 보충해가면서 학업을 충실히 하고 있었다. 고려 성리학은 실로 목은의 주도로 관학(官學)으로서의 지위를 확고히 자리 잡아 "비로소 흥기(興起)하게 되었다"는 사실이 확인된다.

이제 목은이 공민왕의 지우(知遇) 아래 고려 성리학의 '흥기'를 주도하였다는 사실은 어떠한 역사적 의미가 있는가. 그는 정(程)·주(朱)에서 밝혀진 성리학이 원(元)나라로 전승되어 치세(治世)를 이루게 되었다는 사실을 획기적인 계기로 중시하였다.

> 공자(孔子)가 요(堯)·순(舜)을 조술(祖述)하고 문(文)·무(武)를 헌장(憲章)으로 삼아 시(詩)·서(書)를 산정(刪定)하고 예(禮)·악(樂)을 제정(制定)하여 정치(政治)의 도(道)를 내고 성정(性情)의 문(文)을 바로잡았다. 그래서 능히 풍속(風俗)을 제일(齊一)하게 하였으며, 만세(萬世)토록 태평해질 왕도(王道)의 근본을 세우게 되었다. … 공(孔)·맹(孟)의 학술을 강명(講明)하여 도(道)·불(佛)을 내치고 만세에 이바지할 치도(治道)의 바탕을 밝혀놓은 것은 주자(周子)·정자(程子)의 공(功)이었다. 송(宋)나라가 망하자 그 학술(學術)은 북으로 원(元)나라에 수용(受容)되었는데, 노재(魯齋) 허선생(許先生)이 그 학술을 가지고 원나라 세조(世祖)를 도왔으니, 중통(中統)·지원(至元)의 치세(治世)가 거기서 나오게 되었다. 아아, 성대(盛大)하도다(『牧隱文藁』 권9, 選粹集序).
>
> 정(程)·주(朱)의 도학(道學)은 천지(天地)와 짝하나니, 일(日)·월(月)처럼 높아서 안온(安穩)히 운행(運行)하도다(『牧隱文藁』 권9, 贈金敬叔秘書詩序).
>
> 고정(考亭)의 주자(朱子)가 태어나자 이학(理學)이 정미(精微)하게 밝혀졌네. 다행히 노재(魯齋)가 도(道)를 그같이 좋아하여, 북으로 원(元)나라에서 때맞추어 발휘(發揮)되었네(『牧隱詩藁』 권6, 有感).

천(天)·지(地)와 짝하며 일(日)·월(月)처럼 높은 것이 성리학 즉 도학(道學)이요, 노재(魯齋)의 창도로 원(元)나라의 치세를 이루게 되었으니, 하필 고려국(高麗國)이라고 하여 예외가 될 수는 없었다. "문장(文章)은 도덕에서 나오고, 성정(性情)은 화(華)·이(夷)가 균등(均等)하다"[10]는 것이 목은의 소신이었다.

> 성균관은 영재를 양성하는 곳, 선왕(先王)은 여기서 승평(昇平)을 기대했다네(『목은시고』 권17, 有懷成均館).
>
> 왕국(王國)을 부지(扶持)하는 것은 마침내 유술(儒術)이라, 저 당(唐)나라처럼 「대당중흥송(大唐中興頌)」을 읊조리고 싶네(같은 책 권20, 歸途望天磨諸山).
>
> 학교(學校)는 방가(邦家)의 맥(脈)이요, 군사(君師)는 천지(天地)의 심(心)이다. … 금대(今代)에 국명(國命)을 유신(維新)하리라는 뜻을, 선왕(先王)은 마음에서 버린 적이 없었다. 문풍(文風)이 바야흐로 떨쳐 일어났으니, 성군(聖君)의 은택(恩澤)이 깊다 하지 않을 수 없으리라(같은 책 권29, 學校三首).
>
> 우리의 도(道)는 하늘처럼 크고, 임금의 은혜(恩惠)는 바다처럼 깊네. 밝은 임금 어진 신하 서로 삼가 경계하며, 다만 충(忠)과 서(恕)를 마음속에 간직했다네(같은 책 권29, 吾道).

목은은 공민왕이 당대에 자기 나라를 '유신(維新)'하겠다고 하는 뜻에 부응하여, 자신이 성균관 대사성으로 재직하면서 성리학의 도(道)를 진작시키게 된 것을 매우 역사적 의미를 지닌 일로 생각하고 있었다. 마치 노재가 원나라 '치세'를 이룩한 것처럼, 고려 '국명(國命)을 유신'하여 '중흥(中興)'하고자 하는 과업을 목은 자신이 성리학을 국가 교학으로 '흥기'시키는 일로부터 시작하였다는 역사의식이 내재했다. 그 같은 의식적·주

10 "文章出道德 性情均夷夏"(『목은시고』 권12, 追記素子翔語).

체적 노력에 따라 성리학은 이제 개인적 혹은 사회적 차원에서가 아니라 국가적 차원에서 근착하기에 이르렀다고 판명된다.[11]

그는 성균관을 중심으로 하는 성리학의 '흥기'를 통해서뿐 아니라 직관(職官)제도의 정비를 통해서도 왕정의 구현을 고대하며 노력하였다. 그는 특히 지금까지 범상(凡常)한 것으로 여겨온, 국가행정(國家行政)에 있어서 직제(職制)의 분장(分掌)을 조목화(條目化)함으로써 관수자(官守者)가 자기 직사(職事)를 책임지고 수행해야 한다는 생각을 하고 있었다. 실상 고려사회에는 당시까지도 국가 행정기구의 직사 분담에 관한 명백한 배치라든가 근무 편람(便覽)이 아직 객관적으로 조목화하여 있지 못한 편이었다. 그런데 그 법령집이 드디어 어느 뜻있는 인사의 노력으로 처음 편찬되기에 이르자 목은 자신이 『주관육익(周官六翼)』이라고 제명(題名)해주면서 그 사실을 극히 칭양하고 널리 권면하였다.[12]

나아가 공민왕 21년(1372)에 간행된 『농상집요(農桑輯要)』의 고려 번각판 서문을 쓰면서도 그는 오래 마음속에서 함양해온 "민산(民産)을 다스려 왕도를 일으키는 일"의 요체를 밝혔다. 더구나 그는 다만 농산(農産)과 축산(畜産)을 적극적으로 개발할 "치생(治生)의 양법(良法)"을 강구한다는 의식에서 『농상집요』의 간행을 권장하기만 한 것이 아니었다. 오랜 인습의 소극적 습속(習俗)을 지양하며 민산을 다스려 인간이 생산하고 활용할

---

11 관련 사실은 金泰永, 2000, 「여말선초 성리학 왕정론의 전개」, 『조선시대사학보』 제14집 참조. 또 다음의 시를 참조할 것이다.: 몸은 빈사(賓師)의 지위에 있지만 마음은 부자(父子) 사이처럼 가깝네. 붓끝으로는 도통(道統)을 밝히고 문하(門下)에는 유관(儒冠)이 빛나네. 염락(濂洛)의 유파(流派)를 처음 이으니 순경(荀卿)·양웅(楊雄)이 어찌 반열(班列)에 끼일쏜가. … (도라는 것은) 호리(毫釐) 속에서도 빛나는 것, 천지(天地) 사이에서도 양양(洋洋)하여라. 먼 길도 지척에서 시작하고, 어두운 방 안에서도 의관(衣冠)은 똑바로 갖추어야 하리. 종묘(宗廟)에는 향불이 피어오르는데 조정(朝廷)에서는 엄숙하고도 화목한 반열을 이루네. …(『목은시고』 권11, 讀中庸有感)

12 『목은문고』 권9, 周官六翼序. 구체적 관련 사실은 金泰永, 위의 논문 참조.

수 있는 것이라면 모든 것을 적극적으로 개발하고 활용하는 가치관(價值觀)의 새로운 정립이 절실하며, 동시에 비생산적인 유식민(遊食民)을 생산적인 농민층(農民層)으로 전환시켜야만 "왕도를 일으키는" 국가의 중흥을 성취할 수 있다는 소신을 피력했다.[13] 그런 면에서 그의 왕정론이야말로 당시로서는 매우 현실적 의미를 지닌 역사적이며 주체적인 것이었다고 해석할 수 있다.

성리학의 '흥기'를 통해서 국가를 '유신'하고 '중흥'하고자 하는 공민왕이나 목은 이색의 뜻은 당시 안팎으로 겹친 화란에 부닥쳐 결코 실현될 수 없었다. 그러나 성리학의 국가적 '흥기'를 통해 다수의 신진 학자가 성장하고, 현실에 관한 많은 개혁론 또한 제시되기에 이르렀다. 그 가운데 정치적 노선의 차이로 새로운 개혁파가 분기되어 큰 갈등이 일어났으나, 그럼에도 난세(亂世)의 현실적 해법으로서는 성리학적 왕정론에 따르는 개혁론이 가장 큰 호응을 받았다. 그 길 이외에는 별다른 해법이 있을 수 없었다.

가령 여말선초의 대표적 개혁사업으로 추진된 전제개혁에서도, "인정(仁政)은 반드시 경계(經界)하는 일로부터 시작한다"라고 하는 고경(古經)의 명제가 거듭 강조되었다. 주지하듯이 이는 "민산을 제도화하여 왕도를 일으킨다"는 것과 표리 관계를 이루는, 왕정(王政) 실현의 요체로서 『맹자』가 역설한 말이요, 특히 주자가 거듭 강조한 명제였다.[14] 비록 이상적인 국가 분전제(分田制)를 시행하지는 못하였으나, 개혁파 사류는 '경계'를 통해서 '인정(仁政)'의 실현을 추구한다는 성리학적 이념을 표방하며 계속

13 『목은문고』 권9, 農桑輯要後序. 이에 대한 구체적 고찰은 金泰永, 위의 논문 참조.

14 상세한 고찰은 金泰永, 1998, 『실학의 국가 개혁론』, 서울대학교출판부, 22~23쪽 참조.

추구하였다.

또 한편으로는 어지러운 현실에서도 성균관을 비롯한 학교 교육의 진흥책은 계속 강구되고 있었다. 소위 위화도회군(1388) 직후 개혁파 사류가 정권을 장악한 창왕 대에는 지방행정 기강을 바로잡고 전제개혁을 단행하기 위해 '도안렴출척대사(都按廉黜陟大使)'라는 직함의 감사(監司)를 파견하였는데, 그 휘하 각 군현 수령의 고적(考績) 항목으로서, '전야벽(田野闢)·호구증(戶口增)·사송간(詞訟簡)·부역균(賦役均)·학교흥(學校興)'이라고 하는 '오사(五事)'를 그 출척(黜陟)의 기준으로 제시하였다는 사실이 주목된다. 이전의 수령 고적의 기준은 앞의 4가지에다 '학교흥' 대신 '도적식(盜賊息)'을 더한 '5사(事)'로 이루어져 있었는데,[15] 개혁파가 정권을 잡고서는 '학교흥'이라는 항목으로 대체한 것으로 이해된다. 중앙뿐 아니라 각 지방의 학교 교육 또한 진흥시키지 않으면 안 된다는 정책을 고안하게 되었던 것으로 해석된다. 성리학적 경세론에서는 그만큼 교육(敎育)·교화가 중시되고 있었으니, 이후 조선왕조의 수령 7사(守令七事)에도 이 항목이 설정되기에 이르렀다.

또 공양왕 원년(1389)에는 5도(道)에 교수관(敎授官)을 분견하여 각 군현의 학정(學政)을 살피되 "자제들로 하여금 항상 사서오경(四書五經)을 읽도록 하고 사장(詞章)의 학습은 불허한다"는 지침을 세우게 되었다.[16] 그리고 공양왕 3년에는 고려 구귀족사회의 기본 교육기관인 사학(私學) 12도(徒)를 혁파하고 말았다.[17] 원래 사학 12도를 국학(國學)의 하부로 흡수하여 편제함으로써 국학 중심의 교육개혁을 성취하고자 시도한 것은 이색

15 『고려사』 권75, 선거지 3 銓注 選用監司 창왕 즉위년 7월 및 동 選用守令 우왕 원년 2월敎.

16 『고려사』 권74, 선거지 2 學校.

17 『고려사』 권74, 선거지 2 학교 私學.

이었다. 그는 공민왕 원년의 상소에서, “외방의 향교(鄕校)와 중앙의 학당(學堂)에서는 그 재능을 고찰하여 12도에 올리고, 12도 또한 전체를 고찰하여 성균관으로 올리면, (성균관에서는) 기간을 제한하고 그 덕예(德藝)를 헤아려 예부(禮部)에 올려 과거(科擧)를 보되, … 관직을 띤 자로서 과거를 보고자 하는 경우를 제외하고 여타 국학생(國學生)이 아닌 자는 과거에 참여치 못하게 한다”는 교육개혁안을 제시한 바 있었다.[18]

사학 12도는 결국 공양왕 3년에 혁파되어 수도(首都)의 관학기관인 5부학당으로 편제되었다.[19] 그리고 그 교육내용 또한 크게 개혁하였다. “전조(前朝)의 문헌공 최충(崔冲)이 스스로 그의 거택(居宅)과 노비들을 기증하여 9재(齋)에 소속시키고 생도들을 교육했으니, 비록 오로지 사장(詞章)을 숭상했다고는 하지만 그것이 문교(文教)에 도움이 되었다 할 만하다. 그런데 개국 초 9재를 5부학당으로 개혁하여 성리학을 밝히니, 참으로 삼대(三代)에서 교화하던 아름다운 법이다”[20]라는 내용 그대로, 이제는 경학(經學)만 학습함으로써 “성리학을 밝히”는 교육 방향으로 획기적인 개혁을 하게 되었다. 그것은 성균관보다 하급 단위의 관학에서조차 “성리학을 밝힘”으로써 “삼대의 교화”를 회복하고자 시도하였음을 의미한다. 고려 시기의 사장 중시 풍조를 개혁하여 경학 중심의 성리학 풍(性理學風)을 수립하고자 하는 것은, 경학의 강마를 통한 인간 품성(品性)의 도야와

---

18 『고려사』 권115, 이색 열전.

19 “또 중앙에는 5부학당(五部學堂)을 건립하고 외방에는 향교(鄕校)를 설립해서 유술(儒術)을 흥기시켰다”는 기사를 『고려사』 권117, 정몽주 열전에다 실어둔 것으로 보아, 사학 12도를 공학(公學)인 5부학당으로 개혁한 것은 정몽주의 주장을 따른 것인 듯도 하다.

20 『태종실록』 권22, 11년 7월 병술. 최충(崔冲)의 문헌공도는 사학(私學) 12도 가운데 대표적 존재이므로 여기서는 최충의 9재(齋)만을 거론한 것으로 이해된다. 또 사학 12도는 ‘개국 초’가 아닌 공양왕 3년에 혁파되어 수도(首都)의 5부학당으로 편제되고, 사장(詞章) 대신 성리학(性理學)을 학습하도록 교육내용을 개편한 것으로 이해된다.

구체적 현실문제의 실제적인 해결에 더욱 중점을 둔 문교정책을 추진하였던 것으로 이해된다.[21]

3. 조선 초기 왕정론의 전개와 주체의식의 구현

고려 후기에는 내우외환이 연속되었으나 그 속에서도 점차 농업생산력이 발전해 이전 시기의 휴한농법을 극복하게 되었다. 그래서 여말선초의 농업생산력 수준은 기본적으로 연작농법을 바탕으로 했다. 물론 이 시기에도 지역에 따라서는 아직 휴한농업이 널리 관행이 이루어지고 있었다. 그러나 범주적으로 이 시기의 농업생산력은, 논에서는 연 1모작의 벼농사가, 그리고 밭에서는 보리-콩으로 연결되는 연 2모작 혹은 보리-조(기장)-콩으로 연결되는 2년 3모작으로 이루어지는 연작농법의 수준을 바탕으로 하였다.

연작농법을 바탕으로 농민층의 사회적 성장도 주목할 만하게 진행되었다. 농민층은 고려 말기 왜구라든가 홍건적(紅巾賊)의 침략을 격퇴해내는 기초 전력(戰力)을 구성하면서 광범하게 자영농(自營農)으로 성장하였다. 고려 말기의 과전법체제는 그 같은 농민층의 성장과 자영적 욕구를 바탕으로 정립될 수 있었다.

연작농법에 의거하는 생산력 수준, 그리고 광범한 자영농의 성장을 저변으로 하고서 새로운 지배층으로 등장한 신흥 사류층이 새로운 조선왕

21 여말선초의 성리학은 사장(詞章)과 대비하여 "경학을 밝히며 행실을 닦음"을 '실학(實學)'으로(『櫟翁稗說』 前集 1), 혹은 불교와 대비하여 "명덕(明德)을 밝히고 백성을 새롭게 하는 실학(實學)"을 말하며(『三峰集』, 「佛氏雜辨」 儒釋同異之辨), 나아가 오륜(五倫)을 다하고 각자가 그 직분에 충실함을 곧 '실학'이라 인식하고 있었다(『陽村集』 권14, 永興府學校記).

국을 개창하면서 표방한 지배이념은 물론 새로운 중세 교학으로서의 성리학이었다. 새 왕국의 지배체제를 수립하는 데는 무엇보다도 이전 시기까지 자못 모호하였던 문물제도를 객관적 기준에 따라 개선하여 정립하는 일이 불가결했다. 그런데 현실을 객관적 사실로 인정하는 바탕 위에서 그 해법을 추구하는 성리학 경세론(經世論)은 그 같은 객관적 기준의 정립에 적절하고도 풍부한 이론을 제공하였다.

객관적 통치 기준은 우선 객관적 사실의 파악을 바탕으로 하고서 수립될 수 있었다. 그중에서도 전국의 토지와 호구를 중심으로 하는 국세의 파악은 가장 급선무여서, 일찍부터 호적과 군적을 작성하고 양전을 거듭하는 한편, 그 전체 성과를 종합한 각 지역의 지리지(地理志)를 여러 차례 편찬하였다. 그래서 작성된 『팔도지리지(八道地理志)』라든가 그것의 종합 형태인 『세종실록』 「지리지」 등 각종 지리서에는 각 군현 단위로 명호(名號)와 연혁(沿革) 및 역대의 영속(領屬) 관계, 토지의 비척(肥瘠)과 기후(氣候) 및 민속(民俗)과 호구와 토산물의 종류, 조세(租稅)·세공(歲貢)과 그 전수(轉輸)의 방법, 영(營)·진(鎭)의 위치와 군사·전함(戰艦)의 수, 부속 도서(島嶼)의 정세, 연대(烟臺) 및 봉수(烽燧), 왕릉 및 선현의 묘, 토성과 지역 출신 명현(名賢) 등 10여 항목에 걸쳐 실로 주밀한 파악이 이루어졌다.

국세의 파악과 함께 국가 통치체제에 관한 전장(典章)의 마련은 조선왕조로 들어서면서 여러 가지 법전(法典)으로 계속 집성되기에 이르렀다. 앞서 이색이 고대한 '치생의 양법'으로 말할지라도 조선 초기에는 『농사직설』을 비롯한 여러 농서(農書)의 편찬으로, 그리고 여러 가지 차원의 권농정책으로 결실을 거두어갔다. 더구나 유식민을 생산농민층으로 전환시키고자 한 과업은 신왕조에 와서 획기적인 숭유억불(崇儒抑佛) 정책을 통해 적극적으로 추진되었다. 이전의 사원노비(寺院奴婢)는 전체가 속공(屬

公)되었으며 사원전(寺院田)도 극히 일부를 제외하고는 모두 속공하게 되었다.

그래서 조선 초기 제도문물의 정비과정에서는 한편으로 성균관을 중심으로 성리학 풍의 확립을 의도적으로 추진하고, 또 한편으로는 그렇게 양성된 인재들의 도움으로 세종 대에는 제도문물의 정비과정에서 왕정론의 구현을 적극적으로 추진할 수 있었다. 이에 대해 차례로 검토하고자 한다.

1) 성리학 풍의 의도적 확립

여말선초에는 아직도 외방의 관학 교육이 부진한 상태였다. 더구나 성리학은 아직도 보편화하지 못하여, 성균관에서의 수업 이외에는 달리 이를 접할 기회가 없었던 것으로 판명된다.[22] 그런데 유독 성균관 교육은 전대 이래의 명맥을 이으면서 제 기능을 수행하고 있었다. "대학(大學, 즉 성균관)은 인재를 모아 기르는 곳이요, 생원(生員)은 다른 날에 가져다 쓸 재목들이다. 비록 이름난 고관(高官)과 어진 선비라도 여기를 거쳐 나가지 않은 이가 없다"[23]는 것이 당시의 실정이었다.

여말선초의 난세를 극복하여 치세를 성취할 도리로서는 성리학 경세

---

22 공양왕 원년 12월 대사헌 조준(趙浚) 등의 상소를 보면, "근래에 전란으로 인하여 학교가 폐이(廢弛)해져 쑥밭으로 되었다. 향원(鄕愿)으로서 유명(儒名)을 가탁하여 군역(軍役)을 피하는 자가 5~6월 사이에 동자(童子)들을 끌어모아 당송(唐宋)의 절구(絶句)를 읽게 하고는 50일이 되면 이에 그만두면서 이름하여 하과(夏課)라 하는데, 수령(守令) 된 자는 이를 범연히 보아넘기고 뜻을 두지 않는다"(『고려사』 권74, 선거지 2 學校) 하였다. 아직도 성리학이 외방(外方) 학교로는 확산되지 않았던 것이며, 그나마 사장(詞章) 공부조차 매우 부진한 상태를 면치 못하였다.

23 『세종실록』 권105, 26년 윤7월 경인.

론 이외의 길은 생각할 수 없는 실정이었다. 더구나 원나라 세조(世祖)가 허형(許衡)의 성리학을 활용하여 치세를 이룩해내었다는 역사적 사실이 엄연한 귀감으로 되어있었다. 그러므로 성균관을 중심으로 성리학 풍을 진작시키고자 하는 의도는 고려 말의 공민왕 대 이래 지속해서 추구되지 않을 수 없었다.

성균관에 겸대사성 제도를 설치한 것은 공민왕 대의 이색에게서 비롯하였다. 그 후로도 "온 나라 유림(儒林)의 사표(師表)"로 추앙받는 뛰어난 학자 관인들이 이 직책을 맡아 성균관 교육을 총괄하는 제도로 존속시키고 있었다. 이색을 이어 이를 맡은 이로는 고려 시기의 정몽주·박의중(朴宜中)이 있었다. 조선 개국 후에는 이첨(李詹)·권근(權近)·조용(趙庸)·변계량(卞季良)과 이맹균(李孟昀)·권제(權踶)가 이어갔으며, 다음으로는 정인지가 맡아 세조 초기 제도가 혁파될 때까지 계속하였다. 이들은 성리학 이해의 수준이 아직도 본궤도에 오르지 못한 당시에 "배우는 자가 태산북두(泰山北斗)같이" 우러러보는 "한 세상의 유종(儒宗)"으로서 후진 양성에 정신적 지주가 되었다.[24]

조선 초기에는 또한, 고려 일대를 풍미해온 진사시(進士試)를 폐지하고 경학만을 시험과목으로 하여 선발하는 생원시(生員試)만을 시행하였는데, 국가의 용도상 세종 20년(1438)에 진사시를 부활시킬 때까지 이를 지속적으로 실행하였다. 그것은 국가에서 최고 학부인 성균관을 설치하고서 성리학적 경학 소양(素養)이라는 단일 기준을 적용하여 인재를 육성하고 선발하기로 제도화한 중대한 개혁이었다. 그리고 신왕조의 개혁적인 문교정책에 따라 이제 경학을 전공하는 대사성 이하 성균관 사유야말로

24 김태영, 2000, 앞의 논문.

인재 양성의 주임 교수(主任敎授)로 되었다.

경학만으로 선발한 성균 생원들이 문과에 대비하기 위해 실시하는 성균관에서의 교과 내용 또한 경학을 기본으로 하고 있었다. "식년 과거는 반드시 5경(經)에 통한 자라야 응시를 허용한다. … 4서(書) 각 1장(章)씩을 강설하고 5경도 각 1장씩을 강설(講說)하는 것으로 초장(初場)을 삼는다. 표(表)·논(論)·고부(古賦) 가운데 한 문제를 내어 중장(中章)을 삼고, 경사(經史)·시무(時務) 가운데 책문(策問)을 내어 종장(終章)으로 삼는" 것이 태조 4년(1395) 이래 『원육전(元六典)』에 실어 시행해온 문과 초시(初試)의 삼장(三場) 고시과목이었다. 따라서 성균관에서의 교육은 사서재(四書齋)와 오경재(五經齋)로 나누어 이 9경을 차례대로 학습하도록 규정하였다.[25]

---

25 성균관은 학당을 사서재(四書齋)와 오경재(五經齋)로 나누어 공부시키도록 한다. 생도(生徒)가 대학재(大學齋)로 입학하여 읽기를 마치면 성균관에서 이를 예조(禮曹)에 보고한다. 그리하면 예조에서 대성(臺省) 각 1명과 더불어 성균관으로 가서 그 관원(館員)과 합동으로 고찰하여, 그 해설이 상세 분명하여 근본 뜻을 속속들이 꿰뚫어 통한 자는 문부(文簿)를 만들어 이름을 써서 논어재(論語齋)로 승급게 하고, 통하지 못하는 자는 그대로 본재(本齋)에 머물러 통하기를 기다리게 한다. 『논어』·『맹자』·『중용』의 고강(考講)과 승척(升陟)도 모두 이 예에 의하되, 『중용』의 강설(講說)까지 모두 통과한 자는 예기재(禮記齋)로 승급시킨다. 『예기』를 다 읽고 나면 성균관에서는 이를 예조에 보고하고, 예조에서는 다시 대성(臺省)의 관원과 함께 강설의 시험을 사서(四書)의 예와 같이하여 차례로 올려 『춘추(春秋)』·『시(詩)』·『서(書)』·『역재(易齋)』까지 이르게 한다. 5부(部)의 생도는 교수관(敎授官)이 강설에 통한 자를 시험하여 성균관으로 보내어 다시 상기와 같이 시험하게 하며, 주부군현(州府郡縣)의 생도는 각 도(各道)의 관찰사가 매년 봄·가을로 경서에 정통한 수령(守令)과 한량관(閑良官) 2·3명으로 각 도회소(都會所)를 순회하며 강설을 시험하게 하되, 역시 성균관의 예에 의하여 아무개가 무슨 무슨 경(經)·서(書)에 통과하였다고 분명히 문부에 기록하여 모두 성균관으로 보내면, 성균관에서는 또 이를 예조에 보고하여 다시 강설을 시험하기를 성균관의 예와 같이한다. 성균관 및 5부·외방의 생도까지도 모두 학적(學籍)을 비치하고 누가 무슨 경(經)·서(書)에 통과하였다는 것만 쓰고 그 성적의 순위는 정하지 않고 두었다가, 자(子)·오(午)·묘(卯)·유년(酉年)에 이르러 성균관에서 예조에 보고하면 예조에서 다시 (임금에게) 아뢰고, 서울은 성균관과 한성부에서, 외방은 각 도의 관찰사가 상기(上記)한 5경·4서에 통과한 자들을 전에 정한 액수(額數)대로 시험 선발하되, 4서 각 1장(章)씩을 강설하고 5경도 각 1장씩을 강설하는 것으로서 초장(初場)을 삼는다 하였으니, 우리 태조께서 개발(開發)해놓으심이 이렇게도 지극하셨다(『세종실록』 권49, 12년 8월 경인).;같은 책 권69, 17년 9월 을미;같은 책 권93, 23년 7월 을묘 참조.

문과 초시의 초장은 강경(講經)만을 시험 보도록 규정한 것은 말할 필요도 없이 경학을 문과의 기초 과목으로 확정해둠으로써 무릇 과거를 통해 관인으로 진출하려면 경학 특히 성리학적 경술(經術)의 공부에 힘쓰지 않으면 안 된다는 정책을 국가가 의도적으로 설정해둔 것이었다.[26]

경학 위주의 학습으로 성균관 교육을 운용한 것은 이 국학이야말로 성리학 강론의 근본 기관으로서 장차 문과를 통해 유위(有爲)한 인재들을 배출할 중심지가 되도록 제도화해둔 것이었다. 여말선초의 혼란기에 성리학을 전수하는 중심지는 단연코 성균관이었으며, 만조 백관(滿朝百官)을 양성하는 가장 핵심이 되는 학술기관 또한 단연코 성균관이었다. 그뿐 아니라 여말의 포은 정몽주가 우리나라 성리학 도통(道統)의 비조(鼻祖)로 탄생한 것도 공민왕 대의 성균관 학관 시절이었으며, 그에게서 도통을 이어받았다는 야은(冶隱) 길재(吉再, 1353~1419), 그리고 이어지는 강호(江湖) 김숙자(金叔滋, 1389~1456)의 경우가 모두 성균관에서의 수업을 통해서 성리학의 본령에 접속한 것으로 판명된다.[27]

2) 조선 초기 성리학적 왕정론의 구현

여말선초 성리학 경세론을 신봉하는 개혁파 사류들은, 가령 그 가운데 핵심 인물로서 철저한 배불론자(排佛論者)이며 배원친명론자인 정도전의 경우, 주자의 세계관을 그대로 따라 철저한 '존왕양이론'을 주창하고 있었는가. 그러나 그는 원나라를 '이적(夷狄)'이라기보다는 중국의 정통(正

---

26 『경국대전』에도 "초장(初場)은 오경(五經)과 사서(四書)의 의의(疑義) 혹은 논(論) 중에서 2편을 시험 보인다"(「禮典」 文科初試)고 이를 명문화해두기에 이르렀다.

27 김태영, 2000, 앞의 논문.

統) 왕조로 인식했으며, 세조는 거의 왕정을 실현한 군주로 높이 평가했다. 더구나 조선 초기의 군신들은 새 왕조의 법제 정비과정에서도 원나라 제도의 우수한 것은 주저 없이 수용했다. 그뿐 아니라 16세기의 기묘사림(己卯士林)도 원나라 허형의 학술이라든가 그 왕정론에 대해서는 매우 긍정적으로 이해하고 있었다.[28] 심지어는 남명(南冥) 조식(曺植)과 같은 고절(高節)의 사림도 허노재(許魯齋)를 추앙해 마지않았다.[29]

분명 '이적'의 국가인 원나라를 정통으로 인식하고 그 문화를 수용한다는 것은 곧 현실을 고쳐 치세를 이룩해야 한다는 구체적 필요에 따른 이해였던 것으로 풀이된다. 주자학 세계관에 몰입하기보다는, 현실을 개선해갈 수 있는 성리학의 깊이 있는 수용과 구체적인 활용의 길로 나아갔다.

그중에서도 조선 초기 새로운 학술기관으로서 집현전의 설치는 특이한 것이었다. 세종 자신이 "집현전은 오로지 경연을 위하여 설치한 것"이라고 말한 대로 그것은 성균관을 중심으로 경술의 함양을 통해 육성된 학자관인들을 선발하여 새로운 왕정론(王政論)을 강마할 기관으로 정립한 것이었다고 보인다.[30]

집현전에는 극선(極選)한 유신(儒臣)들을 배속시켜 수십 년간에 걸쳐 성리학 고전을 힘써 탐구케 하고 경연에서 이를 강론(講論)하였다. 세종은 중국에서 새로 수용한 『성리대전(性理大全)』·『자치통감(資治通鑑)』·『자치통감

---

28 위와 같은 곳.

29 하루는 글을 읽다가 허노재(許魯齋)의 "이윤(伊尹)이 뜻했던 바를 뜻하며 안연(顔淵)이 배웠던 바를 배운다"라는 말을 보고, 비로소 자신이 전에 배운 것이 잘못되었음을 깨달아 성현(聖賢)의 학문에 뜻을 두고 과감하게 실천하여 다시는 세속의 학문에 동요되지 않았다(『선조실록』 권6, 5년 2월 을미 曺植 졸기).

30 『세종실록』 권7, 2년 3월 갑신; 같은 책 권83, 20년 11월 계묘 참조.

강목(資治通鑑綱目)』 등의 큰 책들을 집현전 학사(學士)들이 연구케 하고, 수십 년에 걸쳐 그들과 경연에서 그 내용을 질의 토론하여 다각도로 되새기면서 정밀하게 탐구하였다.

집현전이야말로 성리학 왕정론의 정밀한 강론 기관으로서 그 수준을 크게 심화시키고, 다시 이를 널리 백성의 교화에 운용하는 기능을 다하였다. 가령 『삼강행실도(三綱行實圖)』는 그렇게 편찬된 책 중 하나였다. "인륜의 도(道)는 진실로 삼강을 넘어서 있는 것이 없다"는 전제하에 충(忠)·효(孝)·열(烈)에 관한 성리학적 도덕규범의 실천 사례들을 모아 펴낸 이 책은, "왕도를 준수하여 화평한 시대를 이루며, 길이 영원한 후세에까지 전해갈" 교화서(敎化書)로 편찬한 것인데,[31] 그 취지를 세종은 다음과 같이 말하였다.

> 삼대(三代)의 정치는 모두 인륜(人倫)을 밝히는 것이었다. 후세에는 교화(敎化)가 쇠퇴해져서 백성이 서로 친하지 않고 군신(君臣)·부자(父子)·부부(夫婦)의 큰 인륜이 모두 본연의 성품으로부터 어두워져 항상 각박한 데에 흘렀다. 간혹 탁월한 행실과 높은 절개가 있어도 그것이 풍속 습관으로 옮겨져 보고 듣는 이로 하여금 깨우쳐 일어나게 하지 못하는 경우 또한 많았다. 내가 그 특이(特異)한 것을 취하여 그림을 그리고 찬(讚)을 지어서 중외(中外)에 반포코자 하노니, 거의 우부우부(愚夫愚婦)도 모두 쉬이 보고 느끼어 흥기할 터인즉, 또한 화민성속(化民成俗)의 한 도(道)가 될 것이다(『세종실록』 권56, 14년 6월 병신, 삼강행실도 서문).

31 『세종실록』 권56, 14년 6월 병신, 삼강행실도 전문(箋文).

충(忠)·효(孝)·열(烈)의 덕목이야말로 최고의 강상(綱常)으로 추장한 것은 새 왕조의 왕정론적 윤리규범을 새로 확고히 정립한다는 의미를 지닌다. 그림까지 곁들여 책을 만든 것은 사람마다 그 내용을 쉬이 깨우쳐 순응토록 함으로써 새 왕조의 새로운 윤리질서를 널리 보편화하고자 시도한 절실한 교화정책에서 나온 조처였다.

세종 대에는 교육·교화기구의 정비와 함께 민인(民人)이 항산(恒産)을 갖도록 하는 권농정책·수취제도의 정비 또한 갖가지로 구현되었다. 세종은 전제상정소(田制詳定所)라는 특별기구를 설치하여 국왕이 친히 독려하면서 새로운 양전·수세법(收稅法)을 강구토록 함으로써 결국에는 전분(田分) 6등·연분(年分) 9등의 공법전세제(貢法田稅制)를 정립하기에 이르렀는데, 그 과정에서 실로 많은 논란과 실험을 거쳤다. 새로운 전세제의 착수는 먼저 국왕 자신이 구상했고 문과 중시(重試)에서 책제(策題)로 제시되었다.

> 예로부터 제왕(帝王)이 통치를 함에는 반드시 일대(一代)의 제도(制度)를 마련하는 것이니, 방책(方册)을 살펴보면 이를 알 수 있다. 전제(田制)를 제도화하는 법은 어느 시대에 시작되었는가. 하후씨(夏后氏)는 공법(貢法)으로 하고, 은인(殷人)은 조법(助法)으로 하고, 주인(周人)은 철법(徹法)으로 한 것이 겨우 전기(傳記)에 나타나 있는데, 삼대(三代)의 법을 오늘날에도 시행할 수 있겠는가. 진(秦)나라가 정전(井田)을 폐지하고 한(漢)나라에서 그대로 따랐으나 그 문제(文帝)·경제(景帝)의 치세(治世)는 거의 삼대에 가깝게 되고, 신(新)의 왕망(王莽)은 고제(古制)를 회복했으나 백성들이 근심하고 원망하였다. 그 까닭은 무엇인가. 당(唐)나라의 조(租)·용(庸)·조(調)는 어느 대의 법을 취한 것인가. 백성이 거기에 힘입어 요부(饒富)하였으므로, 선유(先儒)가 고대(古代)의 정치에 가깝다고 하였으니, 그것도 또한 뒷세상에 시행

할 만한 것인가. … 맹자(孟子)가 말하기를, '인정(仁政)은 반드시 경계(經界)하는 일로부터 시작된다'라고 하였으며, 유자(有子)는 말하기를, '백성이 유족(裕足)하면 임금이 어찌 부족하겠는가'라고 하였다. 내 비록 덕(德)이 적은 사람이지만, 여기에 간절히 뜻이 있다. 그대들은 경술(經術)에 통달하고 정치의 대체를 알아 평일에 이를 익히 강론하였을 것이니, 숨김없이 다 진술하라. 내가 장차 채택하여 시행하리라(『세종실록』 권35, 9년 3월 갑진).

세종임금은 "천자(天子)가 아니고서는 예(禮)를 논의하지 못하며 법제를 제정하지 못하며 문자를 상고하지 못한다"[32]는 경전의 내용에 굳이 얽매이지 않고, 독자적인 수취제도를 스스로 모색했다. 그리고 '제왕(帝王)'이 통치하는 새로운 왕국 '일대(一代)의 제도'를 고안하고자 하면서, 옛 성왕(聖王)이 마련하였다는 삼대의 부세법(賦稅法)과 연관시켜 그것을 추구하되, 삼대가 아닌 한나라·당나라의 제도까지도 염두에 두고서 새로운 제도를 고안하고자 하였다. 아마도 역사적 현실에서 양법으로 운용된 여러 제도의 장처(長處)까지 고려한다는, 가장 독자적이며 주체적인 제도를 모색했던 것으로 해석된다.

그런데 새로운 전세제도의 정립 과정에서는 전국의 관민들을 상대로 하여 새 법안(法案)의 편의(便宜) 여부를 물어보도록 함으로써 광범한 여론을 청취하는 과정을 거치기조차 하였다. 우리나라에서는 아마도 유사 이래 농민까지를 대상으로 하여 결행한 최초의 여론 조사였음이 틀림없다. 성종 대에 직전세제(職田稅制)를 실시하면서 경기감사가 직전을 직접 경작하는 경기 농민들에게 새 법의 편의 여부를 물어서 여론의 거취를

32 『중용(中庸)』 제28장의 내용이다.

청취해본 다음에 실시하기에 이르렀다는 사실도 마찬가지 사례였다. 이제 국가에서 전세제도와 같은 큰 제도의 변천을 논의할 때는 어느덧 농민층까지를 그 논의의 대상(對象)으로 참여시킬 정도로 역사는 변천하고 있었다.

그 같은 참여는 물론 일시적이며 우연하게 일어난 사례에 불과하였다. 그러나 조선 초기 새로운 문물제도의 정비과정에서 그 같은 일이 일어났다는 사실은 매우 중요한 의미를 갖는 것으로 해석된다. 성리학 지배이념의 정치적 활용에서 피지배 당사자인 농민층까지 참여시킨다는 안목이 동원되었기 때문이다.

그러한 제도의 정비과정에서 여러 가지 객관적인 기준에 맞는 척도(尺度)를 고정(考正)하고 통일하게 된 것도 이 시기 문화의 중요한 성과였다. 그래서 이제 주척(周尺)을 근거로 하는 양전척(量田尺)의 정립 등 도량형(度量衡) 제도의 기본이 이룩될 수 있었는데, 그것을 통하여 각종 국가 의례(儀禮)를 운용한다든가 음률(音律)을 조정하는 일에도 일정한 객관적 기준을 확립할 수 있게 되었다.

또한 종래 활용해오던 중국 농서의 내용이 현실에 맞지 않음이 드러나자, 자기 현실의 풍토와 수준에 맞는 농서로서 『농사직설』을 편찬·간행하여 당시로서 선진적인 자국의 농법을 전국적으로 권장하였다는 사실도 주목할 만하다. 세종임금의 권농 교서(勸農敎書)와 함께 이를 살펴볼 필요가 있다.

> 농사는 천하의 대본(大本)이다. 예로부터 성왕(聖王)으로서 이를 힘쓰지 아니한 이가 없었다. … 우리 주상(主上)전하께서는 명군(明君)을 계승하여 치세(治世)를 이룩하고자 힘쓰시고 더욱 민사(民事)에 마음을 두시었다. 그

래서 오방(五方)의 풍토(風土)가 같지 않기 때문에 곡식을 심고 가꾸는 법이 각기 적의(適宜)함이 있으므로 모두가 (중국의) 옛 농서(農書)와 같을 수 없다 하여, 이에 여러 도(道)의 감사(監司)에게 명하여 주현(州縣)의 노농(老農)들을 방문(訪問)하게 하여, 각 지역에 따라 이미 시험한 경험들을 갖추어 아뢰도록 하시었다. … 그 중복(重複)된 것을 버리고 절요(切要)한 것만 뽑아서 편찬하여 한 편(編)을 만들고 제목을 『농사직설(農事直說)』이라고 한다. 농사 외에 다른 설(說)은 섞지 아니하고 간략하고 바른 것에 힘을 써서, 산야(山野)의 백성에게도 환히 쉽사리 알도록 하였다. 이미 위에 바치자, 다시 주자소(鑄字所)에 내려 약간 본(本)을 인쇄하여 장차 중외(中外)에 반포함으로써 백성을 인도하여 살림을 넉넉하게 해서, 집집마다 여유 있고 사람마다 풍족한 데에 이르도록 하시었다(『세종실록』 권44, 11년 5월 신유).

농사는 의식(衣食)의 근원이니, 왕정(王政)에서 먼저 해야 하는 바다. … 농사짓는 일은 마땅히 백성을 가까이하는 관원에게 책임지게 해야 하는 고로, 그 선발을 신중하게 하고 친히 타일러 힘쓰도록 하였다. 또 각 주현의 경험 많은 농부들을 방문토록 하여 지역에 따라 이미 시험해본 경험들을 모아 『농사직설』을 만들어 농사짓는 백성으로 하여금 환히 쉽게 알도록 하였다. 혹시라도 농사에 이로울 만한 것이라면 마음을 다하여 연구하고 시행하지 않음이 없었다. 그래서 사람은 그 힘을 다하고 땅에는 버려둔 이(利)가 없게 되기를 기대한다. … 대체로 보통 사람들의 심정은 이를 이끌어주면 스스로 힘쓰고 놓아두면 게을러지는 것이다. … 진실로 인사(人事)를 이미 다하였다면, 비록 천운(天運)이 함께하지 않더라도 또한 그 재해를 막을 수 있는 것이다(같은 책 권105, 26년 윤7월 임인).

조선 초기의 농법은 결코 중국 농서로는 해결할 수 없는 독자적인 생산력 수준에 올라있다는 자신감, 그 같은 생산력 수준을 북방에까지 널리 확대·보급시킴으로써 전국의 농업생산력을 보편적으로 발전시킨다는 의도가, 우리나라 역사상 처음 보는 농서 『농사직설』을 편찬해내기에 이르렀다. 그것은 주지하는바 하삼도 각 지역 경험 많은 농민들의 현지에서의 농사 경험을 바탕으로 하고서, 즉 조선왕국 농민들의 현실에 고유한 경험들을 바탕으로 주체적으로 편찬한 독자적인 농서였다.

여기서 『농사직설』이나 혹은 이어지는 권농교서를 막론하고 그 목표하는 바는 언제나 성왕의 왕정을 이상으로 하여 추구하고 있었음이 드러난다. "마음을 다하여 연구하고 시행하지 않음이 없었다"고 할 정도로, 극진한 정성을 다함으로써 드디어는 천재(天災)까지도 물리치는 데 이르기까지, 왕정의 우선 과제인 농사의 권면에 힘을 다했다. 여기서 권농정책이 그냥 "놓아두면 게을러지는" 일반 농민들이 "스스로 힘쓰"도록 적극적으로 "이끌어"간다는 이론을 바탕으로 하였다는 사실도 흥미롭다. 그것은 곧 맹목이 아닌 각기 주체적인 인간들을 권면해서 '스스로' 더 좋은 곳으로 나아가도록 이끈다는, 성리학적 교화론의 기본 틀을 말한 것으로 해석되기 때문이다.

이 시기 전국 각처의 고유한 강우량을 측정하기 위한 측우기를 만들었다는 사실도 각 지역의 실재에 관한 고유한 이치를 탐구한다는 인식의 바탕 위에서나 성취할 수 있는 것이었다.

통치제도의 정비는 국가재정의 지출(支出) 면에서도 일어나게 되었다. 가령 이전까지는 중앙 각 기관의 공용(供用)하는 물품에 일정한 지출 규정이 확립되지 않았던 까닭에 많고 적은 것이 일정치 않았으나, 이 시기에 와서 호조(戶曹)의 계청에 따라 비로소 '식례(式例)'를 정해두고 그 규정에 따라 집행하기에 이르렀다는 사실이 그 하나이다. 또 가령 "임금의 소용(所用)도 유한(有限)하여 임의로 할 수 없는 것"이 원칙인데, "지금인즉 그렇지 아니하여 징렴(徵斂)에 법도가 없고 용도(用度)가 무절(無節)"하다는 현실 비판이 세종 대부터 일어나고,[33] 이후 그 개선책을 추구하여 세조~성종 대에 가서는 이른바 '식례횡간(式例橫看)'이라고 하는 기본 재정지출 규정을 정립하기에 이르렀다. 즉 이전에는 지배층의 자의에 많이 의존해오던 재정 수납이 이 시기에 와서는 객관적 준거를 가진 제도적인 것으로 크게 변천되기에 이르렀다.

조선 성리학은 자국 자연(自然)의 실재에 고유한 이법을 구현하는 데도 응용되었다. 자기 실재의 고유한 이법을 탐구하고자 하는 시도가 이 시기의 성리학적 인식론에 와서 비롯한 것은 물론 아니지만, 국가와 그 지배이념이 새롭게 정립된 이 시기에 그것은 이제 새로운 자기 주체의 구현으로 정비되어갔다. 자국의 토양에서 생산되는 고유한 약재를 써서 약(藥)을 처방하는 『향약집성방』을 비로소 이 시기에 본격적으로 편찬하게 된 사정도 마찬가지로 설명된다. 『향약집성방』은 의관(醫官)을 중국에 보내어 방서(方書)를 구하는 한편 '약명(藥名)의 잘못을 고정(考正)'해오도록 하고, 전통 의서(醫書)인 『향약방편(鄕藥方編)』을 중심으로 '모든 의서를 모아 유루(遺漏) 없이 수검(搜檢)하고 분류(分類) 증첨(增添)'하여 편찬해낸 것이었는데, 그 서문을 보면 그것이 지치(至治)를 실현하려는 간절한 인정(仁政), 즉 왕정의 일환으로서 추구한 것임을 알 수 있다.

> 백 리(百里)만 되어도 습속이 다르고 천 리(千里)가 되면 풍교(風敎)가 같지 않아서, 초목(草木)의 생장도 각기 적의(適宜)한 곳이 있고 인간이 좋아하

---

33 『세종실록』 권112, 28년 4월 정묘.

는 음식 또한 습성이 있다. … 우리나라는 천작(天作)의 한 구역으로서 대동(大東)에 웅거해있다. 산과 바다에 있는 보장(寶藏)의 일어남과 초목(草木) 약재(藥材)의 생산으로서 무릇 민생(民生)을 부양하고 민질(民疾)을 치료할 수 있는 것 또한 대개 구비하지 않음이 없다. … 그윽이 생각건대, 임금의 도(道)는 인(仁)보다 더 큰 것이 없으며 인도(仁道)는 지극히 크고 또한 여러 가지가 있다. 이제 우리 주상전하께서는 거룩한 덕으로 지치(至治)를 일으키시며 왕위(王位)를 지키고 정령을 내는 데 오로지 이 도(道)의 위대한 길을 체현(體現)하고 계시다. 의약(醫藥)으로 백성을 구제하는 일에 이르기까지 이와 같이 간절하게 힘을 쓰시니, 인정(仁政)의 본말(本末)과 크고 작은 것을 남김없이 다하시게 되었다(『세종실록』 권60, 15년 6월 임진).

"정신과 힘을 더하여 책을 이루어냄으로써 후세로 하여금 오늘의 조선이 전에 없는 일을 이루어놓았음을 알도록 하겠다"는 각오 아래 이룩해낸 향력(鄕曆)도 마찬가지다. 그것은 중국력(中國曆)과 회회력(回回曆)을 비교 참작하여 유사 이래 최초로 자국의 왕도를 기준점으로 하여 제작한, 자국 자연현상의 고유한 이법을 객관적·긍정적으로 탐구한 결과 이루어낸 역서(曆書)였다.

그러한 현상 가운데 최대의 업적으로 역시 훈민정음(訓民正音)의 창제를 들 수 있다. 그것은 자국의 백성들이 날마다 쓰는 국어(國語)에 맞는 문자를 만든 것이었다. 국어에 맞는 글자가 창제됨으로써 이후 자국의 말과 글 자체의 발전은 물론, 이른바 기층(基層)문화가 자체 발전할 수 있는 가장 확실한 길이 열리게 되었다. 그래서 보편적 농민층을 기본으로 하는 절대다수의 국가 구성원이 이제 비로소 자신의 의사를 문자로도 표현할 수 있는 문화생활권 안으로 들어설 수 있게 되었으며, 이로써 이른바 더욱 독자적인 자국문화의 정립이라든가 변증법적 발전이 일어날 수 있는 바탕이 마련되기에 이르렀다.

훈민정음의 제정은 조선 초기 제도 정비기의 문화적 주체성의 창달에 관한 사례를 가장 잘 대변해주는 것으로 해석된다. 그것은 이 시기 백성이란 존재가 이미 맹목적으로 지배에 복종하는 존재로서가 아니라, 이제 가르쳐 깨우쳐가면서 통치하지 않으면 안 되는 대상으로 성장하고 있었다는 사실에 기초한 교화정책의 소산이었다. 그것은 성리학적 교화라든가 주체성이라는 것을 거론하기 이전에, 자국의 '어리석은 백성'이 일상에서 쓰는 말을 문자로 표현할 수 있게 한다는 지극히 당연하고도 떳떳한 사업이야말로 진정한 주체성의 정립에 해당한다는 사실을 증명한다. 일상의 현실에 절실한 객관적 기준의 확립이야말로 가장 높은 수준의 교화를 실현할 수 있고 자기 주체를 역사적으로 정립해가는 길이기도 하였던 것이다.

나아가 이 시기에는 자국의 역사와 예제(禮制)에 대해서도 새로운 차원에서의 인식이 일어났다. 국가의 기본 의례(儀禮)를 새로이 정비하기 위하여 의례상정소(儀禮詳定所)를 설치하고 오례(五禮)를 강구·편찬케 하였는데, 그 순차에 있어서 송대(宋代)의 예제를 크게 따르게 된 것은 역시 성리학의 영향으로 볼 수 있다. 가령 오례 가운데 가장 중히 여기는 길례(吉禮)를 두고 말할지라도, 모든 제의(祭儀)에는 공경과 정성을 다하되, 명분에 맞지 않는 과람(過濫)한 경의를 표하거나 혹은 아첨함으로써 복을 빌어오던 행태는 국가 사전(祀典)에서 완전히 삭제하게 되었다. 그것은 곧 인간의 화(禍)·복(福)이 결코 신명의 자의(恣意)에 맡겨진 것이 아니라 바로 인간 자신의 소위(所爲)로 말미암아 자취(自取)한 일이라고 인식하는 성리학적 사신관(祀神觀)의 구현이었다.

고려 시기에는 아직도 개인적 차원에서 자국의 시조(始祖)로 막연하게 인식해오던 단군을 조선왕조에 와서는 정식으로 역사(歷史) 시조로 인식하여 국가의 사전에 올려 봉사(奉祀)하도록 제도화하고, 정사(正史)에도 올려 기록하기에 이르렀다는 사실 또한 주목하지 않으면 안 된다.

그리고 고려 시대에 비해 역대 시조에 대한 국가제사 또한 크게 정비하였다. 고려에서는 역대 시조 가운데 기자와 동명왕(東明王)만이 소사(小祀)로, 그것도 잡사(雜祀)로 설정되어 있었다. 이제 조선왕조에서는 기자 이전의 단군으로부터 고구려·백제·신라의 시조는 물론이고 고려 태조 이하 소위 공덕(功德)이 큰 4왕에 대해서까지도, 여타의 자연신(自然神)보다 훨씬 넉넉한 예우를 갖추어 국가 사전에 정식으로 모셔 정기적으로 치제(致祭)하도록 제도화하였다. 그것은 자국 역사의 상한이 그만큼 유원(悠遠)하다는 것과 공간적으로도 광범(廣範)하다는 사실을 다 포괄하는 인식의 확대에서 일어난 일이었으며, 자연보다도 인위(人爲)가 주도한다고 생각하고 인간의 역사를 더 중시하게 된 세계관의 진전에서 성취된 일이었던 것으로 해석된다.[34] 그것이야말로 고려 귀족층의 경우보다도 자국의 역사와 동족(同族)에 대한 조선왕조 사류층(士類層)의 인식의 폭과 깊이가 역사적으로 한 걸음 진전했다는 사실을 보여주는 사례로 해석된다.

그런데 성리학적 명분론은 화(華)·이(夷) 관계의 명분 또한 강조하는 편

---

34 고려의 국가 사전(祀典)에는 대(大)·중(中)·소사(小祀) 이외에 '잡사(雜祀)'라고 하는 항목이 설정되어 있다. 잡사의 대상은 유별(類別)하기 어려울 만큼 복잡한 구성을 보이지만, 대개가 기복(祈福)을 위한 치성(致誠)의 행사로서 그중에서도 주로 천상(天上)의 여러 별을 대상으로 하는 초제(醮祭)가 가장 번잡하며, 국왕(國王) 혹은 태자(太子)의 친림(親臨)하에 가장 빈번히 거행되고 있었다. 그러나 조선왕조에서는 '성(誠)·경(敬)' 위주의 국가 사전(祀典)을 구성한다는 원칙에서 '잡사(雜祀)'의 항목을 아예 없애고, 여타 대·중·소사의 대상도 크게 정비하게 되었다.; 金泰永, 1995, 「국가제사」, 『한국사』 26(조선초기의 문화 1), 국사편찬위원회 참조.

이어서 이 시기에 와서는 중국에 대한 사대의 예를 극진히 다하는 한편, 오랜 국가 의례로 지켜오던 제천(祭天)의 행사는 천자국만이 행할 수 있는 참월한 것이라 하여 혁파해버리게 되었다. 그 논의 과정에서 우리나라는 역사적으로 중국의 천자가 분봉(分封)한 나라가 아니라 천(天)과 직접 연결된 단군을 거쳐 전승해온 독자적 국가라는 주장이 팽팽히 맞서 일어나기도 하였다. 연원이 오래된 자국 역사에 대한 독자적 주체성론과 성리학적 명분론 사이의 갈등이 노정되었던 것이다. 오랜 논의 끝에 세종임금은 다음과 같이 자국과 자기 왕권의 위상을 밝혔다.

> 제후(諸侯)가 사천(祀天)할 수 없음은 예(禮)에 있어서 진실로 그러하다. 어찌 지역이 사방(四方) 수천 리 된다고 해서 드디어 천자(天子)의 예(禮)를 참람(僭濫)되이 행할 수 있겠는가(『세종실록』 권4, 원년 6월 경진).

즉 성리학 명분론에 비추어, 조선왕국은 중국을 종주국으로 하는 중세적 세계질서 속의 한 제후국(諸侯國)으로 자기 위상을 스스로 정립했다. 성리학적 명분론은 모든 실재가 '분(分)'을 달리하는 계층적 존재인 것으로 인식했던 것이다. 그것은 가령 전대의 사료들을 수습하여 『고려사』를 편찬하는 과정에서도 그대로 드러났다. 즉 원나라의 간섭 이전에 고려왕국의 독자적·자주적 왕권을 상징하던 '짐(朕)'이니 '조(詔)'니 하는 용어의 사용이 조선 성리학 사관으로서는 참람한 짓이라는 인식을 하면서도, 고려 시기에 이미 실제로 사용한 당시의 용례는 그대로 기록해 남기는 이른바 직서주의(直書主義) 원칙을 지키기로 하였다. 또한, 그 역대 왕들의 연대기(年代記)를 '본기(本紀)'로 할 것인가 혹은 '세가'라고 할 것인가의 해석에서는, 조선왕조의 제후국으로서의 명분론적 세계관을 그대로 투영하여 '세가'라고 직서해놓기에 이르렀다.

세종 대에 왕정을 실현하기 위한 새로운 통치형태의 논의와 개선이 일어나게 된 사실 또한 흥미롭다. 신왕조 초기, 훈신(勳臣)들의 권력을 억누르고 왕위에 오른 태종은 소위 육조직계제를 채택함으로써 왕권 강화를 단행하였다.[35] 그런데 왕권의 일방적 강화보다는 역시 현능(賢能)한 대신, 즉 재상에게 국정을 위임하여 통치하도록 해야 한다는 것이 주자(朱子) 이래의 성리학 치체론(治體論)이었으며, 여말선초의 혁명기를 경과하면서도 그것은 누누이 강조되었다.[36] 세종임금은 그 부왕(父王)이 단행한 육조직계제를 돌이켜 드디어 국정을 "재상에게 전임(專任)"하는 통치체제를 채택하기에 이르렀다. 즉 당우(唐虞) 삼대의 제도인 "재상에게 전임(專任)한 본의에 합당"한 치체(治體)를 모색하여, "육조에서는 각각 맡은 직사를 먼저 의정부에 품의(稟議)하고, 의정부에서는 가부(可否)를 의논하여 (국왕에게) 아뢴 뒤에 분부를 받아서 도로 육조로 돌려보내서 시행하게 한다"고 하는 의정부서사제(議政府署事制)를 채택하였다.[37] 왕위는 세습되는 것이므로 반드시 현왕(賢王)이 출현하기를 기대할 수는 없지만, 재상은 선발되어 임명되는 자이므로 현상(賢相)의 출현은 상대적으로 더 기대할 수 있는 일이었던 것이다.

그런데 조선 성리학 경세론은 사회 관계에서의 명분론을 지나치게 강

---

35 『태종실록』 권27, 14년 4월 경신.

36 인주(人主)는 재상(으로 합당한 자를) 논하는 것을 직무로 삼으며 재상은 임금 바로잡는 일을 직무로 삼는다. 양자가 각기 그 직무를 제대로 지키는 연후에야 체통(體統)이 바르게 되며 조정(朝廷)이 존귀하게 되어 천하의 정사(政事)가 한곳에서 나오고 여러 곳에서 거론하는 폐단이 없게 된다(『주자대전』 권12, 己酉擬上封事). 주자의 이 같은 재상위임 통치론은 개혁파 사류의 공통된 기본 이론으로 수용되어, 거의 동일한 문자로 반복 강조되었다.;『고려사』 권118, 趙浚 열전;『삼봉집』 권5, 「經濟文鑑」 上 宰相;『세종실록』 권51, 13년 3월 기사 등 참조.

37 『세종실록』 권72, 18년 4월 무신.

조하였다. 실정에 맞지 않는 명분의 강요는 필연적으로 사회적 질곡(桎梏)을 길이 제도화하는 데까지 나아가게 되었다. 이른바 적(嫡)·서(庶)의 차대(差待)가 이 시기에 와서 처음으로 제도화한 사실도 명분론의 하나인 정통론과 관련된 것이었다. 그것은 지배층의 가족 관계 내부에서도 권세(權勢)에 대한 참여의 난립을 막고 소수의 독점적 지위를 보장하기 위한 차등(差等) 제도를 설정한 것인데, 그 비인륜적인 제도를 만들면서 거기에 성리학적 명분론을 끌어다 분식함으로써 정당화하기에 이르렀다.

더구나 한국 특유의 폐쇄적인 사회 신분제도를 운용하면서도 지배층은 성리학 명분론을 동원하여 그것을 분식했다. 특히 노비 세전(奴婢世傳)의 폐법(弊法)은 지배층의 안일을 도모하기 위해 이전부터 운용해왔다. "세속에서는 혼인할 때 노비가 많고 적음을 가지고서 그 가풍이 높고 낮은가를 판단하는 기준으로 삼는다"는 것이며, "사족가가 번성(繁盛)하는가 쇠잔(衰殘)하는가는 실로 노비의 많고 적음에서 말미암는다"는 것이 이 시기의 현실이었다.[38] 국가는 사족층의 노비 확보를 보장해주어야 한다는 것이었다.

> 우리나라의 풍속에 [세가(世家)는] 노비(奴婢)를 사역하여 토전(土田)을 갈아 먹고 살면서 집집마다 공후(公侯)의 낙(樂)을 누리고 있다(『태종실록』 권22, 11년 7월 신유;정승 河崙 상소).

> 우리나라의 노비법(奴婢法)은 비록 중국(中國)과는 통하지 않지만, 우리나라의 예의(禮義)로운 풍속과 염치(廉恥) 있는 풍기(風紀)가 실로 노비제도로 말미암아 유지된다. … 세가(世家)를 우대하고 보호하여 예의를 도타이

38 『세종실록』 권97, 24년 8월 갑인;『문종실록』 권7, 원년 5월 병진.

기르며 염치를 장려토록 함으로써 국가의 맥(脈)을 장구(長久)히 하고 노(奴)·주(主)의 분(分)을 엄하게 해야 할 것이다(『세종실록』 권86, 21년 5월 경술;지중추원사 權踶 상소).

실상 이 시기 왕권과 가까운 관계에 있는 세가일수록 노비 보유의 규모가 큰 편이었다. 가령 "고려왕조 500년간을 통하여 종친 거실들은 노비를 많이 가지고 있었는데 혹 1천여 명에 이르기도 하였다"고 하며, 조선왕조에서도 세종의 제8남 영응대군(永膺大君)은 무려 1만 구(萬口)에 달하는 노비를 보유하고 있었다. 또 중종반정을 통하여 공신이 된 자들은 "관노비(官奴婢)의 거의 절반"을 차지했으며, 이 시기 노비를 많이 소유한 자는 5·6천 명씩이나 된다고도 하였다.[39] 실제로 고문서(古文書)를 통하여 검증해낸 한 실증적 연구에 따르면 이 시기의 노비 소유자는 왕권과 어느 정도 밀착되어 있는가, 관직이 얼마나 높은가, 그리고 그 거주 배경이 중앙인가 하는 조건들이 그의 노비 보유의 규모를 가늠하는 "정확한 척도"였다고 한다.[40]

한국 사상 노비가 가장 큰 비율을 점하게 된 것은 16·7세기로 추산되는데, 그렇게 다수로 늘어나도록 조장한 것은 세조의 훈척정권에서 새삼 더욱 강화된 종천법이라는 폐법으로 말미암은 현상이었다.[41] 그런데 그 같은 악법을 두고서도 조선 성리학은 명분론으로 그것을 분식하여 정당화하고 있었다. 즉 주노지분(主奴之分)을 군신지분(君臣之分)과 같은 것이라

39 『태조실록』 권1, 원년 8월 기사;『성종실록』 권58, 22년 3월 기묘;『중종실록』 권4, 2년 12월 병신;같은 책 권32, 13년 2월 경인.

40 李榮薰, 1987, 「古文書를 통해 본 朝鮮前期 奴婢의 經濟的 性格」, 『韓國史學』 9, 한국정신문화연구원 참조.

41 『세조실록』 권46, 14년 6월 임인 참조.

고 해석하여 강인하게 유지해가고자 하였다.

> 대사헌(大司憲) 서거정(徐居正) 등이 상소하였다. "…우리 동방(東方)은 기자(箕子)가 수봉(受封)한 이래로 사족가(士族家)는 모두 노비(奴婢)를 소유하여 대대로 그 문서를 지켜오고 있으므로, 노(奴)는 그 주(主)에 대해서 군(君)·신(臣)의 분(分)이 있으니, 상(上)·하(下)와 존(尊)·비(卑)의 명분(名分)이 정연(整然)하여 문란할 수가 없는 것이다"(『성종실록』 권33, 4년 8월 계해).
>
> 기자(箕子)가 나라를 다스릴 때 백성으로서 도둑질한 자는 주가(主家)에서 노역(勞役)으로 갚아야 하며 그 자손에 이르도록 면제되지 못하게 하였다. 이것이 사노비(私奴婢) 제도가 시작된 유래이다. 그 후 사군(四郡)·이부(二府)·삼한(三韓)과 신라·백제를 경유하여 고려에 이르렀어도 변함이 없었다. 아조(我朝)가 개국한 후에는 법으로 정하여 사천(私賤)의 소생은 사대부(士大夫)의 자녀가 아닌 한 대속(代贖)할 수가 없도록 하였다. 이는 천민(賤民)에게는 양인(良人)으로 되는 길이 없도록 해둔 것이니, 어찌 그 의도가 없다고 할 것인가. 우리나라가 유지되고 귀(貴)·천(賤)이 문란해지지 않는 까닭은 다만 구구한 명분(名分) 때문이다. 만약 이것마저 허물어진다면 몇 대 지나지 않아 노(奴)·주(主)의 자손들이 서로 더불어 혼인(婚姻)하기에 이를 것이니, 그리된다면 조종(祖宗)께서 법을 세운 본의와 너무 멀어지는 것이 아닌가(『명종실록』 권12, 6년 9월 계축).

그래서 조선 시기의 세가들은 대체로 자기 주거지를 중심으로 노비노동력을 사역하여 광대한 농장(農莊)을 경영하였으며, 외방 농장에도 그곳에 거주하는 노비노동력을 동원하여 농장을 경영하며 장리를 통해서도 이식(利殖)행위를 벌이고 있었다. 물론 농장경영과 결부되지 않은 외거노비(外居奴婢)들로부터는 신공(身貢)을 수취하였다.

한편, 조선 초기에는 아직도 성리학적 왕정론이 객관적으로 확고하게 정착되지 못해 시행착오적인 정책이 돌출하는 경우도 많았다. 더구나 왕권의 파행적인 행사 또한 단속적으로 자행되고 있었다. 가령 세조왕은 명분 없는 왕권 창출 과정에서부터 많은 공신을 책훈하고, 그들을 일차적 옹호세력으로 결집하여 전제왕권을 더욱 패권(覇權)적으로 운용하였다. 그는 세종 대에 혁파해버린 제천의례(祭天儀禮)를 '환구제(圜丘祭)'라는 이름으로 갑자기 다시 설행하다가 슬그머니 그만두기도 하고, 옥새(玉璽)에 '체천지보(體天之寶)'를 새겨 사용하였다. 자신의 왕권이 천명과 직결된 것임을 현시하기 위한 처사였던 것이다. 또한 그는 심복하는 양성지(梁誠之)·임원준(任元濬) 등 근신에게 명하여 '제학문(諸學門)'을 나름대로 새로이 분류하되, ① 천문문(天文門) ② 풍수문(風水門) ③ 율려문(律呂門) ④ 의학문(醫學門) ⑤ 음양문(陰陽門) ⑥ 사학문(史學門) ⑦ 시학문(詩學門)의 '칠학(七學)'으로 나누어 정립도록 하고, 부문별로 6인씩의 연소한 유신들을 배속시켜 학습하도록 명령하는 거조를 벌이기도 하였다. 또한 유학 경전(經傳)에 대한 주석집(註釋集)의 편찬을 정력적으로 추구했다. 마치 독자적인 학문체계를 창출하려는 듯한 의도를 현시하고 있었지만, 모두가 비현실적인 정책이어서 곧이어 중단되고 말았다.[42]

그러한 과정을 통하여 그는 정치적으로는 소위 훈척정권의 길을 확고히 다져 열어두었고, 사상적으로는 그 같은 패권주의에 반발하는 사류세력을 극단적으로 탄압하였다. 세조 대에 자행된 훈척 위주의 패권적 전제정치는 이후 거듭되는 사화의 길을 예비해갔다. 신진의 사림 세력은

42 金泰永, 1995, 「조선초기 世祖왕권의 專制性에 대하여」, 『한국사연구』 87 ; 金泰永, 1997, 「조선초기 世祖王의 학술정책」, 『東洋學』 25 참조.

그 같은 체제에 반발하면서 성장할 수밖에 없었다. 그들은 성리학에 관한 독자적·객관적인 학술 탐구의 길보다는 피신을 위해서라도 더욱 주자학 위주의 경세론으로 기울어지는 길을 걸어갔다. 훈척정권의 횡포 앞에서 이후의 사림세력은 주자를 방패막이로 삼고서, 더욱 주자에 의지하면서 그들의 경세론을 펼쳤던 것이다.

4. 초기 사림파의 진출과 독자성의 구현

조선 초기 성균관을 통해서 성리학을 학습하고 성장한 유신들이 세종 대에는 집현전을 중심으로 왕정의 실현에 협찬하였는데, 세조 대에는 경연도 집현전도 혁파되고 말았다. 그러나 성종 대에 가서는 점차 경연이 제 기능을 회복하며, 집현전을 대신하는 홍문관이 새로 설치되어 '공론을 주도하는' 기관으로 자리 잡았다. 그리고 삼사(三司)의 언론에 관한 한 "언근(言根)을 따지지 않는다"는 관행이 세워짐에 따라[43] 언론이 활발해졌다. 이 또한 성리학적 왕정론의 일환으로 성취된 것이요, 조선왕국의 정치적 특색으로 이해되는 현상이었다. 이로써 사림파의 정치적 진출이 더욱 활발해질 수 있었다.

15세기 후기에는 초기 사림파가 점차 중앙 관계로 진출하기 시작하였다. 그들은 향촌의 중소 지주지를 경제적 바탕으로 하고 자신의 학행(學行)을 닦아 성리학적 가치 질서를 실천궁행(實踐躬行)으로 체현하면서 성장한 새로운 관인층이었다. 그들은 대개 삼사의 언관직(言官職)을 맡아 의리

43 『성종실록』 권82, 8년 7월 기축.

와 정통(正統)을 숭상하고 도덕정치를 구현하려는 한편, 훈척 계열의 독주와 비리를 비판하게 되었다. 훈척 계열이 대신·재상직을 독점하고 있는 상황에서 그들은 대체로 하위의 낭관직(郎官職)을 맡아 그 자천권(自薦權)을 확보하는 등 입지를 굳혀갔다. 삼사 낭관직의 언로 확대와 상소제도의 확충은 구습에 물들지 않은 사림의 청론(淸論)을 현실 정치에 반영코자 하는 명분 있는 관행으로서, 사림파의 정치적 성장과 더불어 정착된 현상이었다. 여기서는 특히 초기 사림파의 종장으로 이해되는 점필재(佔畢齋) 김종직(金宗直, 1431~1492; 세종 13~성종 23)을 중심으로 그 같은 실천이 어떠한 사유의 바탕 위에서 전개되고 있었는가를 검토하기로 한다.

15세기의 초기 사림파는 성리학적 규범에 의한 일상생활의 실천을 개인 차원에서뿐 아니라 사회적 실천으로까지 추진하고 있었다는 점에서 주목된다. 우선 김종직이 성주향교(星州鄕校) 문묘(文廟)의 신주(神主)를 개신(改新)하였다는 사실부터가 그러하였다. 당시 이 문묘의 신주는 토우(土偶)였으며, 그것도 "혹은 관(冠)이 꺼꾸러지고 홀(笏)이 떨어졌으며, 혹은 눈동자가 허물어지고 손가락이 없어진" 채 오래도록 받들어온 토소상(土塑像)이었다. 그래서 "마치 고사(古寺)에 들어가 천년 묵은 허수아비를 보는 것 같은지라 놀라서 차마 바로 쳐다볼 수가 없었다. 대성(大聖) 대현(大賢)이 만약 영(靈)이 있다면 어찌 여기에 의탁하여 제향(祭享)을 받으려 할 것인가. 이에 소상(塑像)을 처음 만든 자의 무계(無稽)함을 나무라고 이 부(賦)를 지어 여러 유생(儒生)에게 주어 목주(木主)로 개작(改作)하여 모시도록 하였다."[44]

이 당시 각지 문묘의 신주는 토소상이 더러 있었는데 그것은 오랜 불

---

44 『佔畢齋文集』 권1, 謁夫子廟賦.

교적인 의례와의 밀접한 연관에서 이루어진 전통이었던 듯하다. 그것이 초기 사림파의 눈에는 간과할 수 없는 잘못된 전통으로 인식되기에 이르렀다. 그래서 사림파는 사회적 차원에서 많이들 목주(木主)로 개신하였다.[45]

이와 함께 초기 사림파가 아직도 재향적(在鄉的) 애착심을 강하게 지니고 있었다는 사실도 주목할 만하다. 김종직은 자기의 출신지인 밀양(密陽)의 향교 후진(後進)들에게 다음과 같이 선속(善俗)의 흥기를 당부하였다.

> 향리(鄕里)의 풍속이 효박(淆薄)해지고 조정(朝廷)의 정화(政化)가 막히어 펼쳐지지 못하는 까닭은 그 병원(病源)이 오로지 학교(學校)의 강학(講學)이 밝지 못함에 있다. 강학이 진실로 밝아진다면 효제충신(孝悌忠信)의 가르침을 사람마다 복습(服習)하게 되리니, 학교로부터 말미암아 동네 길거리에 이르기까지 무르익고 뻗어나 그만두려야 그만둘 수 없을 것이요, 오륜(五倫)이 각기 그 차례를 얻고 사민(四民)이 각기 그 소업(所業)에 안착하여 집집마다 가히 표창할 만한 풍속이 역시 이로 말미암아 길들여질 것이다. … 대개 지리(地理)에는 예와 지금이 없으나 인심(人心)은 예와 지금이 있으니, 박(薄)한 것으로부터 후(厚)한 곳으로 돌아감에 어찌 그 기틀이 없을 것인가. 그런즉 그 책임이 향교(鄕校)에 있지 아니한가. … 이제 여러분이 진실로 [본주(本州)의] 전일의 잘못[46]을 깨우쳐 유속(流俗)에서 힘써 벗어나 조행(操行)을 닦고 성리학(性理學)을 강구하여 각자의 제배(儕輩) 향당(鄕黨)을 타일러 이끈다면 곧 금일(今日)의 하번(何蕃)과 같은 충의지사(忠義之士)

45 金泰永, 1980, 「초기 사림파의 성격에 대하여」, 『경희사학』 6·7·8 합집 참조.

46 고려 중기 본주인(本州人)이 진도(珍島)의 삼별초(三別抄)에 내응하고 가담한 일.

가 될 것이다. … 수령(守令)이나 교수관(教授官)은 그 정교(政教)가 비록 훌륭하다 하더라도 육기(六期)나 삼기(三期)의 임기에 한하여 시행할 따름이요, 또한 전임자의 훌륭한 정교를 후임자가 잘 계승하는 경우도 드문 일이다. 그런데 나는 이 고을의 한 기로(耆老)요 사문(斯文)의 한 선진(先進)으로서 여러분과 더불어 매년 봄가을로 향사(鄕射)·향음(鄕飮)·양로(養老)의 의례(儀禮)에서 주선하고 종사할 터이니, 그런즉 관 뚜껑을 덮기 전까지는 내가 모두 책선(責善)하는 날인 것이다(『점필재문집』 권1, 與密陽鄕校諸子書).

인심과 풍속은 천선(遷善)이 가능하다는 것, 그렇게 하는 기틀이 향교에서 비롯되어야 한다는 것, 그렇게 하는 방법도 성리학적인 규범에 좇아 가까운 동료(同僚)와 향리에서부터 착수해야 한다는 것을 강조하였다. 수령이나 교수관의 경우와 같이 법제(法制)에 얽매여 형식으로 끝나게 마련인 국가정책적 차원의 교화보다도, 재지적 '기로(耆老)'이자 사문(斯文)의 '선배'로서의 사회적 차원에 따른 자신의 향리에 대한 교화를 "관(棺) 뚜껑을 덮기 전까지"의 필생의 책무로 자임하였다는 내용이다. 곧 성리학 가치규범의 사회적 실천은 자기 향리에서부터, 또한 향교의 강학을 통해서 솔선하여 시작해야 한다는 이념을 읽을 수 있다.

성리학적 생활규범의 사회적 실천에 관한 초기 사림파의 큰 특징 중 하나로 『소학(小學)』의 장려와 그 적극적인 여행(勵行)을 들 수 있다. 『소학』은 워낙 주자가 역대의 성경(聖經) 현전(賢傳)에서 추출하여 편찬한 것으로 입교(立教) 명륜(明倫) 경신(敬信) 계고(稽古)의 사대부 생활 전반에 걸친 성리학적 실천세목(實踐細目)을 체계화한 입문서였다. 그러므로 조선왕조로 들어서면서 국가 교화를 위한 필수의 기본 교과서로서 이 책이 누누이 간행되고 권장되었다. 그러나 『소학』 교육은 기실 15세기 말까지는 경외(京外)를 막론하고 아직도 정책적인 권장의 차원을 넘지 못하고 있었다.[47] 그러한 『소학』의 공부와 그 실천덕목의 함양이 초기 사림파에서 차원 높은 단계로 전수되었다는 사실은 매우 주목할 만한 사실이다. 한훤당 김굉필(金宏弼)이 수업을 청하자 점필재가 『소학』을 내려주며 당부하였다는 사실은 주지하는 그대로다.

> 한훤당(寒暄堂)이 수업(受業)을 청하자 『소학(小學)』 서(書)를 내려주면서, "진실로 학문에 뜻을 둔다면 모름지기 이 책으로부터 시작해야 한다." … 한훤당이 정성스레 복응(服膺)하여 손에서 책을 놓지 않았는데, 시(詩)를 지어 바치되, "학문을 하여도 아직 천기(天機)를 알지 못하였더니, 『소학』 책 가운데에서 어제까지가 잘못이었음을 깨닫게 되었네. 이로 좇아가 노라면 스스로 명교(名敎)의 즐거움이 있으리니, 어찌 구구히 세속의 영화(榮華)를 부러워하리오"라 하였다. 선생이 비답하기를, "이 말이 곧 성인(聖人)이 될 근기(根基)이다. 허노재(許魯齋) 이후 어찌 그 같은 사람이 없을 것인가"라고 하였다(『점필재문집』, 年譜 成化 14년 甲午 〈성종 5년〉 先生 44세조).

47 본조(本朝)에 이르러 사부학당(四部學堂)의 권과지법(勸課之法)에 8세 이상은 모두 학당(學堂)에 나아가 『소학(小學)』으로써 가르치고, 15세 이상 되어 『소학』의 공적이 성취하기에 이르면 경서(經書) 중에서 3곳을 고강(考講)하여 능통한 자를 기록하여 성균관에 올린다는 것이 『속육전(續六典)』에 실려 있는데, 지금 4부학당의 생도들이 이를 돌보지 아니하고 『소학』을 동치지학(童稚之學)으로 여겨 일찍이 공부하는 일이 없다가 매양 성균관에 승보(升補)하는 때를 당하면 임시로 섭렵하는 정도이니, 진학(進學)의 기초에 융회관통(融會貫通)하는 자가 적다(『세종실록』, 세종 18년 윤 6월 庚寅). 치국(治國)의 도(道)는 교화(敎化)보다 앞서는 것이 없고 교화의 실현은 반드시 학교에서 비롯해야 하는 법이다. 경(卿)들(각도의 감사-필자)은 나(성종-필자)의 뜻을 받들어 전철을 밟지 말고 제읍(諸邑)의 유생(儒生)들로 하여금 장유(長幼)를 막론하고 모두 『소학』을 익히도록 하되 소자(少者)는 그 글을 외우고 장자(長者)는 그 뜻에 능통하여 융회관통하게 된 연후에 4서를 읽게 하도록 항식(恒式)을 삼을 것이다(『성종실록』 권69, 7년 7월 갑자).

사림파의 도(道)의 독자적 전승에 대한 자신감을 읽을 수 있는 가운데, 허노재와 같이 독자적인 '수기·치인'의 공부를 통해 새로운 왕좌지재(王佐之才)의 성장이 기대되었다는 사실을 짐작게 한다. 이에 한훤당이 『소학』 공부를 통해서 비로소 차원 높은 '수기(修己)'의 요체를 각득(覺得)하기에 이르렀으며, 평생을 '소학동자(小學童子)'로 자처하였다는 사실도 다 아는 그대로다.

성리학은 여타 중세적 사유 일반과 마찬가지로 보편주의적 성격을 띤 것이었다. 보편주의는 세계주의(世界主義)로 통한다. 사림파가 화이론적 세계관에 한층 더 깊숙이 젖어 들게 되었다는 사실도, 이론상으로는 여기서 말미암았다.

한편, 조선 성리학은 개별 사상(事象)이 본래부터 지닌 리(理)의 고유성(固有性)을 강조하였다. 그것은 논리상으로 그 개별 사상의 독자성 긍정으로 통했다. 그 보편주의적 성격이란 자아의 몰각(沒覺) 위에서만 전개된 것이 아니었다. 그것은 개별 사상 일반의 주체적인 발전의 토대 위에서 구축된 새로운 사유체계였던 것으로 풀이된다. 조선왕조 초기에 와서 성리학적 지배이념의 수용에 따라, 그 전대까지는 몰각하였던, 자기의 실지(實地)·실정(實情)의 개발에 적극적으로 착수하게 되었다는 사실을 의미한다.

가령 김종직의 경우 치군(治郡)에 임해서는 당해 지방의 실정에 고유한 일을 개발하고 있었다는 사실이 주목된다. "구례(舊例)에 공진(供進)하는 물산(物產)은 토의(土宜)를 가리지 아니하고 수령이 백성에게 억지로 조판(調辦)케 하니 그 폐단이 이미 오래"[48]되었다. 그런데 함양군수 때의 그는

48 『점필재문집』 권2, 朝鮮故胡安公神道碑銘.

토산(土産)을 찾아내어 가꾸어가고 있었다.

> 상공(上供)의 차(茶)가 본군(本郡)에서 생산되지 않는데도 해마다 이를 백성에게 부과하니, 백성들이 값을 가지고 전라도에 가서 사다 바치는데, 대개 미(米) 1두에 차(茶) 1홉(合)이었다. 내가 처음에 본군에 부임하여 그 폐단을 알고는 백성들에게 책판(責辦)치 아니하고 관(官)에서 스스로 구하여 상납(上納)하였다. 일찍이 삼국사(三國史)를 열람하매, 신라시(新羅時)에 당(唐)으로부터 차종(茶種)을 얻어 명(命)하여 지리산에 심게 하였음을 알았다. 아아, 본군이 이 산 아래에 있으니 어찌 신라 때의 남은 차종이 없을 것인가. 매양 부로(父老)들을 만날 적마다 물어보았더니, 과연 암천사(岩川寺) 북쪽 대숲 사이에서 몇 그루를 얻게 되었다. 내가 특히 기뻐하면서 그 자리에다 다원(茶園)을 이룩하도록 하였는데, 그 부근이 모두 민전(民田)인지라 이를 사들이고 관전(官田)으로써 대상(代償)토록 하였다. 겨우 두어 해가 지나자 자못 번성하여 다원 안에 널리 퍼졌으니, 4·5년이 지나면 가히 상공의 액수에 충당할 수가 있을 것이다(『점필재시집』 권10, 茶園二首幷序).

이 현상을 두고 단지 그가 이치(吏治)에 밝은 사람이어서 그렇게 할 수 있었다는 정도로 이해하고 지나가야 할 것인가. 그는 한낱 작은 고을살이에서도 그 지역의 역사적·토착적 독자성과 특수성에 착목하여 이를 개발했다. 그는 자기 주변 일상의 이청목도(耳聽目睹)하는 범연한 현상에서도 그러한 자세를 흘리지 아니하였다. 그의 관심은 매우 실지·실정에 접근해 있었다.

김종직이 외직(外職)으로 나아가서는 매양 그 지역의 지도(地圖)를 작성하고 있었다는 사실도 위와 관련지어 중요한 의미를 갖는다. 그는 젊어서 경상도 병마평사(兵馬評事)로 있으면서 이미 당해 지역의 지도를 작성하였다. 또 그가 본관지(本貫地)인 선산(善山)의 부사(府使)로 있을 때는 그곳의 지도를 만들었다.

> 장수(將帥)가 된 자는 불가불 지도를 알아야 한다. 평시에야 괜찮지만 위급한 때를 당하면 산천의 험이(險易)와 도리(道里)의 원근(遠近)이 진실로 눈에 익고 마음에 익숙해져 있지 않다면 비록 방략(方略)이 있다 하더라도 시행할 수가 없다. 경상도는 양면이 바다에 접하고 본영(本營)이 남쪽 끄트머리에 있어 실로 도이(島夷)와 마주 바라보고 있으니, 갑자기 날래고 독한 도적들이 출몰하여 노략질하는 때를 당한다면 혹 쫓아가 잡거나 혹 구원(救援)을 하게 되는 경우, 격문을 보내고 군사를 징발함에 있어서 지리에 막히고서도 사의(事宜)에 맞추어 처리할 수가 있겠는가. 내가 이런 경우를 염려하여 원수부(元帥府)에 의논하고 화공(畵工)으로 하여금 1도(道)의 큰 지도를 그리게 하여 청사(廳事)에 붙여놓았다. 그런 후에야 명산(名山)·대천(大川)과 읍락(邑落)·우역(郵驛)과 연대(烟臺)·척후(斥堠)와 금대(禁帶)·요충지(要衝地)가 눈앞에 환하게 되었다(『점필재문집』 권2, 慶尙道地圖誌).
>
> 천하(天下)에는 천하의 지도가 있고 일국(一國)에는 일국의 지도가 있으며 일읍(一邑)에는 일읍의 지도가 있다. … 밤낮으로 생각하매 고향 부로(父老)들의 기대에 보답하는 길은 오직 부역(賦役)을 균평히 하고 부적(簿籍)을 밝혀 처리함에 있을 것이라, 이에 부역은 균평히 하고자 하며 부적은 이미 대략 밝혀놓았다. 그러고는 화공(畵工)에게 명하여 그 산천(山川)·읍락(邑落)과 창해(倉廨)·원역(院驛)을 한 폭에다 그리고 호구(戶口)·간전(墾田)·도리(道里)의 수(數)를 촌락(村落)마다 적어놓도록 하였다. 이루어지매 공당(公堂)의 벽(壁)에 걸어두니 온 고을의 봉역(封域)이 환히 모두 안중(眼中)에 있게

되었다. 매양 과렴(科斂)·조발(調發)의 때를 당하면 먼저 부적을 상고한 다음 이 지도를 살펴보아 더불어 균평을 조절하면 아마도 이 백성이 조금이나마 혜택을 입게 될 것이요, 호민(豪民)·활리(猾吏)가 그 사이에서 농간을 부리지 못할 것이다(같은 곳, 善山地圖誌).

기실 이와 같은 각 읍(各邑)·각 도(各道)의 자세한 지도는 당시까지는 작성되어있지 않은 실정이었다. 뒷날 그가 『여지승람(輿地勝覽)』의 발문(跋文)을 쓰면서, "우리 동방인즉 삼국(三國) 이래로 조정에서도 아직 간적(簡籍)이 없으니 하물며 군읍(郡邑)에 있어서랴"라고 한 기록이 그것을 말한다.[49] 이제 그가 외직으로 나가 군략(軍略)을 위하여 혹은 치민(治民)을 위해서 그곳의 지도를 초창(草創)하였다는 사실은 무엇을 뜻하는가. 각기의 실지, 실정에 맞는 지도의 작성은 곧 그 실재의 특이성, 나아가 그 고유의 독자성에 대한 새로운 인식에서 연유한 것은 아니었을까. 그가 말한바 "일읍(一邑)에는 일읍의 지도가 있다"는 말은 고을마다 지도가 '있어야 한다'는 뜻으로 이해해야 할 것이다. 결코 '천하(天下)'에 매몰될 수만은 없는 '일읍(一邑)' 고유의 독자성이 긍정되고 있었음을 살필 수 있다.

이는 지역마다 역사적·토착적 특수성과 독자성에 대한 새로운 인식, 객관적인 현실에 더욱 정통함에 따라 그러한 실재의 독자성을 새로이 긍정하는 데서 출발한 것으로 이해된다. 김종직은 다음과 같이 말하였다.

서방(西方)의 성인(聖人)으로는 모니(牟尼)보다 높은 이가 없고 동방(東方)의 산(山)으로는 두류(頭流)보다 높은 것이 없다. 불법(佛法)을 배우는 자가 모

49 『점필재문집』 권2, 輿地勝覽跋.

> 니(牟尼)를 표준으로 삼는다면 용수(龍樹)·마명(馬鳴)·달마(達摩)·임제(臨濟)의 풍(風)은 그 아래이다. 우리 동방의 산을 보는 것도 어찌 이와 다르리오. 금강(金剛)은 동(東)에서 웅장하고 묘향(妙香)은 북(北)에서 빼어나며 구월(九月)은 서(西)에서 높지만 남(南)으로 미쳐 두류(頭流)에 오르면 세 산의 웅장함은 눈 아래에 깔려있어 흙무더기와 같은 것이다. 어찌 이뿐이리오. 중국의 항산(恒山)·대산(岱山)·형산(衡山)·화산(華山) 또한 퇴축(退縮)하기에 겨를이 없을 것이다(『점필재문집』 권1, 釋戒澄遊智異山序).

이 글에서 자연에 대한 긍정의 인식, 자기 자신에 대한 독자성의 주장을 읽을 수 있다.

김종직에게 독자성의 의식(意識)이란 비록 그것이 전 세계적으로 보편화해 있지는 않다고 하더라도, 결코 세계주의적인 의식 속에 매몰될 수는 없었다. 그것은 자기 나름의 실재에 대한 새로운 인식에 기초한 것이었다. 그는 성주향교의 문묘를 배알하고서 다음과 같이 말하였다.

> 옛날 공자(孔子)가 천하(天下)를 주류(周流)할 때에, 구이(九夷)를 비루하다고 여기지 않았다. 우리 동해(東海)의 문명(文明)한 나라는 일찍이 인현(仁賢)의 다스린 바이니, 진실로 존숭(尊崇)하기를 도(道)와 같이한다면, 응당 공자가 와서 흠향(歆饗)하리라(『점필재문집』 권1, 謁夫子廟賦).

한낱 지방 향교의 작은 문묘에도 성인 공자가 와서 '흠향'할 수 있는 까닭은 보편적 교학(教學)이요 '문명'인 성리학적 '도(道)'를 매개로 하였기 때문이다. 여기서 성리학적인 가치 규범의 실천 여하에 따라 화(華)·이(夷)의 차등에 구애되지 않는 자신의 독자적인 실재가 긍정되고 있었음을 살필 수 있다. 김종직은 다시 이른바 조의제문(弔義帝文)에서 말하였다.

> 회왕(懷王)은 남초(南楚)의 사람이요, 나는 동이(東夷)의 사람이다. 땅의 상거(相去)가 만여 리(里)일 뿐 아니라 세(世)의 선후(先後)가 천여 년인데, 와서 꿈속에 감응하니 이 무슨 까닭인가. … 드디어 글을 지어 조문(弔問)하기를, "하늘이 사물의 법칙을 내어 사람에게 내려줌이여, 어느 누가 그 존귀(尊貴)함을 알지 못하리오. 사대(四大)와 오상(五常)이 화(華)에는 풍성하고 이(夷)에는 인색하게 베풀어지지 않았음이여, 어찌 옛날에는 있고 지금은 없을 것인가. 그러므로 우리 동이인(東夷人)이 또한 천년 후에 제사 드림이여, 삼가 초(楚)나라 회왕(懷王)을 조문(弔問)하노라"(『점필재문집』, 附錄 戊午事蹟).

인간다움의 본질인 '사대·오상(五常)'이란 것이 화(華)나 이(夷)라고 하여 결코 차등을 두고 부여되지 않았다는 인식은 무엇을 뜻하는가. 여기서 중세적 화이관으로써 매몰시킬 수만은 없는, '동이(東夷)'로서 자신의 독자성을 긍정하는 사림의 새로운 의식을 읽을 수 있다. 그러한 의식의 바탕에는 자기 본유의 실재와 고유한 실리에 대한 새로운 역사적 의식이 자리 잡고 있었던 것으로 해석된다.

김종직을 필두로 중앙에 진출한 초기 사림파는 역시 성리학적 가치관에 근거하여, 그동안 쌓여온 폐정(弊政)의 개혁에도 눈을 돌렸다. 가령 김종직이 "성삼문은 충신(忠臣)입니다"라고 강조하자, 임금의 안색이 창백해졌다는 일화[50]에서 간취되듯이, 사림파는 전대의 정치적 비리에 대해서도 점차 개혁론을 제시하고 나섰다. 김종직의 문인 김일손(金馹孫)은 연

---

50 『栗谷全書』 권29, 經筵日記 선조 9년 6월조.

산군 원년에 충청도 도사(都事)로 있으면서 26개 조의 상소문을 올린 바 있었다. 그 가운데에는 세종 대에 채택되었다가 세조의 즉위와 함께 혁파된 의정부(議政府) 중심의 통치론을 회복할 것, 공물(貢物)의 수를 줄이고 공안(貢案)을 갱신하며 수납제도를 개선할 것, 양부(良夫)와 결혼한 비녀(婢女)의 소생은 모두 종량(從良)토록 함으로써 노비를 줄이고 국역을 부담하는 양인(良人)의 수를 늘려야 한다는 것, 그리고 문종의 왕비인 현덕왕후의 소릉(昭陵)이 세조 대에 폐치되었는데 이를 회복할 것 등이 포함되어 있었다. 또한 왕정의 실현을 강설하는 경연에서도 경연관(經筵官)이 "엎드려서 능히 우러러보지 못하므로, 기운이 귀에 막히고 말이 입에 맴돌아 자못 조용하지 못하고, 기로(耆老) 대신은 더욱이 감당해내지 못하니, 전하께서는 명하여 (경연관들로 하여금) 조용히 앉아서 강(講)하도록" 함이 옳다는 요청이 들어있었다.[51]

모두가 조선 특유의 정치적 비리와 인습을 지양하고 좀 더 보편적인 가치관에 따른 문명의 실현을 역설한 내용이었다. 그러나 연산군 대에는 무오(戊午)·갑자(甲子)의 양대 사화가 일어나 사림파가 참혹한 화를 당하고, 이후 한동안 성리학을 드러내어 말하는 일조차 금기시되었다.

5. 16세기 사림의 도통의식과 자아의식

15·6세기의 거듭하는 사화를 경험하고서, 특히 16세기 조선 성리학은 심학화(心學化)의 경향을 크게 띠었다.[52] 이기론(理氣論)의 변석(辨析)보다

51 『연산군일기』 권5, 원년 5월 경술.

도 먼저 임금의 일심(一心)을 함양시켜 고쳐놓지 않고서는 왕정도 치세도 결코 실현할 수 없다는 인식이 보편화하였던 것이다. 중종반정 후 상대적인 안정기로 접어들자 성리학적 왕정의 실현에 관한 논의를 경연에서 시작하면서도, '심학(心學)'을 먼저 강조하였다.

> 설경(說經) 기준(奇遵)이 이르기를, "…『근사록』은 곧 학문의 길잡이로서 지극히 요약하게 되어 있으니, 여기에 공력을 들여 존양(存養)하고 성찰(省察)하여 먼저 마음 다스리는 요법을 알게 되신다면, 자연히 날로 고명해져 온갖 정사와 온갖 일이 환하게 막힘이 없게 될 것이니, 마땅히 깊이 탐구하고 완미하며 풀어보셔야 할 것입니다. 옛적 삼대(三代) 이후의 임금들이 누구인들 잘 다스리고 싶지 않았겠습니까마는, 그러나 능히 잘 다스리지 못한 것은 도학(道學)이 밝지 못해서 마음을 말단의 일에만 썼기 때문이니, 제왕(帝王)은 마땅히 심학(心學)에 힘을 다하여 조금도 간단(間斷)함이 없어야 하는 것입니다" 하였다. 상(上)이 이르기를, "마땅히 성리학(性理學)에 힘을 써야 하는 것이다. … 근래에 성리학을 하는 사람이 없는데, 나의 생각에는 성리학을 숭상하고 싶다" 하였다(『중종실록』 권26, 11년 10월 병진).

여기서 도학, 즉 성리학은 '마음 다스리는' 심학을 중심 위상에 놓고서 논의되고 있었음을 보게 된다. 거듭되는 사화의 참상을 겪으면서 그 근원이 결국은 왕권의 자의성(恣意性)에서 기인한다는 자각을 갖기에 이르렀으며, 그래서 제왕의 학문은 무엇보다 '치심(治心)'이 그 요체가 된다는

52 "기묘사화기(己卯士禍期)를 겪으면서 진행되던 심학적(心學的) 전이(轉移)"를 고찰한 연구로는 尹南漢, 1982, 『조선시대의 陽明學 연구』, 序說 Ⅲ 참조.

사실을 강조하게 되었던 것으로 이해된다. 그리고 국왕의 "성리학을 숭상하고 싶다"는 의도에 따라 점차 이른바 기묘사림이 진출하여 다시 지치주의(至治主義)라는 왕정 실현 운동을 벌여나가게 되었다.

기묘사림을 대표하는 조광조(趙光祖, 1482~1519;성종 13~중종 14)의 경우, "옛 훌륭한 임금은 이 세상 천만(千萬) 가지 변화가 모두 임금의 일심에 근본을 두지 않음이 없음을 알았으므로 모두가 그 일심을 바로잡고서 그 도(道)를 내었다"고 보았으며, "도는 없는 곳이 없으니 그 큰 것으로는 예악(禮樂)·형정(刑政)으로부터 작기로는 제도(制度)·문위(文爲)에 이르기까지" 관통해 있으며 "천지 간에 꽉 차 있고 고금(古今)을 관철하여 실(實)한 것이지만 일찍이 조금도 나의 일심을 떠나있지 않으니, 이를 따른즉 나라가 다스려지고 이를 잃은즉 나라가 어지러워진다"[53]고 하는 확고한 견지에서 있었다. 그들의 지치주의 운동은 이전보다도 더욱 치심을 중시하는 견지에서 출발했으며, '예악·형정'과 '제도·문위'를 일관하는 도의 실현을 위해, 조종(祖宗)의 법제에 굳이 얽매이지 않고 종래의 비리와 인습을 '경장(更張)'해야 한다는 견지를 확립하였다.[54] 그들은 우선 조선 성리학의 도통이 정몽주-길재-김종직-김굉필로 전승됨을 확인하고, 그 가운

53　『靜庵集』 권2, 謁聖試策.

54　시강관 조광조(趙光祖)가 아뢰기를, "…삼대(三代) 이후로는 탕(湯)과 같은 임금을 얻을 수 없거니와, 탕과 같은 성인(聖人)이 못 되면 그 규모(規模)와 설시(設施)가 어찌 그 요령을 죄다 얻을 수 있겠습니까. 뒤를 이은 자손 중에 유위(有爲)한 임금이 있으면 조종(祖宗)이 아직 정하지 못한 제도에 얽매여서 행하지 못해서는 안 됩니다. … 밝은 임금과 어진 신하가 서로 만나서 통치기구를 이미 경장(更張)한다면 한갓 조종(祖宗)의 법에 얽매여서는 안 될 것입니다" 하자, 영사(領事) 정광필(鄭光弼)이 아뢰기를, "경장(更張)하는 일이야 성왕(成王)·강왕(康王)이나 주공(周公)·소공(召公)이 아니라면 어찌 쉽게 할 수 있겠습니까" 하였다. 조광조가 아뢰기를, "금세의 대신(大臣)들이 주공·소공의 마음과 같은 마음을 갖는다면, 자질(資質)에는 차이가 있더라도 어찌 주공·소공의 일을 하지 못하겠습니까. 아랫사람이 (스스로를) 책망(責望)하면서도 주공·소공에 미치지 못한다는 마음을 가져서는 안 되고, 윗사람이 (아랫사람을) 기망(期望)하면서도 주공·소공 같은 사람이 없다는 마음을 가져서는 안 됩니다" 하였다(『중종실록』 권29, 12년 8월 신해).

데 드러난 선현의 문묘종사(文廟從祀) 운동을 벌였다. 성삼문 등의 사육신과 성종 내의 절사(節士) 주계부정 이심원(李深源) 등에 대한 포증(褒贈)도 주장하였다.[55] 그리고 그동안 훈척정권의 전횡으로 인하여 전지와 노비의 과도한 점탈이 진행되는 폐단을 근절하고 민생의 안정을 도모하기 위해 정전론(井田論)·한전론과 노비의 소유 구수(口數)에도 제한을 두자는 논의를 계속하였다.[56]

그러한 주장은 모두 구래의 인습과 비리로 쌓여온 폐정에 대한 근본적 반성에서 우러난 '경장'론으로 제시되었다. 이는 사림이 정계에 진출하여 체계적으로 경장론을 추진하게 되었다는 사실에서 매우 주목되는 논의였다. 그것은 모두 폐습을 경장하여 왕정이라는 문명을 실현하는 큰길이며 결국 옛 성왕의 도(道)의 회복을 지향하는 정치사업이었던 것이다.

그런데 성왕의 도는 매우 추상적이어서 논의 자체를 계속할 수는 있었다. 그러나 전지와 노비의 제한론(制限論)은 지배층의 사회정치적 형세(形勢)를 목전에서 삭감하자는 안건이므로 조종의 법제를 경장해가면서까지 그것을 구체적으로 실현하기란 결코 쉬운 일이 아니었다. 그래서 전자는 사화 이후로도 간혹 논의가 계속되어 드디어 사림정치기(士林政治期)에 가서는 실현을 보기에 이르렀다. 즉 동방 이학의 조(祖)로서의 위상을 지닌 정몽주를 필두로 하여 소위 조선 전기 사림 5현(賢)인 김굉필(金宏弼)·정여창(鄭汝昌)·조광조·이언적(李彥迪)·이황(李滉)에 대한 문묘종사의 의

55 『중종실록』 권29, 12년 8월 신해;또 같은 책 권32, 13년 4월 정유 참조. 길재(吉再)-김숙자(金叔滋)-김종직(金宗直)으로 이어진다는 학통은 선조 초기의 사림(士林)에 가서야 확인된다;『선조실록』 권3, 2년 윤6월 기유 참조.

56 『중종실록』 권28, 12년 7월 계묘;동 권32, 13년 2월 경인;동 권33, 13년 5월 을축 기타. 기묘사림의 정전(井田)·한전론(限田論)과 노비(奴婢) 소유 제한론에 관해서는 金泰永, 1989, 「朝鮮前期의 均田·限田論」, 『國史館論叢』 5 참조.

례가 광해군 대에 일단락되고, 그 뒤의 조선 유현에 대한 종사(從祀) 또한 계속 논의되고 실현되기에 이르렀다. 기묘사림의 논의는 자국의 유현에 대한 문묘종사의 큰 단초를 열어놓기에 이르렀다는 점에서 중요한 의미를 가진다.

그런데 전지·노비 제한론은 그나마 기묘사화가 일어나면서 논의 자체가 아예 폐기되고 말았다. 그 개혁론은 정계에서 한동안 거론되는 일조차 없어졌다. 그것은 실학의 시기에 가서야 본격적으로 논의되기 시작했다.

기묘사림의 지치주의 운동 가운데 또 다른 하나는 소위 재상 위임통치론의 실현과 관련된 것이었다. 먼저 조광조 자신이 가장 철저한 재상 위임통치론자였다.

> 군(君)은 원래 홀로 다스릴 수가 없으며 반드시 대신(大臣)에게 위임(委任)한 연후에야 치도(治道)가 서게 된다. 군(君)은 천(天)과 같으며 신(臣)이란 사시(四時)와 같다. 천이 스스로 행하고 사시의 운행이 없으면 만물이 제대로 될 수가 없으며, 군이 스스로 담당하고 대신의 보필이 없으면 모든 교화가 일어나지 않는다. 단지 일어나지 않고 제대로 되지 못할 뿐만이 아니다. 천이 스스로 행하고 군이 스스로 담당한다면 천과 군의 도(道)를 크게 잃게 되는 것이다(『정암집』 권2, 謁聖策).

여기서 기묘사림의 재상 위임통치론은 그사이 조선 성리학 내부에서 가령 사화와 같이 왕권을 싸고도는 훈척이 저지른 폐습을 지양하기 위해서라도, 주자의 통치론을 더욱 깊이 신봉하고 이를 추진한 현상으로 이해할 수 있다. 주자에 이르러 왕정론은 "마치 태양이 중천에 떠 있음과 같이 환하게 밝혀지고 드러나게 되었다"고 이해되지 않았는가. 또 원나라 세조를 도와 치세를 일으킨 허형은 주자학을 '신명'과 같이 받들어 그 실천궁행에 힘쓴다고 하였다. 15세기 명나라의 거유(巨儒) 설선(薛瑄, 1389~1464)을 두고 보더라도, "주자 이후로는 사도(斯道)가 이미 크게 밝혀져 있으므로 번거롭게 저술(著術)할 것은 없고 모름지기 곧바로 궁행(躬行)할 따름이다"[57]라고 하였다. 조광조의 경우 "송나라의 명유(名儒)들이 이미 선성(先聖)이 드러내지 못했던 것을 극진하고 남김없이 드러내어 밝혔으니, 대현이 이 세상에 태어날지라도 성인의 경전을 드러내어 밝히는 일은 워낙 할 수 없다"고 이해했다.[58]

즉 16세기 기묘사림의 경우, 왕도는 이미 주자가 다 밝혀놓았으므로 이제 그것을 따라서 실행하기만 하면 왕정은 이룩되는 것이라는 이해가 있었던 것으로 보인다. 그 실행이란 것은 아무래도 주자가 주장한 그대로, 현명한 대신에게 국정을 위임함으로써 그 성취를 기대하는 방향으로 나아간 것으로 이해된다.

그래서 그들은 중종 11년(1516)부터 현재의 육조직계제를 그만두고 의정부서사제를 회복하자는 논의를 시작하였다. 그런데 별도로 법을 세울 필요가 없이 현행의 『경국대전』 체제에도 "3공이 백관을 통솔한다"는 규정이 있으니, 이를 들어 시행하면 된다는 구체적 계획도 논의하였다. 그러고는 드디어 6조·한성부·장례원 등이 "긴중한 공사(公事)"는 "먼저 의정부에 보고하고 의정부가 그 가부를 상확(商確)하여 그 합당한 것은 국왕에 계달(啓達)하고 시행할 것이며 합당치 않은 것은 사유를 갖추어 계품

57 『明史』 282, 儒林列傳 1 薛瑄.

58 『중종실록』 권29, 12년 8월 신해.

(啓稟)한다"는 원칙을 정하고, 인사(人事) 문제 또한 "반드시 의정부에 보고하고 정부가 살펴 처리하도록" 결정했다.[59]

그래서 의정부서사제는 중종 11년 6월부터 다시 회복하여 시행한다고 하였다.[60] 그리고 새로운 체제에서 맨 먼저 처리한 것은, 이미 오랜 현안으로서 대간이 다시 발의한바 내수사 장리 혁파문제 및 선왕(先王)·선후(先后)에게 천복(薦福)하는 불교식 의례인 기신재(忌晨齋)를 혁파하자는 문제였다. 이 두 가지를 "대신에게도 의논해본 결과"를 좇아 이에 혁파한다는 결정을 내리게 되었다.[61]

그런데 의정부서사제는 제도를 회복한다는 결정에도 불구하고 그 기능이 좀처럼 제대로 수행되지 못하였다.

> 검토관 조광조가 아뢰었다. "…지금 사림(士林)이 모두 우리 임금께서 정신을 가다듬어 다스리기를 도모하시니 어찌 옛날의 치세(治世)에 미치지 못할 것인가 하는데, 오직 재상(宰相)들이 한번 난리를 겪은 뒤로는 감히 뜻대로 하지 못하는 것이 걱정입니다. 그렇기 때문에 위에서 다스리기를 바라는 마음을 아랫사람들이 그다지 믿지 못하는 것이니, 반드시 상하(上下)가 믿게 하여 우리 임금께서나 우리 재상들이 항시 사림의 화(禍)를 만들지 않기로 마음먹었다고 여기도록 하여 선량한 사람들에게 밝은 시대를 두려워하지 않게 하고, 또한 그 선량한 사람들을 특별히 대우하여 현명한 사람과 우매한 사람이 혼동되지 않게 하신다면 지치(至治)를 실현할 수 있을 것입니다"(『중종실록』 권27, 12년 정월 정해).

59 『중종실록』 권24, 11년 4월 경오;동 4월 을해;동 5월 신사.

60 『중종실록』 권25, 11년 6월 辛亥朔.

61 『중종실록』 권25, 11년 6월 임자.

그런 실정이고 보니 기묘사화가 일어나기 불과 몇 달 전까지 "삼공(三公)이 서사(署事)하는 일은 규모가 이미 정해졌지만, 그 큰 강령이 시행되지 않고 있다"는 형세가 지속되었다.[62] 그런 가운데서도 기묘사림은 재행(才行)이 겸비한 사류를 천거받아 국왕의 책시(策試)로 등용하는 현량과(賢良科)를 실시하고, 『소학(小學)』과 농서·잠서·의서 등을 간행·보급하며, 향약을 전국적으로 시행하기로 힘을 모았다.

그리고 도교(道敎)의 신(神)을 제사하는 기관으로서 『경국대전』에도 규정되어 있는 소격서(昭格署)의 혁파 문제 또한 그들의 발의로 공론화하였다. "성왕은 천도를 공경하고 본받아 전일(專一)한 데에 도를 쌓고 순수한 데에 정치의 큰 근본을 세워서 응접(應接)하고 시행하는 것이 한 이치로 관통되어야 황극(皇極)을 세울 수 있다"는 것이어서, 이단(異端)에 대한 잡사는 혁파하지 않을 수 없다는 이론이었다.[63] 곧이어 대간과 3공(公)의 끈질긴 요청이 일어나고, 드디어 대사헌 조광조 등이 밤새워 독촉한 결과 부득이한 상황에 몰린 임금이 혁파의 결단을 내리는 우여곡절을 겪었다.[64]

더구나 중종반정으로 정국(靖國)공신에 책훈된 자들 가운데 위훈자(僞勳者)들을 도태하자는 논의는 당시의 정국을 뒤흔들면서 진행되었는데, 이는 마침내 기묘사화의 직접적인 도화선으로 연결된 큰 정치적 사단이었다. 대간과 정부 대신들의 요청에 직면한 중종은, "대저 대신에 대하여 임금은 한마디 말일지라도 반드시 믿어야 하는데, 전에는 뚜렷이 드러난 자를 개정(改正)하자고 청하고서 이제는 죄다 개정하자고 청하니, 대신의

---

62 『중종실록』 권36, 14년 7월 임자.

63 『중종실록』 권34, 13년 8월 무진;『정암집』 권2, 弘文館請罷昭格署疏.

64 『중종실록』 권34, 13년 8월 무진;동 8월 경인;동 9월 기해 등 참조.

말이 어찌하여 전후가 다른가"라는 불만을 토로하면서도, 그들의 요청을 거부할 수 없는 지경이었다. 그래서 "공훈도 없이 헛되이 녹훈(錄勳)된 것을 국시(國是)로 결단"한다 하여 다수의 정국공신을 삭적(削籍)하는 조처를 하였다.[65]

그런데 대간이나 대신이라도 왕권과 사사로이 결탁하는 훈척의 용사 앞에서는 실로 무력하였다. 공신 삭적 4일 후에는 끝내 우려하던 사화가 터져 조광조 이하 기묘사림이 참혹한 최후를 맞게 되었다. 이때 갑자기 밤중에 잡혀 영문도 모르는 채 죽음으로 내몰린 그들에게는, 최후로나마 요망한 임금과 한 번 대면하는 것조차 허용되지 않았다. 그들이 추진한 '경장' 정책 또한 모두 혁파되고 말았다.

그러나 그렇게 거듭되는 사화를 당하면서도 사림세력의 사회정치적 성장은 계속되었다. 그들은 자신의 출신 지반인 재지(在地)의 사족과 함께 군현 단위 향촌사회에 보다 직접적인 지반을 갖추었으며, 여기에다 향사례·향음주례 등 성리학적 예속을 실행하면서 그 가치질서의 사회적 실천을 주도해갔다. 그래서 16세기에는 사림계 사족 세력이 일찍 성장한 중부 이남 지역부터 군현 단위로 향회와 향규·향안이 마련되었다. 그들은 그것을 통하여 성리학적 윤리와 덕목을 계층적으로 과시함으로써 지배층으로서의 사회적 세력을 다져 향풍·향론을 주도하는 한편 중앙 정계로도 끊임없이 진출하였다. 그런데 기묘사화(1519) 이후 다수의 사림이 진출하였으나, 가장 많은 피화자(被禍者)를 낸 참혹한 을사사화(1545~1547)가 아직도 그들을 기다리고 있었다. 여기서는 을사사화에 연루되고 결국 희생된 대표적 사림 회재(晦齋) 이언적(1491~1553; 성종 22~명종 8)의 경우를 살

65 『중종실록』 권37, 14년 11월 기해. 이 4일 후에 기묘사화가 터졌다.

펴보고자 한다.

이언적은 이미 청년기에서부터, 태극(太極)인 리(理)의 영원불멸성에 대하여 깊은 확신을 함양하고 있었다.

> 소위 태극(太極)이란 것은 곧 이 도(道)의 본체(本體)요 만화(萬化)의 영요(領要)이다. … 대개 그 충막무짐(沖漠無朕)한 가운데 이미 만상(萬象)이 삼연(森然)히 갖추어져 있다. 천(天)이 만물을 덮고 있는 소이(所以)와 지(地)가 싣고 있는 소이, 일월(日月)이 비춰주는 소이, 귀신(鬼神)이 그윽한 소이, 풍뢰(風雷)가 변하는 소이, 강하(江河)가 흐르는 소이, 성명(性命)이 바르게 되어 있는 소이, 윤리(倫理)가 드러나 있는 소이의 본(本)·말(末), 상(上)·하(下)가 모두 일리(一理)로 관통(貫通)되어 있다. 모두 실연(實然)하지 않은 것이 없고 또한 바뀔 수도 없는 것이다(『晦齋全書』 권5, 答忘機堂 제1서).
>
> 삼황(三皇)은 비록 죽어도 이 극(極)은 삼황과 함께 죽지 않았다. 오제(五帝)가 비록 몰(沒)하여도 이 극(極)은 오제와 함께 몰하지 않았다. 삼왕(三王)이 비록 망(亡)하여도 이 극(極)은 삼왕과 함께 망하지 않았다. 천지(天地)보다 앞서 세워졌으므로 그 시초(始初)를 볼 수 없으며, 천지보다 뒤에까지 존속할 것이므로 그 마지막을 볼 수도 없는 것이다. 그것이 이 리(理)가 실연(實然)하여 허공(虛空)이 아닌 까닭이다. 어찌 확실하지 않은가(同上).

인간과 세계를 관통하고 있는 보편적 '리(理)'는 무릇 인간의 힘으로 만들어진 왕조(王朝) 따위야 말할 것도 없고 천(天)·지(地) 자체의 흥망에 관계없이 강건 불식(剛健不息)한 자체 운행을 계속하는 '실연(實然)한' 것이라는 신념이다. 보편적 '이'의 운행(運行)은 실로 불변의 필연성을 본유했다. 그런 만큼 그 운행의 한 형태로 현현될 왕도의 실현 또한 필연적 귀결로 구도화했다.

그러므로 이언적의 경우 왕도정치의 추구는 결코 한순간이라도 간단(間斷)히 할 수 없는 필생의 과업(課業)이 되었다. 그는 을사사화로 극변(極邊)에 안치된 고령의 처지에서도 제왕학(帝王學)의 강구에 여념이 없었다. 그는 거기서도 자신의 견해로 『대학(大學)』을 다시 편차하여 『대학장구(大學章句)』를 지었으며 『속대학혹문(續大學或問)』과 「진수팔규(進修八規)」의 저술을 계속하였다. 특히 제왕학을 위한 전서(專書)로서 필생의 대작으로 구상하고서 마지막 날까지 집필하다가 결국 미완인 채로 중단하게 된 『중용구경연의(中庸九經衍義)』를 남겼다. 이언적은 현실에서는 왕정을 실현시키지 못하고 유배지에서 불귀의 객이 되었지만, 최후의 순간까지 그가 다 할 수 있는 최선의 길, 즉 제왕학의 강구로 일생을 마쳤다. 그래서 그는 16세기 사림 가운데서도 도학과 왕정론을 하나의 원리로 관통하는 이론체계를 구현하고 최후의 순간까지 그것을 현실에 관철시켜 보려는 시도를 계속한 최초의 유현으로 이해된다.[66]

그런데 회재 이언적의 통치체제론은 여타의 경우와는 달리 다소 특이한 편이었다는 사실 또한 주목할 필요가 있다. 그도 물론 주자의 이론대로 소위 재상 위임통치론을 지지했다.

> 군주(君主)의 덕(德)이 비록 밝다 하더라도 진실로 현신(賢臣)의 보좌(補佐)를 얻지 못하면 역시 천하에 혜택을 베풀 수가 없다. 그러므로 성인(聖人)이 천위(天位)에 있다 하더라도 반드시 재하(在下)의 덕(德)이 같은 사람을 구해 얻어서 그와 더불어 천위를 함께하며 천직(天職)을 함께 다스리는 것

66 李相殷, 1974, 「李晦齋 無極太極論의 학술사적 의의」, 『학술원논문집』 13 참조. "그는 도학(道學)의 이론(理論)과 실천(實踐)을 갖춘 우리나라 최초의 학자"라 하였다.

이다(『中庸九經衍義』 8, 尊賢 1).

천하(天下)의 일은 한 사람이 홀로 다스릴 수 있는 것이 아니다. 성인(聖人)이 천하를 다스림에는 비록 그 일심(一心)과 도(道)가 근본이 된다고 하지만, 진실로 현성(賢聖)한 신하를 얻어 위임(委任)하지 않는다면, 그 일심과 도 역시 천하에 베풀 수가 없는 것이다. 그러므로 현신을 아직 얻지 못하였을 때는 깊이 근심하고, 이미 얻은 후에는 오롯이 위임(委任)하는 것이다(같은 곳, 尊賢 2).

제상 위임통치론을 말하면서도 이언적은 또한 왕권의 총체적 통괄을 주장하였다. 주지하는바 『상서(尙書)』의 '윤집궐중(允執厥中)'이란 것은 요(堯)임금이 순(舜)에게, 그리고 순임금이 우(禹)에게 제위(帝位)와 함께 전수한 왕도 실현의 요결(要訣)이라고 하는 문자이다. 그런데 그는 '윤집궐중'에서 '중(中)'의 뜻이 곧 『대학』에서의 왕정(王政)을 실현하는 요체로 주자학이 말하는 '명덕(明德)'과 '신민'이며 '지어지선(止於至善)' 자체라고 풀이하였다. 이전의 누구와도 전혀 다른 독자적인 해석을 내리기에 이른 것이다.

'중(中)'이란 것은 천하(天下)의 대본(大本)이요 '화(和)'란 것은 천하의 달도(達道)이다.[67] 대본(大本)이 이미 서고 달도(達道)가 행한다면 가(家)·국(國)·천하(天下)에 시행하는 정교(政敎)·형상(刑賞)이 모두 중도(中道)에 합치하며 과(過)·불급(不及)의 차이가 없을 것이다. 그러므로 이로써 백성을 평장(平章)하면 백성이 소명(昭明)하고 여민(黎民)이 악(惡)이 변하여 선(善)하게 되고 옹목(雍

67 주지하듯이 이는 『중용(中庸)』 제1장의 문자이다.

睦)하게 될 것이다.[68] 순(舜)임금이 백성에게 중도(中道)를 쓴 것과 탕(湯)임금이 백성에게 중도를 세운 것이 곧 이것이다. … 덕(德)을 밝히면서[明德] 그 지선(至善)이 '중'인 것임을 안다면 고원(高遠)하여도 공허함에 빠지지 않고 비근(卑近)하여도 오천(汙賤)함에 떨어지지 않을 것이다. 또 백성을 새롭게 하면서[新民] 그 지선(至善)이 '중'인 것임을 안다면 과(過)한 자는 억제하여 '중'에 나아가게 하고 불급(不及)한 자는 끌어서 나아오게 함으로써 '중'으로 협화하지 않음이 없게 될 것이다(『續大學或問』).

여기서 '윤집궐중'의 '중(中)'과 왕정 실현의 '정도(正道)'라고 하는 『대학』의 '명덕·신민·지지선(止至善)'이 어떠한 관련을 가지는 것으로 회재는 해석하고 있는가. '중'이란 것은 "천하의 대본(大本)"이므로, '명덕'의 극단한 상태도 '중'이요, '신민'의 극단한 경지도 '중'인 것이라고 회재는 역설하였다. 그것은 곧 "명덕·신민·지지선"의 극(極), 즉 왕정을 실현하는 극단한 정도가 곧 '중'이라는 뜻을 역설한 것이었다. 그 '중'의 개념이 치도(治道)로 구현될 때는 곧 요(堯)·순(舜)이 실현한 왕도정치가 된다. 그것은 왕도의 극(極)이 곧 중도라는 새로운 해석을 내린 것이었다.

그런데 이 해석이 주자의 경우와는 어떤 면에서 다른가. 주자학에서 '명덕'·'신민'·'지지선'의 주체는 반드시 군주여야만 하는 것은 아니었다. 오히려 천리·천덕(天德)을 함양한 현인군자(賢人君子)라고 하는 편에 서 있었다.[69]

---

68 『尙書』 堯典의 "평장백성(平章百姓)하신대 백성(百姓)이 소명(昭明)하며 협화만방(協和萬邦)하신대 여민(黎民)이 어변시옹(於變時雍)하니라"라는 문자이다.

69 천리(天理)·천덕(天德)의 체득자가 반드시 군주인 것은 아니므로, 현신(賢臣) 위임통치론이 구체적 설득력을 갖는 것이다. 다음의 어록을 참조하라;"천덕(天德)이 있다는 것은 곧 천리(天理)를 함양한 경우이니 곧 왕도(王道)를 이룩할 수가 있다. 천덕(天德)이 없으면 왕도(王

그런데 요(堯)·순(舜)·우(禹)가 도통을 전수한 '윤집궐중'의 경우는 어떠한가. 잘 알려져 있듯이, 그들이 비록 익(益)·직(稷)·설(契)·고도(皐陶) 등 현능(賢能)한 대신의 큰 보좌를 받기는 하였지만, 국가를 통치하는 중심 주체는 어디까지나 '윤집궐중'의 '중'을 구현한 그들 군주 자신이었다는 명백한 사실을 주의할 것이다. 회재가 깨달아 역설한 점은 바로 여기 있었다.

여기서 회재 이언적의 왕도정치론은 군주야말로 국가를 통치하는 핵심 요체인 '윤집궐중'의 '중'을 운용하는 주체가 되어야 함을 강조한 것으로 해석된다.

> 인군(人君)은 억조창생의 위에 위치하여 만기(萬機)의 정사를 다스리니, 그 심(心)이 확연 대공(廓然大公)하고 엄연 지정(儼然至正)하여 마치 중천(中天)의 태양이 만물(萬物)을 조림(照臨)함과 같아서 편벽되고 가려짐이 없어야 한다. 그런 다음에야 정령(政令)을 발하고 시행하며 현인(賢人)을 등용하고 간사한 자를 물리치는 일이 모두 이치에 맞아서, 조정(朝廷)이 그로써 바르게 되며 백관(百官)과 만민(萬民)이 모두 그 바른 자리를 얻게 되는 것이다(『회재전서』 권8, 進修八規).

군주의 일심은 "마치 중천의 태양이 만물(萬物)을 조림(照臨)함"과 같이 대중지공(大中至公)하게 밝아서, 군주야말로 백성의 "덕(德)을 밝히고, 백성을 새롭게 하고, 백성이 지선(至善)한 경지에 이르러 머물게" 하는 지극한 왕도를 실현하는 중심적 주체로 되어야 함을 그는 역설했다. 대신에게 위임하되, 무엇보다도 군주 자신이 일심을 밝혀 주체적인 위상을 지켜야

道)를 이룩할 수가 없다"(『朱子語類』 권36, 論語 18 子在川上章).

만 하는 것이라고 그는 확신하였다. 그는 다시 말하였다.

> 국가의 헌장(憲章)·법도(法度)도 모두 도체(道體)의 전개된 바로서 통치의 절실한 요무(要務) 아닌 것이 없으므로 임금이 마땅히 강구하고 뜻을 두어야 하는 것이다. 그러나 이것은 모두가 유사(有司)가 맡은 일이며, 또한 전대의 상규(常規)와 선왕의 구제(舊制)가 있으므로 다만 잘 지켜서 잃지 않도록 하면 되는 것이요, 또 현재(賢才)를 얻어 맡긴다면 시행되지 못할 바가 없다. … 그런데 [『중용』 구경(九經)의] 수신(修身)·존현(尊賢)·친친(親親)·경대신(敬大臣)·체군신(體群臣)·자서민(子庶民) 등은 모두가 임금의 심상(心上)의 일이므로 불가불 임금이 스스로 경획(經劃)해야 하는 것이며, 더구나 천도(天道)를 체득하고 천명(天命)을 두려워하는 것은 더더욱 하늘을 받들고 하늘의 명을 듣는 일에 관련되므로 임금은 아침저녁 두려움과 조심으로 거행하여 잠시도 잊지 말아야 하는 것이다(『회재전서』 권11, 中庸九經衍義序).

임금은 통치의 주체가 되어야 할 뿐만 아니라, 주체로서의 막중한 책무도 스스로 담당하지 않으면 안 되는 존재여야 한다는 소신의 피력이었다.

회재 이언적 역시 도학자였으므로 주자학의 왕도론 구도를 지키고 있었다. 그런데 그는 16세기의 사화 시대를 살면서, 아마도 거듭되는 사화가 궁금(宮禁)과 결탁한 훈척·권간의 편사(偏私)스러운 비리에서 빚어지는 것으로 이해했던 것으로 고찰된다.[70] 그는 무엇보다도 국왕의 일심이 그 같은 비리에서 벗어나 '윤집궐중'하는 주체가 되지 않고서는 왕정의 실

70 金泰永, 1992, 「회재의 정치사상」, 『이회재의 사상과 그 세계』, 성균관대 대동문화연구원.

현은 결코 기대할 수 없다는 확신을 가지게 되었다. 그런 면에서 회재의 왕권론, 나아가 그 왕정론은, 주자의 경우와 같이 일반적인 재상 위임통치론과는 다소 이질적인 것이었다고 해석된다. 즉 공론을 막아 사화를 일삼는 훈척정권의 비리를 지양하기 위해 왕권의 주체성을 확보해야 한다는 것이며, 동시에 훈척의 왕이 아니라 만민의 왕으로서의 무사성을 담보해야 한다는 새로운 왕권론을 도출했다. 그것은 16세기 사화기(士禍期) 조선 특유의 통치론으로서 독자적 성격을 갖고서 구현된 것이라고 이해할 수 있다.

6. 사림정치 시기의 천덕론과 왕도론

을사사화의 원흉인 훈척들은 그 후로도 20년 이상을 권간으로 앉아 나라를 파탄으로 몰아갔는데, 16세기 후기에 그들이 죽고 나서 드디어 조선왕국에는 사림정치의 시대가 열리기 시작하였다. 조선왕조의 정치적 특색으로 흔히 공론과 공도에 따른다는 사림정치를 들고 있지만, 그 시기가 오고 나서도 사림의 공론이 반드시 현실 정치에 구현된 것은 아니었다. 거듭된 사화로 인해 사림정치가 너무나 늦게 시작되기도 하였지만, 드디어 이 시기가 오고 나서도 곧이어 당쟁이 일어나고, 임진왜란이라든가 병자호란이라는 미증유의 외침을 당하게 되었으므로, 사회정치적으로 큰 변동의 고비를 맞게 되었다. 외침의 극복 과정에서도 당쟁이 계속되는 가운데 비변사 중심의 변칙적인 정치행태가 자리 잡았으므로, 사림의 시기가 되고서도 실상 사림의 공론·공도가 현실 정치에 반영되기는 극히 어려운 실정으로 전개되고 말았다.

그런데 16세기 후기에는 사림정치의 시기가 열리면서 조선 성리학의 전성기 역시 비로소 열리게 되었다는 사실을 주의할 필요가 있다. 그 전성기의 꽃을 피우고 열매를 가꾸어낸 대표적 학자로 퇴계(退溪) 이황(李滉, 1501~1570;연산군 7~선조 3), 남명(南冥) 조식(曺植, 1501~1572;연산군 7~선조 6), 율곡(栗谷) 이이(李珥, 1536~1584;중종 31~선조 17) 등을 들 수 있다. 그들에 의하여 조선 성리학은 그 이론의 이해와 도덕적 체험의 깊이에서, 그리고 새로운 이론의 수립과 실천이라는 면에서 중국과는 다른 조선의 독자적인 경지를 확고히 구축하기에 이르렀다.

이전에 회재 이언적도 이미 『중용구경연의』라는 제왕학을 저술한 바 있거니와, 퇴계의 경우 「성학십도(聖學十圖)」, 율곡은 「성학집요(聖學輯要)」를 각기 저술하였다는 사실도 주목을 요한다. 주자학 제왕학으로서 『대학연의(大學衍義)』 및 『대학연의보』라는 송(宋)·명(明) 대의 저술이 있어 이를 경연에서 크게 활용해오고 있었지만, 16세기 조선 사림의 대표적 유현들은 각기 나름대로 왕정론에 관한 이론을 함양하고 있었으며, 그것을 자기 임금께 제진(製進)함으로써 가능한 한 왕의 일심을 깨우쳐 자신의 나라에 왕정을 실현해보려는 간절한 노력을 게을리하지 않았다.

퇴계 이황 또한 16세기 사화의 참화를 직접 들으면서 성장하고, 직접적인 피해를 보기도 하였다. 기묘사화는 그의 19세 수학 시절에 전해 들었지만, 을사사화는 45세의 청망(淸望)을 지닌 관인으로서 맞게 되었다. 그는 여기서 권간의 질시를 받아 전한직(典翰職)을 파직당하였다. 그뿐 아니라 그의 형은 사화의 여파로 결국 희생되고 말았다.

그는 공론으로 정암 조광조와 회재 이언적의 행장(行狀)을 지었는데, 이들 유현이 거듭되는 사화의 참상을 결코 벗어나지 못했다는 사실을 더욱 거듭 되새겨보았을 것으로 이해된다. 과연 성리학 경세론을 통해서 왕정이란 것은 실현될 수 있는 것인가. 도학을 통해서 우선 실현해야 할 현실적 과제는 무엇인가. 만년의 그는 선조임금이 즉위하고 사림의 큰 기대를 안게 되자 무엇보다도 "도술(道術)을 밝혀 인심(人心)을 바르게 할 것을 가지고서 신정(新政)을 위한 헌책(獻策)으로 삼는다"고 건백하였다.[71]

그는 진작부터 "도술을 밝혀 인심을 바르게 하는" 일이야말로 자신이 독자적으로 솔선해야 하는 일인 줄을 스스로 깨치고 있었다. 관직을 떠나 도술 함양에 더 주력하므로, '산새[山禽]'와 같다고 지목되는 정도였다. 그의 이발설(理發說)에서 그 단서를 풀어가기로 한다.

원래 주자는 이발(理發)·기발(氣發)의 문제를 명백히 가려 정리해두지 않았다. 그런데 퇴계의 경우 처음에는 "사단(四端)은 이지발(理之發)이요 칠정(七情)은 기지발(氣之發)"이라 하였다가 나중에 결국 "사단은 이발이기수지(理發而氣隨之)요, 칠정은 기발이이승지(氣發而理乘之)"라고 고쳐 정론으로 삼았다 함은 주지하는 바와 같다. 인(仁)·의(義)·예(禮)·지(智)의 단서가 되는 사단은 리(理)가 발하는 것이므로 순선(純善)하지만, 희(喜)·노(怒)·애(愛)·오(惡) 등의 칠정은 기(氣)가 주로 발하는 것이므로 선(善)과 악(惡)이 뒤섞이기 마련이라는 것이다. 여기서 '이발'설은 주자가 미처 확단해두지 못한 바 리(理)가 발(發)할 수 있다는 명제를 그가 명백하게 확단해두었다는 의미에서 조선 성리학 학설사에서 독자성을 가지며, 이후 조선 성리학에서 소위 영남학파를 형성하는 일대 선언적 명제에 해당하는 것이었다. 그 역사적 의미는 무엇인가.

---

71 『退溪全書』 권6, 戊辰六條疏.

동(動)하고 정(靜)하는 것은 기(氣)이지만 동(動)하고 정(靜)하는 소이(所以)는 리(理)이다. 성인(聖人)은 리(理)에 순수하므로 정(靜)으로써 동(動)을 제어하니, 기(氣)가 리(理)의 명(命)을 듣는다. 중인(衆人)은 기(氣)를 좇으므로 동(動)으로써 정(靜)을 해치니 리(理)가 기(氣)에게 침략당한다. 그러므로 성인은 천지와 더불어 덕(德)이 합치하여 인극(人極)이 그로써 확립된다. 중인(衆人)은 천(天)을 어기고 스스로 방사(放肆)하므로 인극(人極)을 세울 수가 없다. … 대저 기(氣)가 움직여 악(惡)으로 흐를 적에 리(理) 또한 어찌 일찍이 일각(一刻)의 정식(停息)이라도 있을까마는, 다만 기(氣)의 가리는 바 되는 고로 리(理)가 환히 빛나고 투철하며 발휘하는 일을 주장할 수가 없다(『퇴계전서』 권12, 靜齋記).

태극(太極)에 동(動)·정(靜)이 있음은 태극이 스스로 동(動)·정(靜)하는 것이며, 천명(天命)이 유행(流行)함은 천명이 스스로 유행하는 것이다. 어찌 그렇게 되도록 시키는 자가 다시 있을 것인가. … 이 (태극 즉) 리(理)는 극히 존귀해서 상대가 없으므로 물(物)을 명(命)하는 것이지 물(物)의 명(命)을 받지는 않는다. … 리(理)는 본디 존귀해서 상대(相對)가 없으므로 물(物)을 명(命)하지만 물(物)에 의해 명령을 받지 않으니, 기(氣)가 응당 이길 수 있는 것이 아니다. 다만 기(氣)가 성형(成形)한 다음에는 이 기(氣)가 도리어 터전이 되고 도구가 된다. 일반적으로 발용(發用)하고 외물을 느끼고 받아들임에서 기(氣)가 작용함이 많다. 기가 리(理)에 순응할 때는 리(理)가 스스로 드러난다. 그것은 기가 약한 것이 아니고 순응하기 때문이다. 기가 만약 리(理)를 거역할 때 리(理)는 도리어 숨으니, 이는 리(理)가 약한 것이 아니고 형세가 그러하기 때문이다. 비유컨대 왕은 본래 존귀하여 상대가 없는 것인데, 강한 신하가 날뛰면 도리어 그와 더불어 혹 승부를 가리게 되니, 이는 신하의 죄요 왕은 어찌할 수가 없다. 그러므로 군자는 학문을 하여 기질(氣質)의 편벽됨을 교정하며 물욕(物欲)을 막고 덕성을 높여 대중지정(大中至正)한 도(道)에 돌아가는 것이다(『퇴계전서』 권13, 答李達李天機).

퇴계의 이발설은 리(理)가 타고 남은 재와 같이 죽은 것이 아니라 언제나 살아있는 활리(活理)여서 스스로 '동(動)·정(靜)'하며 스스로 '유행(流行)'하는 것이라고 하는 데 그 특징이 있다. 리(理)는 '기(氣)'를 기다리지 않고서도, 기(氣)에 기대지 않고서도 스스로 발한다는 것을 애써 강조한다. 인간 일상의 동정(動靜)을 두고 말할지라도, 비록 동정하는 것은 기(氣)이지만 동정하게 하는 까닭은 '리(理)'라고 한다. 리(理)야말로 기(氣)를 움직이게 하는 원리요 원인이다. 근원적으로 깨달음의 빛이며 선(善)의 원리인 리(理)가 인간의 일상에서 항상 함께한다고 하는 이론이다. 그것은 인간의 일상이, 기(氣)의 작용으로 얽매고 다가오는 욕망(慾望)에 굴복하지 않고서도 스스로 인간 본연의 길을 추구할 수 있다는 확신을 말해준다. 일상에서의 욕구, 욕망에 골몰하지 않고, 그것을 지양하고서 인간은 자신의 삶을 더 아름답고 풍요롭게 가꾸며 살아갈 수 있다고 하는 확고한 선언이다.

그런데 위의 인용에서 성인이 '인극(人極)'을 세운다고 함은 무엇을 뜻하는가. 그것은 '태극'과 대칭되는 개념이다. 즉 태극이 동(動)·정(靜)하며 음양오행이 변화 유행하여 만물이 화생하게 되었는데 그 가운데에서 "오직 인간이 가장 빼어나고 허령(虛靈)함을 얻어" 태어났으며, 인간 가운데서도 성인이 인간의 선악(善惡) 만사를 '중정인의(中正仁義)'로 정리하여 '인극'을 세웠다는 것이 「태극도설(太極圖說)」의 해석이다. 퇴계는 만년에 자신의 학문을 집약하여 「성학십도」를 저술하였는데 그 제1도에서 곧 주자의 「태극도설」을 인용한 다음, 자신의 말로 다시 "성인을 배우고자

하는 자는 여기서 그 단서를 구해야 한다"고 단안(斷案)해두었다.[72]

「성학십도」는 워낙 '제왕학'의 요체로 제진한 것이지만, 동시에 그것은 "성인을 배우고자 하는" 모든 인간이 이상으로 추구해야 하는 학문과 수양의 요체를 저술해둔 것이다. 그래서 인간의 이상은 만물 가운데 "가장 빼어나고 허령"한 본성을 극진하게 발휘함으로써 성인이 되는 일이며, 인간으로서의 극진한 표준인 '인극'을 수립하는 일이라는 것이 퇴계의 해석이다. 그것은 곧 인간의 본성(本性)을 주체적으로 극진하게 함양함으로써 도달할 수 있는 최상의 경지를 이른다. 그러므로 '인극'이란 '태극'과 유비(類比)되는 개념이다.

그런데 그와 같은 주체성의 극진한 함양은 어떻게 성취할 수 있는가. 여기야말로 '이발'설의 참 의미가 있다. 인간 각자의 내부에 품부(稟賦)한 바 깨달음의 빛이며 선(善)의 원리인 리(理)를 스스로 발양함으로써 그 성취가 가능해진다고 명백히 밝혀두었다는 데서 퇴계 이발설의 역사적 의미를 발견할 수 있다.

퇴계의 도학은 그와 같이 인간의 본성을 주체적으로 극진히 함양함을 목표로 하였다. 인간의 삶의 목표와 기준이 그러하므로 거기서는 제왕이나 범인(凡人)의 본래의 차등이 있을 수 없었다.

> 어떤 이는 이르되 제왕학(帝王學)은 경학(經學)을 배우는 학생 제자의 경우와 같을 수 없다고 합니다. 이는 글 뜻에 구애되거나 글을 잘 짓는 따위와 같은 류를 두고 이른 것입니다. 경(敬)으로써 근본을 삼고 궁리(窮理)를 통해서 앎을 이루며 스스로를 반성해서 실천해나가는 일을 두고 말한

72 『퇴계전서』 권7, 「성학십도」 제1도.

다면, 이는 곧 심법(心法)의 묘리(妙理)를 궁구하고 도학(道學)을 전승하는 요체인 것입니다. 제왕(帝王)이라든가 일반 사람이라고 하여 어찌 다름이 있겠습니까(『퇴계전서』 권6, 戊辰六條疏 其三曰敦聖學以立治本).

도학과 심법(心法)의 궁구는 곧 성인이 되는 학문과 수양이며, 인간 본성의 극진한 함양을 통해서 '인극'을 수립하는 길이다. 그런데 그처럼 큰 일을 성취하는 길에는 제왕이라 하여 결코 우월한 지위가 보장되어 있지 않다. 오직 시종일관 자신의 일심을 정일(精一)하게 간직하여 존양(存養) 성찰(省察)하는 일, 그래서 오래도록 전일한 노력을 집중한 끝에 드디어 자신의 일심과 만물의 리(理)가 협흡(浹洽)하게 '융회관통'하는 경지에 도달하도록 정진(精進)하는 과정이 있을 뿐이었다.[73]

퇴계의 도학은 곧 마음 다스리는 심학이 주된 내용이다. 그의 이발설도 존재론으로서의 이기론이라기보다는 심법의 묘리에 관한 독자적 이론을 수립한 것이었다. 소위 존양 성찰에 관한 한 그는 마치 '상제'가 항상 임하고 계신 것과 같이 '일심'에 '주일(主一)'해야 한다고 강조하였다. 주자학에서의 천(天)은 이법천이지만, 퇴계의 경우 그것은 '상제천(上帝天)'으로서 외경(畏敬)의 대상으로까지 인식되었다. 그 점에서도 16세기 조선 성리학의 한 특색 있는 면모가 구현되고 있었다. 그는 번쇄한 관직보다는 차라리 향리에서 도학에 전념하여 천덕을 함양하고 서원(書院)을 통해 후진을 양성하는 일이 자신의 포부를 살리고 숙세(叔世)의 인심을 바로잡는 첩경이라고 이해하였다.[74]

---

73 『퇴계전서』 권7, 進聖學十圖箚;『퇴계선생속집』 권8, 天命圖說 10절.

74 鄭萬祚, 1981, 「退溪 李滉의 書院論」, 『한우근박사정년기념논총』;정만조, 1997, 『朝鮮時代書院研究』, 집문당 참조.

상제를 대하듯 자신의 '일심'에 '주일'한다는 것은 곧 자기 내심의 간단없는 존양 성찰을 통하여 그 본성이 구비한 천덕을 극진히 함양한다는 뜻이다. 그래서 천리라든가 태극을 조화롭게 맞이할 수 있는 '인극'을 확립해간다는 뜻이다. 이를 통해 16세기 조선 학술사에서 도학의 현실적 의미가 정립된다. 즉 벼슬살이에 결코 연연하지 않고 자신의 심법 묘리(妙理)를 치열하게 추구하여 왕도와 병립되는 천덕을 함양하면서 일생을 임하(林下)에서 보내는 사림 도학자의 역사적·현실적 의미가 독자적 위상으로 정립되기에 이른 것이다.

그러한 면에서는 남명 조식의 경우도 마찬가지로 독자적 위상을 지니고 있었다. 그가 여러 차례 임금의 징소(徵召)에도 불구하고 끝내 일어나지 않고 처사(處士)로서 일생을 보냈다는 것은 주지하는 바다. 그가 모비(母妃)와 훈척의 비리로 가득 찬 명종(明宗) 조정을 두고, "전하의 나랏일이 이미 그릇되어 나라의 근본이 이미 망했고 하늘의 뜻은 이미 가버렸으며 인심도 이미 떠나버렸다"[75]고 하는 상소를 올렸다는 것은, 그만큼 그의 행의(行義)가 높고 밝았음을 반증하는 것이기도 하다. 그는 만년에 선조임금이 즉위하자 다시 조야(朝野)의 요청에 따라 다음과 같은 상소를 올렸다.

> 안으로 본심(本心)을 보존하여 홀로 있을 때를 삼가는 것은 천덕(天德)이요, 밖의 만사를 살펴서 그 실행에 힘쓰는 것은 왕도(王道)입니다. 이치를 궁구하고 몸을 닦으며 본심을 보존하고 밖의 만사를 살피는 가장 큰 공부는 반드시 경(敬)을 위주로 해야 합니다. 경(敬)이라는 것은 정돈되고

75 『南冥集』 권2, 辭免丹城縣監疏 乙卯.

엄숙하며 혼매하지 않고 항상 깨어 있으면서 일심(一心)을 근본으로 하여 만사(萬事)에 대응하는 것입니다(『선조실록』 권2, 원년 5월 을해;『남명집』 권2, 무진봉사).

조식의 「신명사도(神明舍圖)」를 보면 태일군(太一君) 곧 심(心)이 군주로 있으면서 총재(冢宰)인 경(敬)의 도움을 받아 천덕과 왕도를 실현하는 사유를 읽을 수 있다. 이 경우 심(心)은 곧 왕도를 실현하는 천덕을 갖춘 것으로 유비(類比)되고, '임하'한 처사의 '일심'은 왕도를 실현하는 성왕에 유비된다.

그는 또 '경의(敬義)' 두 자를 벽 위에 크게 써 붙여놓고 말하기를 "우리 집에 이 두 자가 있으니, 하늘의 해와 달이 만고(萬古)를 밝혀 변하지 않는 것과 같다. 성현의 천만 가지 말이 그 귀취(歸趣)를 요약하면 이 두 자밖에 벗어나지 않는다"고 하였다.[76]

조식 역시 왕도에 대칭되는 '천덕'의 함양을 일생의 과업으로 삼고, '임하'에서 자신의 독자적 '인극', 즉 조선 사림의 처사적(處士的) 삶의 극치를 세워가고 있었던 것으로 이해된다. 그의 굽힐 줄 모르는 고절(高節)의 행의는 이후 남명학파라고 칭도(稱道)되는 독자적 학풍으로 계승되기에 이르렀다. 뒷날 성호(星湖) 이익(李瀷)은 퇴계와 남명의 행적을 두고 다음과 같이 칭양하였다.

성조(聖朝)에서 건극(建極)하자 인문(人文)이 비로소 드러나 밝아지게 되었다. 중세(中世) 이후 퇴계(退溪)는 소백산(小白山) 아래에서 태어나고 남명(南冥)은 두류산(頭流山) 동쪽에서 태어났으니, 모두 영남의 땅이다. (퇴계의) 북

76 『선조실록』 권6, 5년 2월 을미 曺植 졸기.

도에서는 인(仁)을 숭상하고 (남명의) 남도에서는 의(義)를 주장하여, 유도(儒道)의 교화와 기절(氣節)의 높음이 마치 바다처럼 넓고 산처럼 높게 되었으니, 여기에서 문명(文明)의 극치에 이르렀다(『星湖僿說』 권1, 東方人文).

그런데 16세기의 마지막을 장식한 또 하나의 학풍은 율곡 이이에 의해서 창도되었다. 그가 무엇보다 조선 성리학의 '경장론(更張論)'을 대표하는 왕정론자였다는 사실은 주지하는 바와 같다. 그 역시 주자의 경우와 마찬가지로, 임금의 일심이야말로 왕정 실현의 '근본'이 되는 것이지만, 그동안 훈척 권간이 저질러온 폐정의 현실은 경장의 변통을 늦출 수 없는 위난(危難)의 상태에 직면해 있으므로, 이를 그대로 두고서는 결코 치세를 이룩할 수 없다는 인식에서 출발했다. 선조임금의 두터운 신임을 받게 된 그는 역시 정성을 다하여 「동호문답(東湖問答)」(34세)·「만언봉사(萬言封事)」(39세)·「성학집요(聖學輯要)」(40세)·「진시폐소(陳時弊疏)」(47세)·「진시사소(陳時事疏)」(48세) 등의 경장론을 여러 차례 제진하였다. 그는 자신의 경장론을 채택하여 제대로 '3년' 동안만 실행한다면 반드시 치세를 실현하게 된다는 다짐을 두기까지 하였다.

전하께서 신(臣)의 개혁론을 가지고 능한 사람에게 맡겨 성의 있고 독실하게 시행하며 견실하고 확고하게 지켜가도록 하여, 시속을 따라 흐르거나 상규(常規)나 지킬 줄 아는 자들 때문에 흔들리지 말며, 바른 논의를 미워하고 이간질하는 자들의 말에 현혹되지 않는다면, 이를 시행한 지 3년이 지나도 국세(國勢)가 떨치지 못하고 민생이 안녕치 않으며 군병(軍兵)이 정련(精鍊)되지 않을 때는 신(臣)을 기망죄(欺罔罪)로 다스려 요언(妖言)하는 자의 경계(警戒)로 삼도록 하시기 바랍니다(『율곡전서』 권5, 「만언봉사」 말미).

그 같은 다짐은 여러 차례나 계속되었다. 그러니 율곡의 경우 왕정은 기필코 실현할 수 있는 것이라는 확신을 가졌던 것으로 이해된다.[77] 주자(朱子)보다도 더욱더 성리학적 왕정론의 실현 가능성을 확신하여 의심치 않았다는 이 사실에서, 조선 사림의 왕정론에 대한 소신이 극단적이었다는 독특한 성격을 발견할 수 있다.

율곡은 역사정통론을 두고서도 주자의 경우 더욱 극단적인 해석을 내렸다. 가령 중국 삼국시대의 정통 왕조는 대체로 위나라인 것으로 인식되었다. 송나라 사마광(司馬光) 또한 『자치통감(資治通鑑)』에서 그렇게 서술하였는데, 주자는 그에 반대하여 『통감강목(通鑑綱目)』을 써서 촉한(蜀漢)을 정통으로 바로잡아 길이 교훈을 남기고자 하였다. 그런데 율곡은 주자보다도 더 극단적 논조를 폈다.

> 주자(朱子)와 그 문인(門人)의 문답(問答);문:『통감강목(通鑑綱目)』의 주의(主意)는 무엇입니까. 답:주의는 정통(正統)을 논하는 데 있다. 문:어떻게 정통에다 주의를 두었습니까. 답:삼국(三國)은 마땅히 촉한(蜀漢)으로써 정통으로 삼아야 한다. 그런데도 [(사마)온공(司馬溫公)]은 '모년(某年) 모월(某月)에 제갈량(諸葛亮)이 입구(入寇)하다'라고 서술해놓았으니, 이는 본(本)·말(末)을 거꾸로 해둔 것이다. 무슨 깨우침을 줄 수 있겠는가. 그런 까닭에 드디어 생각을 일으켜 책을 쓰기로 하였고, 이 뜻으로 수정(修正)한 곳이 매우 많다. 책이 다 이루어지면 응당 『자치통감(資治通鑑)』의 그 많은 글보다 적지 않게 될 것이다. 다만 힘이 미치지 못하니, 반드시 이루어낼 것 같지는 않다(『朱子語類』 권105, 論自注書 通鑑綱目).

77 金泰永, 1998, 『실학의 국가 개혁론』, 서울대학교출판부 I-1 「율곡의 왕정론의 기준」 참조.

율곡(栗谷)과 그 문인(門人)의 문답;문:선생(李珥)께서는 매양 송(宋)나라 고종(高宗)에게는 정통을 부여할 수가 없다고 하는데, 그러나 주자는 (송 고종을) 불천위(不遷位)로까지 높여 말하였으니, 무슨 까닭입니까. 답:내(李珥)가 말하는 것은 만세(萬世)의 공론(公論)이요, 주자가 말한 것은 일시(一時)의 공론이다. 일국(一國)을 두고 말하자면 비록 순전한 이적(夷狄)이라도 공(功) 있는 임금은 조(祖)를 칭하고 덕(德) 있는 임금은 종(宗)을 칭할 수 있다. 만세를 두고 말하자면, 춘추(春秋)시대에 비록 중국의 임금이라도 한번 이적(夷狄)의 예(禮)를 행하면 곧 이적으로 대하였다. 하물며 (송나라) 고종은 중국의 천자(天子)로서 이적에게 칭신(稱臣)하였다. 어찌 이적의 신하가 되고서도 만고(萬古)의 정통을 차지할 수 있을 것인가. 어떤 자가 말하기를, 고종이 칭신한 것은 가(假)요 진(眞)이 아니라고 하겠지만, 그 말은 옳지 않다. 군(君)·신(臣)의 사이는 가(假)로써 할 수가 없는 것이다(『율곡전서』 권31, 語錄 上).

금(金)나라에 망하는 절박한 처지에서 남송(南宋)을 재건하여 종사를 유지하게 된 자기 나라 고종의 뜻을 기려, 주자는 그를 불천위(不遷位)의 세실(世室)로 모시고자 한 것이었다. 그러나 율곡의 입장에서 보면 그것은 어디까지나 송나라의 구구한 사정에 불과한 일이었다. 만세 불변의 보편적 정통론에 비추어 보면, 송나라 고종의 경우 불천위는커녕 이적에게 칭신한 허물을 지었으니 결코 정통을 허용할 수가 없다는 이론이었다.

율곡의 정통론은 물론 주자의 경우를 반대하기 위한 주장이 아니었다. 그것은 오히려 주자의 정통론을 극단으로 추연(推衍)한 이론으로 정립된 것이라고 해석된다. 주자보다도 더한 만세 불변의 보편주의로 흘렀던 것이다.

율곡은 조선 성리학의 전성기에 살면서 그것을 나름대로 깊이 함양하여 어떤 면에서는 아마 주자에게도 양보할 수 없다는 이떤 경지를 자부하고 있었던 것으로 이해된다. 그가 이기론에서 기발이승일도설(氣發理乘一途說)을 주창하면서, "성인이 다시 나오더라도 이 말은 바꿀 수가 없다"고 단정한 데서 읽을 수 있듯이, 그는 주자가 미처 확단해두지 않은 이론을 주자보다도 더 극단으로 추연(推衍)하고 있었다. 이 또한 조선 성리학의 독자적인 학설로서, 이후 기호(畿湖)학파의 이론적 바탕을 이루게 되었다.[78]

7. 17세기 조선 성리학의 교조주의화

율곡의 학통은 서인당(西人黨)으로 전승되었다. 그리고 왜란과 호란을 겪고 난 17세기에는 서인(西人)-노론당(老論黨) 쪽으로 전승되었다. 이윽고 노론이 사실상 영구 집권당으로 행세함에 따라, 율곡(栗谷)-사계(沙溪) 김장생(金長生)-우암(尤菴) 송시열(宋時烈)로 이어지는 도통과 그들의 왕정론(王政論)은 이후 조선왕조의 관변(官邊) 학문과 통치론을 좌우하는 확고한 대세로 행세하게 되었다.

---

78 율곡의 기발일도설(氣發一途說)은 리(理)의 능발성(能發性)을 부정한다. 여기서 리(理)는 기(氣)가 연출해내는 세상만사에 내재하여 각기의 조리(條理)를 이루고 있는 것에 불과하다는 이론이다. 인간의 수양론으로 말하자면, 인간은 원천적으로 품부하는 '기질(氣質)'의 용사를 떨쳐낼 수 있는 '깨달음의 빛이며 선(善)의 원리'인 리(理)의 적극적 작동을 인간 내부에서는 기대하기 어렵다는 이론이다. 따라서 인간이 선(善)을 실현하기 위해서는 역대의 성현(聖賢)이 설정해둔 기왕의 준칙(準則)들을 준수하지 않으면 안 된다는 결론에 서게 된다. 율곡설을 따르는 후계 학인들이 주자(朱子)를 유일 기준으로 추숭하게 되는 주요 배경이 거기 있었던 것으로 이해된다. 김태영, 위의 책, I-1·2 참조.

조선 성리학은 왜란·호란의 참상과 치욕을 겪고 당쟁의 시대를 지나면서 명분론과 의리를 이론적 무기로 내세워 반대당을 누르고 길이 집권할 방도를 강구하게 되었는데, 여기서 언제나 원용되는 것은 주자였다. 주자 역시 전란의 참상과 치욕을 겪은 남송의 현실을 살았던 것이다. 조선 성리학은 더욱 주자 숭봉의 길로 나아갔다.

우암은 특히 서인의 영수로서, 그리고 노론의 영수로서 효종·현종·숙종 3대에 걸쳐, 산림(山林) 도학자로서건 정치가로서건 인신(人臣)으로서는 누구보다도 큰 영향력을 행사하게 되었다. 그런데 그는 율곡보다도 주자를 더욱 존숭하며, 주자야말로 학문과 정치사업에서 유일한 기준이 되어야 함을 강하게 주창하였다.

> 퇴계(退溪)나 율곡(栗谷)을 불문하고 주자(朱子)와 같은 것은 따르고 주자와 같지 않은 것은 따르지 않을 뿐입니다(『宋子大全』 권212, 同春宋公遺事).
>
> 주자 이후로는 어떤 이치도 밝혀지지 않은 것이 없고 어떤 말씀도 해석되지 않은 것이 없다. 비록 주자와 같은 사람이 다시 태어난다고 하더라도 다시 스스로 내세울 만한 말은 없고 다만 주자의 설을 고수(固守)할 뿐일 것이다. 만약 이와 같이 하지 않는다면 단연코 주자와 같은 사람이 아니요, 육상산(陸象山)이나 왕양명(王陽明) 같은 무리일 뿐인 것이다(『宋子大全』 권104, 答金仲固 丙辰).

곧 자기를 본위로 하는 성리학이 아니라 주자 유일주의로 빠져들어가고 있었다는 사실을 읽게 된다. 그런 소신에서는 성리학 수용(受容)의 문제 자체부터 새로운 각도에서 인식되기 마련이었다.

포은(圃隱) 선생은 위태로운 나라에 마음을 바치다 마침내 몸으로 순국하였으니 그 충절이 성대하다. 상(喪)·제(祭)의 예법에서도 능히 구래의 인습을 변화시켰으니[79] 그 효도가 매우 크다. 그러나 자고로 충(忠)·효(孝)에 독실한 자는 대대로 끊어진 적이 없었다. 그가 원(元)나라 오랑캐를 배척하고 황조(皇朝)로 귀속도록 하며 오랑캐 풍속을 바꾸어 중화(中華)의 제도를 따르게 함으로써 우리 동토(東土)로 하여금 중국의 속국(屬國)이 되도록 하고 울연히 예의지방(禮義之邦)이 되게 하였으니, 이것이야말로 선생의 큰 공적이 아닌가(『宋子大全』 권154-2~3, 圃隱鄭先生神道碑銘幷序).

물론 여기서 '속국'이란 말은 근대적 의미의 것은 아니다. 그것은 중화를 따라 '문명'으로 나아가게 되었다는 뜻이다. 그러나 자아를 주체로 하는 문명의 수용이 아니라, 자기 주체를 버리고 일방적으로 중화(中華)를 따라 '예의지방'을 꾸려가는 것이야말로 역사적인 가치를 지니는 일이었다는 주장이다. 주자라고 하는 보편문명(普遍文明)을 교조로 받드는, 차원을 달리하는 새로운 화이론이 전개되기에 이른 것이다.

우암의 후계 노론당의 이데올로그들은 주자의 도통이 자신들에게로 건너와 전승된 것이라고 강력히 주창했다. 우암의 문인 한수재(寒水齋) 권상하(權尙夏) 및 한수재의 문인으로 영조 대의 산림(山林) 병계(屛溪) 윤봉구(尹鳳九)의 인식을 들어두기로 한다.

옛날 주자(朱子)는 공자(孔子)를 이어 집대성하였는데, 그가 몰하자 도(道)가

79 고려 말 "시속(時俗)에서는 상례(喪禮)·제례(祭禮)에 오로지 불교식을 숭상하고 있었는데, 정몽주가 비로소 사서(士庶)들로 하여금 주자가례(朱子家禮)를 본받아 가묘(家廟)를 세우고 조선(祖先)을 제사 지내도록 하였다"(『고려사』 권117, 정몽주 열전)는 사실을 두고 이른 것이다.

> 또 불명(不明)하게 되었다. 그 후 500년에 (우암) 선생이 태어나 사계(沙溪)·율곡(栗谷)을 거슬러 주자를 전승(傳承)하였다(『한수재집』 권23, 懷德崇賢書院尤菴先生追享祭文).

> 공자의 도는 주자에 이르러 크게 드러났으며, 주자의 도는 (우암) 선생에 이르러 더욱 밝혀지게 되었다. 이로 보건대 주자는 뒷날의 공자이며 선생은 뒷날의 주자라고 이를 만하다(『宋子大全』, 續拾遺 부록 尹鳳九찬 墓誌).

즉 조선 17세기 이후 집권당의 이데올로그들에 따르면 주자학이야말로 학문과 왕정의 유일한 지침이며 기준이었다. 그들은 그러한 도통을 자담(自擔)해갔다. 그것은 곧 조선 성리학이 도달한 극단적·전일적 주자교조주의화 현상이었던 것으로 풀이된다. 그 견지에서는 주자학 이외의 것은 모든 것을 이단으로 몰아 배격하기 마련이었다. 주자에 대한 비판적 안목을 결코 용납하지 않는 폐쇄적인 학문 사상풍토에서는 조선 성리학 자체의 존재 의의가 사실상 소멸될 수밖에 없었다. 조선 후기 실학은 그래서 새로운 역사적 의미를 지니고서 탄생했다.

17세기 조선 성리학은 예학(禮學)의 시대를 만개시켜, 인간의 의례(儀禮)가 소위 '천리의 절문(節文)'을 어떻게 체현해야 옳은 것인가를 과제로 삼아 처절한 논쟁을 벌이고 나섰다. 나아가 인성과 물성(物性)의 동(異)·이(同) 문제를 두고서도 치열한 논전을 전개하였다. 모두 성리설의 극치를 연출해내기에 이르렀으나, 이미 그 의미는 적어져가는 새로운 역사의 시대가 현실로 다가오고 있었다.

8. 맺음말

고려 말의 성리학은 국내외의 극단한 쇠란(衰亂)을 극복할 새로운 교학이자 경세론으로 수용되었다. 성리학의 국가적 흥기를 통하여 고려는 오래된 자국을 중흥하고자 시도하였다.

그러한 시도는 조선왕조로 계승되었다. 더구나 조선 건국의 주역들이 대개 성리학을 통해서 치세를 이룩해보려는 개혁파 사류였다. 그들은 특히 성균관에서의 강학을 통해서 성리학을 널리 보급하고 인재를 육성하는 길을 제도화했다. 고려 시기의 오랜 전통으로 지켜온 진사시를 폐지하고 경학만으로 선발하는 생원시만을 실시하며, 문과의 초시(初試)에서도 반드시 경학을 시험 보도록 제도화하였다. 세종 대 후기에는 국가 용도에 따라 진사시도 다시 시행하게 되었으나, 문과 초시에서 경학을 시험 보도록 한 것은 길이 제도로 운용하게 되었다.

그래서 성리학을 이수한 인재가 다수 배출되어 세종 대부터는 성리학 왕정론의 구현에 크게 이바지할 수 있었다. 또한 성리학적 교화정책이 다각도로 펼쳐졌다. 그 가운데 대표적인 사례로 훈민정음의 창제를 들 수 있다. 자기 백성의 일상생활에 가장 필요한 문자를 제정하는 것이야말로 가장 주체적이며 독자적인 왕정의 구현에 해당했다. 가르쳐 깨우치고 이끌어가면서 다스린다는 교화정책은 독자적 농서의 보급과 권농정책으로도 널리 구현되었다.

그런데 조선 성리학은 세조의 패권적 전제정치와 이후의 훈척정치를 맞으면서 그에 반발하여 점차 주자학에 더욱 의지하고 주자를 더욱 원용하는 방향으로 나아갔다. 더구나 왕권과 비리로 결탁한 훈척의 전횡으로 일어나는 사화의 시대를 맞으면서, 그에 항거하기 위해서도 조선 성리학은 더욱 주자를 이끌어 내세우지 않을 수 없었으며, 주자학을 따라 국왕의 일심을 깨우치기에 치중하는 심학화(心學化)의 길로 나아갔다. 조선 성리학 왕정론은 전대부터 오래 쌓인 사회적 비리와 정치적 인습의 개혁에 크게 기여하였지만, 16세기 사화의 시대를 맞아 처절한 희생을 당하게 되었다.

그리고 16세기 후기의 사림정치기를 맞아 조선 성리학은 전성을 구가하게 되었다. 퇴계의 이발설(理發說)과 율곡의 기발일도설(氣發一途說)은 모두 주자가 미처 명백히 정리해두지 못한 이기심성론(理氣心性論)을 조선 성리학이 각기 독자적으로 구분하여 이론화한 것이었다. 16세기의 조선 성리학은 곧 심학(心學) 위주의 도학(道學)으로서, 자기 일심(一心)의 '주일(主一)'적 함양을 극진한 경지까지 추구함으로써 이제 천리(天理)와 조화할 수 있는 천덕(天德), 그리고 태극(太極)을 맞이할 수 있는 인극(人極)의 확고한 정립을 말할 수 있는 위상에 서게 되었다. 이제 관변(官邊)과는 먼 임하에 정좌(正坐)하고서도, 왕도에 못지않은 천덕을 함양함으로써 온 세상의 중심 되는 위상을 간직할 수 있는 도학의 세계가 따로 열리게 되었다. 거기에서야말로 조선 성리학의 독자적 경계가 전개되기에 이르렀다.

그런데 조선 성리학은 중국의 경우보다 훨씬 외곬으로 주자학을 신봉하고 있었다. 가령 조선 성리학이 양명학을 배격하여 일절 행세치 못하게 하고, 단일한 국가 교학으로서의 독점적 지위를 주자 계열 성리학에만 허용했다는 사실도 매우 큰 특징 중 하나였다.

나아가 향약의 경우도 비슷한 사례였다. 향약은 원래 성리학을 운용하는 송나라 사류층의 일부가 그 덕목(德目)에 따른 생활질서를 향촌 사회에 실현코자 하는 자치규약으로 고안한 것이었다. 그것이 성리학과 함께 수용되고, 이윽고 사림세력이 많이 정계로 진출한 16세기 조선에서는 그것을 국가적으로 시행한다는 논의를 조정에서 계속하여, 드디어 거국적으로 시행한다는 결정을 내리게 되었다. 물론 뒤이어 사화가 일어난다든가 국력이 피폐하다는 등의 사유 때문에 향약은 당분간 널리 시행되지는 못하였다. 그러나 그것은 명망 있는 사류들이 주도하면서 점차 각 군현 단위로 운용되기 시작하였고, 결국은 대체로 전국적 시행을 보이게 되었다.

그런데 조선 향약의 특징은, 그것이 다만 사류층의 자치규약으로서가 아니라, 대체로 군현마다 향소(鄕所)가 주체가 되고 사족층이 주도하게 되었으며, 그래서 특히 양인 천민에 이르기까지 당해 지역의 모든 주민을 대상으로 하는 강제적 규약으로 시행되기에 이르렀다는 것이다. 이는 각 지역 사족층에 의한 교화기구로 강제되고 있었다. 즉 향약은 사족층이 주도하는 성리학적 사회질서를 국왕이 주도하는 국가체제에 근접시키고 합치시킴으로써, 당해 지역의 모든 주민에 대하여 교화와 규제를 동시에 가하는 기구로 활용되기에 이르렀다.

더구나 16세기 말부터 조선 성리학은 왜란·호란의 참상과 치욕을 겪음과 동시에 격렬한 당쟁의 시대를 맞게 되었다. 당쟁에서 살아남고 이기기 위해서는, 옛날 주자의 경우를 원용하여, 더 뚜렷한 명분론과 의리론(義理論)을 이론적 무기로 내세우는 것이 큰 힘이 되었다. 조선 성리학은 이제 경쟁적으로 더욱 주자 숭봉의 외길로 빠져들었다. 그리고 오랜 집권을 통해서 일당 전횡의 길을 마련한 노론당은 마침내 주자 유일주의, 주자 교조주의의 기치를 내세움으로써 영구집권의 행태를 모색하기에 이르렀다.

조선 성리학은 오랜 시도에도 불구하고 결코 왕정을 실현해내지 못하였다. 그러나 그 과정에서 오랜 비리와 인습에 대한 개혁의 시도를 누누이 전개하였다. 그리고 일정한 성과를 거두기도 하였다. 국가 교학으로서 조선 성리학의 주체성은 그런 면에서 발현되고 있었다.

그런데 조선 성리학은 국가 교학으로서의 성격을 결코 지양하지 못하고 대체로 지배층 위주의 학술이론으로 일관하였다. 성리학에는, 그 이전의 고전 유교에서부터 워낙, 서양식 의미에서와 같이 인간의 자아를 위주로 하는 사유가 결여되어 있었다. 넓은 의미의 국가 통치론이었던 것이다. 조선 성리학 또한 넓은 의미에서 정치 교학의 영역을 벗어나지 못하고 시종하였기로, 학문 자체에 고유한 순수 이론을 독자적으로 개발해내기는 어려웠다. 그리고 정치와 깊이 결탁할수록, 이상정치인 왕정을 실현하고자 하는 그 본연의 성격 또한 퇴색함을 면치 못하게 되었다. 그래서 조선 후기의 실학이 새로운 역사적 의미를 지니면서 탄생한 것이다.

(**주자학 세계관과 조선 성리학의 주체의식;**
『大東文化研究』37, 2000)

제4장

조선 전기의 균전·한전론

1. 머리말

한국사에서는 실로 오랜 시기에 걸쳐 균전론·한전론이 주장되었다. 토지의 소유 또는 점유를 균평히 하자거나 제한하자는 주장은, 그 토지에 대한 소유 관계가 배타적인 사유로 완결되어있는 것이 아니라, 근원적으로 공적(公的)인 성질을 가진 것이라는 관념 위에서 출발한 것이었다. 그같이 토지소유 관계의 공적인 측면을 강조하는 주장을 흔히들 공전론(公田論)·토지국유론(土地國有論) 혹은 왕토사상(王土思想)이라고 표현한다. 토지의 근원적 소유 관계가 공유(公有)·국유(國有) 혹은 왕토에 속하는 것이라고 인식하였기 때문에 개인적 소유 혹은 점유를 균등히 하거나 제한하자는 주장이 성립될 수 있었던 것이다.[1]

공전(公田) 혹은 왕토관념(王土觀念) 또는 그 사상적 연원은 중국의 고대국가(古代國家)에서 비롯한 것이라고 흔히들 말하지만,[2] 왕권의 초월성이 제도적으로 강조된 아시아 여러 지역, 여러 고대국가에서 그것은 각기 별도로 이데올로기적 정립이 되었으리라고 생각된다.

한국사의 경우 적어도 삼국 시기에는 이미 왕토사상이 정립되어 있었

1 균전론(均田論)과 한전론(限田論)은 엄밀한 의미에서는 전혀 상이한 내용의 개념이다. 가령 조선 후기 실학(實學)의 여러 토지개혁론을 일별해보면 그 상이성은 명백하다. 그러나 조선 전기에는 아직도 양자가 동일한 발상에서 논의되고 있었으며, 그 논의의 이론적 근거 또한 동일하다고 생각되므로, 여기서는 일단 함께 다루기로 한다.

2 『詩經』 小雅 北山의 "溥天之下 莫非王土 率土之濱 莫非王臣"이라거나, 그 소아(小雅) 대전(大田)의 "雨我公田遂及我私" 등에 나타난 그 같은 관념이 이미 주대(周代)에 정립되어 있었다는 것이 통설이다.

다. 가령 고구려를 치기 위하여 수(隋)나라에 청병(請兵)하는 「걸사표(乞師表)」를 지으라는 진평왕의 명(命)을 받고 원광법사(圓光法師)가 다음과 같이 답한 사례에서 보이는 바와 같다.

> [가 1] 자기가 살아남고자 남을 멸망시키는 것은 사문(沙門)의 행할 일이 아니지만, 빈도(貧道)가 대왕(大王)의 토지(土地)에 살면서 대왕의 수초(水草)를 먹고 있으니, 감히 명(命)대로 따르지 않으리오(『三國史記』 권4, 新羅本記 眞平王 30년).

이러한 왕토관념은 고려 초기에도 마찬가지였다.

성종이 승려 여철(如哲)을 궁중에 초치하여 복(福)을 빌게 하려고 하자, 유신 최승로(崔承老)가 시무(時務) 28조를 올리면서 다음과 같이 한 말에서도 그 같은 왕토사상이 나타나 있다.

> [가 2] 그가 살고 있는 수토(水土)는 성상(聖上)의 소유(所有)요 조석(朝夕)으로 먹는 음식 또한 성상의 하사(下賜)이니, 반드시 힘써 보답하려는 마음이 있어 매양 복(福) 비는 것으로 일삼을 것이거늘, 어찌 번거로이 궁중으로 맞아들인 후에야 감히 복을 베풀 것인가(『高麗史節要』 권2, 成宗 원년 6월).

여기서 왕토사상은 이미 승(僧)·유(儒)를 막론하고 일국의 인간을 총체적으로 지배하는 전제왕권(專制王權)의 이데올로기가 되었음을 알 수 있다.

그 같은 공전론 내지 왕토사상을 이데올로기적 기초로 하고서 한국사에서는 일찍부터 균전론·한전론적인 시책이 베풀어졌다. 가령 신라 시기에 백성들에게 정전(丁田)을 주었다든가, 고려 초기에 국가적 분지제(分地制)로서의 전시과(田柴科)가 여러 차례 제정·운용되었다는 사례가 그러하다. 이들 제도가 정작 토지의 개별 소유나 점유를 어떻게 변동시켰는지는 학설이 구구한 편이지만, 그것이 모두 국가의 입장에서 공전론 내지 왕토사상을 전제하고 취한 균전론적·한전론적 시책의 일종이었다는 사실에는 의심의 여지가 없다.

고려 후기 충선왕의 즉위 하교(下敎)에서는 "선왕이 제정하신 내외(內外)의 전정(田丁)은 각기 직역에 따라 평균 되게 분급하여 민생(民生)에 이바지하고 국용(國用)을 지탱하였다"[3]고 하였는데, 여기서도 공전적(公田的)·한전적(限田的) 시책이 기본 정책으로 추진되었다고 하는 인식을 읽을 수 있다.[4] 같은 시기의 이제현은 고려 역대 국왕의 사찬(史贊)을 쓰면서, 경종 때의 전시과가 이른바 조법(助法)이나 공법을 적용할 이상적인 토지제도로 구현되지 못하였음을 크게 한탄하였는데,[5] 이 또한 토지는 원래가 국유라는 인식을 전제하고 있었음이 명백하다. 한국 중세에는 전시과에서 과전법체제에 걸쳐 토지의 민간 소유자를 '전호(佃戶)'로, 수조권자를 '전주'로, 혹은 민간소유지를 '소경전' 등으로 표기하며, 토지 일반을 수조권의 귀속 여하에 따라 공전 아니면 사전으로 대별(大別)하고 있는 사실 자체가 토지의 궁극적 소유 주체(所有主體)는 어디까지나 국왕 혹은 국가라고 하는 공전론적(公田論的) 발상이며 그러한 인식의 소치였던 것이다.

그러나 물론 개별 토지의 소유 관계로 말하자면 적어도 고려나 조선 시기에는 그러한 공유·국유의 측면보다도 개인의 사유적(私有的) 측면이

---

3 『高麗史』 권78, 食貨志 1 經理.

4 그 같은 인식이 과연 객관적 사실과 일치하였는가는 별개의 문제이다.

5 『益齋亂藁』 권9 下, 史贊.

더 우세하였다. 국가는 비록 수조권의 귀속을 기준으로 하여 공·사전을 구분했으나, 수조행위 자체는 당해 토지의 소유권자를 상대로 하여 실현하고 있었다. 토지 일반의 소유 관계로 말하자면 그 개별 소유권이 언제나 가장 바탕이 되었으며 최우선적 위치를 점했다. 그것은 이미 신라 시기 이래 국가 공인의 문권(文券)으로 소유 관계가 증명되었으며,[6] 고려 말의 사전개혁과 같은 정리를 겪고 나서도 끝내 흔들리지 않은 채 일반적으로 온존되었다. 더구나 고려 후기 이래 농업생산력이 발달—휴한농법이 대체로 극복되고 연작농업이 보편화—함에 따라 토지의 개별 소유권은 더욱 발전하게 되었으니, 과전법체제는 대체로 그 같은 소유권적 토지지배 관계를 바탕으로 하고서 그 위에 수조권적 지배 관계를 재편성하는 데 그쳤다.

그 같은 토지의 개별 소유권의 보편적 전개라고 하는 시대적 대세하에서 이 책이 검토하고자 하는바 국유론을 전제로 하는 균전·한전론은 어떠한 의미를 지니는 것일까.

2. 균전적 · 한전적 제시책

고려 말 사전을 개혁하고 과전법을 제정한 당로자(當路者)들은 당시의 혁명적 상황을 배경으로 토지소유 관계의 전면 재조정을 주장했다. 정도전은 다음과 같이 말하였다.

6 旗田巍, 1972, 『朝鮮中世社會史の研究』, 法政大學出版局, 제9장 「新羅·高麗の田券」 참조.

[나 1] 옛날에는 전지(田地)가 모두 관(官)에 속해있어 민(民)에게 나누어 주었으니 민이 경작하는 것은 모두 그가 받은 전지였다. 천하의 민이 전지를 받지 않은 자가 없었고 경작하지 않는 자도 없었다. … 전제(田制)가 무너진 뒤로부터 호강(豪强)이 겸병(兼幷)을 하게 되어 … 전하(殿下)가 잠저(潛邸)에 있을 때 친히 그 폐단을 보고 개연(慨然)히 사전(私田)의 혁파를 자신의 임무로 맡았으니, 대개 경내(境內)의 모든 전지(田地)를 취하여 국가에 소속시키고, 계민수전(計民授田)함으로써 옛날 전제(田制)의 올바름을 회복하려 하였다. 그러나 구가세족(舊家世族)들이 그것이 자신들에게 불편하다고 번갈아 비방 원망하고 다방(多方)으로 저해하여 이 민(民)으로 하여금 지치(至治)의 은택을 입지 못하게 하였다(『三峯集』 권7, 「朝鮮經國典」 上 賦典 經理).

즉 토지의 소유 관계로 말하자면 원래 국유로서 이를 '계민수전(計民授田)'하여 경작시키는 것이 원래 전제의 올바른 모습이요, 그래야만 '지치(至治)'가 실현될 수도 있는 것이므로, 원래의 제도를 회복하고자 한 것이 개혁파들의 원래 의도였다는 것이다.[7]

그러나 개혁파의 그 같은 원칙론은 당시 현실적 소유 관계의 제약으로 인하여 관철될 수가 없었다. 사료에서는 '구가세족'으로 대표되는 대토지 소유자들의 방해 때문이라고 하였으나, 객관적으로 볼 때 당시의 혁명적 권력으로서도 이미 오래 관행이 이루어진 개별적·소유권적 토지

7 개혁파 조준(趙浚) 등의 전제(田制)개혁에 관한 상소(『고려사』 권78, 田制祿科田 우왕 14년 7월)를 보더라도 토지국유(土地國有)를 실현하려고 하였다는 의도는 명백히 간취된다. 곧 "전국의 토지를 국유(國有)로 편성해놓고, 다만 직역자(職役者)에게 응분의 수조권(收租權)만을 분급하는 것"을 그 원칙으로 제시하였다(金泰永, 1983, 『朝鮮前期土地制度硏究』, 知識產業社, 50~52쪽 참조).

지배 관계의 보편적 현실성을 뒤집을 수 없었던 것이다. 과전법은 그 제정 과정에서 사전조(私田租)의 공수(公收) 및 양전의 동시결행(同時決行)을 통하여 당시 전국적으로 팽만해 있던 불법적 '사전'을 많이 정리함에 따라 토지소유 관계의 변동이 더러 일어나기도 하였겠지만, 그것이 주로 성취한 것은 지배층·지배기구 위주의 수조권 재편성에 있었다는 사실은 주지하는 바와 같다.

과전법이 '토지국유(土地國有)·계민수전'의 원칙을 그대로 관철하지는 못하였지만, 그것은 일단 토지국유의 원칙을 유보하면서 부분적으로는 이를 실현해가고 있었다. 이미 언급한바 그 제정 과정에서 양전과 더불어 공·사전 모두에서 전조를 공수한 일, 다시 과전법 조문에도 국가 비상시에는 공·사전 전조를 모두 공수할 수 있다고 규정한 것, 이른바 분급수조지인 사전에서도 '세(稅)'를 바치도록 규정한 것, 이 법이 공포되기 전년도(공양왕 2, 1392) 이전의 "공사전적(公私田籍)은 모두 불태워 없앨 것이며 감히 사사로이 감추어두는 자는 국법(國法)을 저훼한 형률로 논하고 재산을 적몰한다 하여" 토지의 지배 관계 일체를 과전법의 공포로써 신기원으로 획을 그은 일, 이른바 '소경전'의 매매 증여를 제한한 일 등의 여러 조처가 그 같은 토지국유의 원칙을 확인해가고 있었던 것으로 이해된다.

그런데 기본적으로 토지의 소유권적 지배 관계는 현실적인 관행에 맡겨둔 채 그 수조권적 지배 관계의 측면만을 재편성하는 데 그친 과전법 체제는 수조권의 안정적 실현을 위해서도 그 기축이자 토대가 되는 소유권적 지배 관계의 안정과 균형에 깊은 관심을 두지 않을 수 없었다. 토지소유 관계의 안정적 운용이야말로 수조권을 원활하게 실현할 수 있는 바탕이 되며, 국가 지배질서의 유지·존속을 가능케 하는 기초 그 자체에 연관된 문제였기 때문이다.

그러므로 과전법은 비록 '계민수전'의 이상을 실현하지는 못하였으되, 이미 그 조문 자체에 토지에 대한 국가의 임의처분권을 일부 유보해두고 있었다.

> [나 2] 전객(佃客)은 자기의 소경전(所耕田)을 별호인(別戶人)에게 함부로 매매·증여할 수 없다. 만약 사(死)·이사(移徙)·호절(戶絕)한 경우와 여전(餘田)을 다점(多占)하여 고의로 황무(荒蕪)하게 한 경우 그 전주(田主)가 임의 처분함을 허락한다(『高麗史』 권73, 식화지 1 田制 科田法).

이 조문은 원래 과전 등 이른바 사전에서 '전주'의 수조권 보장을 일차적 목표로 하고 권농정책의 일환으로서 설정된 것이지만, 일반 공전이라 하여 예외일 수 없었다.[8] 공전 즉 국가수조지에서의 '전주'는 곧 국가였으며, 국가는 무주전이나 진황전 등 경작하지 않는 전지에 대한 임의처분권을 언제나 유보하고 있었다.[9] 조선왕조가 개창된 후 그 같은 유보권은 좀 더 구체적으로 법제화하기에 이르렀다.

> [나 3] 도평의사사(都評議使司)에서 아뢰었다. "…주현(州縣)의 수령(守令)들이 힘써 권농치 않아 공(公)·사(私) 간이 모두 궁핍하게 되었습니다. 바라건대 각 도(道)의 도관찰사(都觀察使)는 때때로 고찰하여 유수자(游手者)

8 이 가운데 전지(田地) 매매금지 규정이 세종 6년(1424)에 현실적 요청에 따라 해제될 때의 사정을 보면, 그것이 공전(公田)·사전(私田)을 가리지 않고 보편적으로 적용되고 있었다는 사실은 그 적실한 예가 된다(『세종실록』 권23, 6년 3월 기해:2-589 참조).

9 진황전(陳荒田)에서 소유권(所有權)의 변동에 관해서는 다음 사료 [마 1~8]에서 설명할 것이다.

는 농업에 종사시키고 식량 없는 자에게는 먼저 의창(義倉)의 곡식을 줄 것이며, 병들어 경종(耕種)하지 못하는 자는 인리(隣里) 및 족인(族人)들로 하여금 서로 도와서 경종(耕種)케 해야 합니다. 전지(田地)를 다점(多占)하여 번갈아 진황(陳荒)시키면서 타인(他人)의 경작(耕作)을 금(禁)하는 자는 10부(負)에 태(笞) 10대, 매 10부에 가일등(加一等)하여 장(杖) 80대로 그치고 (그 전지는) 무전자(無田者)와 전소자(田少者)에게 주어 경작하게 해야 합니다"(『태조실록』 권5, 3년 4월 경진;1-61).

『경제육전(經濟六典)』에도 등재되어[10] 이후 계속 효력을 갖게 되는 이 규정은 근원적으로는 권농정책(勸農政策)의 하나로서 설정하였던 것으로 이해된다. 그러나 비록 정책적이었다 하더라도 여기서 자기 경영 규모를 초과하는 전지는 원칙상 무전자(無田者)와 전소자(田少者)에게 그대로 주어 경작하게 하였다는 사실은 주목할 만하다.

여기서 무주전의 경우는 문제 될 것이 없다. 그러나 진황전의 경우는, 다음에 설명하는 바와 같이, 이미 고려 전기부터 원소유자의 소유권이 명확히 유보되어 있었음에도 불구하고 이제 과전법체제는 그 같은 현실 관행상 지주의 소유권을 부정하면서 새로운 균전책(均田策)을 강행하고 있었다.

과전법체제는 오랜 관행을 부정하면서, 비록 사유지(私有地)라 하더라도 무주전이나 진황전 등 경작하지 않는 전지에 대한 국가의 임의처분권을 계속 유보하고 있었다. 그 같은 사정과 관련하여 조선왕조 초기에 전지를 타인에게 대여하고 병작반수하는 농업관행은 그 연원이 비록 오래된

10 『세조실록』 권11, 4년 정월 병자;7-249 참조. "元典有 疾病不能耕種者 隣里族親勸誘耕種 勿令失時."

것일지라도 국법으로 계속 금지하고 있었다.

[다 1] 전조(前朝)의 말기에는 민간의 병폐가 다단(多端)하였으나, 아조(我朝)에 이르러 점차 혁거(革去)되었다. 그러나 아직도 민간에는 남은 폐단이 있다. … 품관(品官)·향리(鄕吏)들이 전지(田地)를 광점(廣占)하고서 유망민(流亡民)을 초납(招納)하여 병작반수(竝作半收)하니 그 폐단이 사전(私田)에서보다 심하다. 사전 1결은 풍년에도 다만 2석을 거두는데 병작 1결은 10여 석씩 많이 거둔다. 유이자(流移者)가 이에 투탁(投托)해서 피역(避役)하고 영점자(影占者)가 이에 의탁하여 숨겨 감추니, 부역(賦役)의 불균(不均)이 오로지 이 때문이다. … 전지(田地)의 병작은 환(鰥)·과(寡)·고(孤)·독(獨)과 자식도 노비(奴婢)도 없이 3·4결 이하 경작하는 자 이외에는 일체 금단할 것이다(『태종실록』 권12, 6년 11월 기묘;1-379).

[다 2] 부강인(富强人)은 전지(田地)를 다집(多執)하고서 이미 자가(自家)의 경작 규모를 채우고는 다시 빈민(貧民)에게 대여하여 병작취리(竝作取利)하니 불균(不均)의 폐단이 있다. 환(鰥)·과(寡)·고(孤)·독(獨) 등 자경(自耕)할 수 없는 자 외에 부강자의 병작전답(竝作田畓)은 그 소경빈민(所耕貧民)에게 그대로 주어서 삶을 이룩하도록 할 것이다(同上 권29, 15년 6월 경인; 2-675).

즉 병작반수는 고려 시기 이래의 오랜 그러나 폐단이 큰 농사관행으로서 조선 초기에도 관행이 이루어지고 있었다. 그것은 품관·향리 등 각지의 호강들이 유망민을 끌어모아 공역(公役)·공부(公賦)를 차단시키면서 자신의 비호하에 두거나, 혹은 부강인(富强人)이 여전(餘田)을 빈민에게 대여하여 '반수(半收)'라는 고율의 지대(地代)를 수탈하는 관행이었다. 그런데 이들 사료는 다 같이 노동력이 빈약한 소규모 경작자의 병작은 허용하되, 그 나머지는 일체 금단시킴으로써 여전을 무전농민(無田農民), 전소농민(田少農民)들에게 균분(均分)하자는 주장을 담고 있다. 여전의 균분은 이 시기의 토지정책이 '계민수전' 혹은 '경자유전(耕者有田)'이라고 하는 이상론을 계속 추구하였던 것으로 보아도 무방하다.

그런데 노동력 빈약자의 소규모 병작은 어째서 허용할 수밖에 없었을까. 그것은 사료 [나 3]에서 볼 수 있는 것처럼 질병으로 인한 경우라든가 혹은 환·과·고·독 같은 "자경(自耕)할 수 없는 자"의 생존을 위한 부득이한 예외적 조처였던 것으로 이해된다. 즉 자영할 수 없는 자에게는 부득이 병작을 예외적으로 허용하되 다만 그 규모를 극히 제한한다는 원칙을 세웠다.

물론 조선 초기에도 노비 등 예속노동력의 직접 사역을 통한 대토지경영(大土地經營)은 허용되었지만, 토지를 대여해서 병작반수하는 관행은 계속 금지되었다. 과전법체제는 그 자체로 토지의 소유 관계를 근본적으로 재편성할 수 없었지만, 1가(家)의 경작 능력을 초과하는 여전은 그 소경민(所耕民)에게 그대로 분급(分給)케 함으로써 그것이 원래 의도한바 '토지국유·계민수전'의 이념을 부분적으로나마 실현하려 하였다.

무주전·여전·진황전·한전(閑田) 등을 무전(無田)농민을 우선으로 전소(田少)농민 등에게 분급한다는 원칙은 국책으로 추진되었다. 그 원칙은 가령 명백히 국가 직접소유지인 국둔전(國屯田)이 혁파될 때 그것을 무전민(無田民)에게 '균급(均給)'하는 사실로도[11] 나타났다. 이른바 신백정(新白丁)을 안착시키기 위한 방편으로도 세종 이후 성종 대까지에 걸쳐 "한전 및 다점

11 『태종실록』 권9, 5년 4월 기묘;1-324, 『세종실록』 권37, 9년 7월 신축;3-82, 『단종실록』 권9, 원년 11월 병진;6-638 참조.

진황인전(多占陳荒人田)을 주어서 농사짓게 한다"[12]든가, 각 고을 수령들이 경내(境內)의 신백정을 추쇄하여 "각 리(里)에 분(分)하고 진도(田土)를 양급(量給)하게 한다"[13]든가, 혹은 그들 중 "산업(產業)이 없는 자는 국역을 맡기지 말고 한전을 주어서 농상(農桑)을 권과(勸果)"[14]하는 등의 정책으로 꾸준히 추진되었다. 세종 초기에 사사전(寺社田)을 정리한 후 각 종파의 승려들이 계속 사점(私占)하고 있는 것들은 모두 추쇄하여 "무전의 평민들에게 이급"[15]하도록 조처한 일도 균전책의 하나였다.

한편 세종~세조 대의 북계사민(北界徙民) 사실에서 보이는바 '입거인(入居人)'들의 우선적 정착을 위해서도 균전책은 꾸준히 추구되었다. 가령 "마땅히 입거인에게 원거인(元居人)의 숙전(熟田)을 헤아려 분급할 것이니 원거인의 소경전이 10결 이상이면 3결을, 7·8결이면 2결을, 5·6결 이상이면 1결씩을 빼내어"[16] 균급하게 한 사실에서 보이는 바와 같다. 강원도 지역 강무장(講武場)의 금경(禁耕)으로 인하여 발생한 유이민(流移民)을 안집하기 위한 방편으로, 그 이웃 고을들이 "가경진지(可耕陳地) 및 한전을 양급(量給)하고 또한 다점자(多占者)의 전지를 분급하여 안업(安業)하게"[17] 한 조치도 균전적(均田的)인 국가시책의 하나였다.

나아가 다음에 살펴볼 수 있는 것처럼 진도(珍島)의 주민을 황원목장(黃原牧場)으로 이거(移居)시킬 때의 사례와 제방(堤防)을 신축한 후 새로 생긴

---

12 『세종실록』 권22, 5년 10월 을묘;2-559.

13 『세종실록』 권78, 19년 8월 병진;4-94.

14 『성종실록』 권54, 6년 4월 경인;9-214.

15 『세종실록』 권34, 8년 10월 정해;3-40.

16 『세종실록』 권88, 22년 3월 을사;4~273. 비슷한 사례는 다수 찾을 수 있다. 가령 『세조실록』 권2, 원년 8월 병진;7-79, 同 권20, 6년 6월 무오;7-402.

17 『문종실록』 권8, 원년 7월 임자;6-411.

경지(耕地)를 나누는 사례는 이 시기 균전책의 어떤 원형(原型)을 제시하는 것이 아닌가 생각된다.

[다 3] 황원목장(黃原牧場)에 있는 (종래의) 도경전(盜耕田)은 모두 이주민(移住民)에게 분급한다. 이곳 구진전(舊陳田)은 비록 본주(本主)가 있어 소송(訴訟)을 일으키더라도 청리(聽理)하지 말고 역시 이주민에게 준다. 수전(水田)·한전(旱田)은 각호(各戶)의 인구 다소(人口多少)에 따라 균급(均給)한다(『세조실록』 권26, 7년 10월 경오;7-490).

[다 4] 신축한 제방 내(堤防內)의 전지(田地)는 각기 그 본주(本主)가 자축(自築)한 경우는 그대로 나누어 경작함이 옳다. 그러나 역군(役軍)을 모아 방축(防築)한 경우인즉 빈민(貧民)들에게 균급(均給)함이 마땅한 바이거늘 수령이 국가의 본의(本意)를 생각지 않고 부호(富豪)에게 선급(先給)하니 진실로 안 될 일이다. 신축한 제방 내의 수전의 급부수(給負數)를 장부에 올리고 절급(折給)한 자의 성명(姓名) 및 그 원경전(元耕田)의 다소(多少)를 아울러 기록 계문(啓聞)하도록 한다(同上 권68, 12년 정월 을사;8-1).

사료 [다 3]은 원래 국유지(國有地)였던 황원목장을 국책(國策)으로 새로이 개발하면서 이곳의 토지에 관한 어떠한 연고권이나 특권도 인정치 않으면서 전지를 오직 이주민 "각호(各戶)의 인구 다소(人口多少)에 따라 균급"하고 있었음을 보여준다. [다 4]의 경우 국가기관이 역군(役軍)을 동원하여 제방을 신축함에 따라 새로 생긴 수전(水田)은 마땅히 그곳의 "빈민(貧民)들에게 균급"하되 다만 이 경우 "원경전(元耕田)의 다소(多少)"를 참작하여 균급함으로써 '균전(均田)'의 참다운 이상을 실현하고자 하였음을 보여주는 사례다. 그래서 이 두 가지 사료는 이 시기 이상적인 것으로 추구하고 있는 '계민수전'적 균전책의 원형적(原型的) 사례에 속하는 것이었다고 이해된다.

그러나 그 같은 균전책은 그것이 이상적인 만큼 특수한 경우에 한하는 것이었다. 보아온바 국둔전 혁파 시의 균전책 이하 몇 가지 사례도 모두가 일반적·항구적인 사실과는 거리가 있는, 어디까지나 일시적 혹은 방편적 사례에 속하는 것이었다. 그러면 사료 [다 1, 2]에 나타난 병작반수의 금지와 그 여전의 균급은 현실적으로 길이 준행되고 있었는가. 다음의 사료가 답해줄 것이다.

> [라 1] 우리나라는 땅이 좁아서 무전민(無田民)이 거의 10분의 3이나 된다. 유전자(有田者)가 유고(有故)하여 경종(耕種)할 수 없는 경우 인리족친(隣里族親)이 병경(竝耕)하여 분반(分半)하는 것이 곧 민간(民間)의 상사(常事)이다(『세조실록』 권11, 4년 정월 병자;7-249).

즉 병작반수는 그 금령(禁令)에도 불구하고 이 시기의 현실적인 농업관행으로서 이미 일반화해 있었다. 그래서 이 같은 "민간(民間)의 상사(常事)"는 때로 국가 행정기구에 의해서 자행되기도 하였다.

> [라 2] 외방(外方)으로 이사 간 사람의 전지(田地)는 실로 무전자(無田者)에게 개급(改給)하여 자생(資生)케 함이 마땅하다. 그런데 어떤 수령은 관병작(官幷作)이라 칭하고서 문득 종자(種子)를 내주고 평민(平民)으로 하여금 경운(耕耘)시켜서 추성(秋成)을 맞아서는 소출(所出)을 분용(分用)하니 심히 온당치 못하다. 지금부터는 통금(痛禁)할 것이다(『세종실록』 권28, 7년 6월 신유;2-675).

[라 3] 경기(京畿)와 하삼도(下三道)에서는 호세가(豪勢家)들이 양전(良田)을 광점(廣占)하고서 혹 번갈아 진황(陳荒)시키거나 혹은 타인(他人)에게 대신 전작(佃作)시킨다. 이 같은 전지(田地)는 수의(隨意)로 청차(請借)하여 관(官)에서는 양(糧)·종(種)을 대고 민(民)은 우(牛)·구(具)를 내어 1천 호(戶) 되는 고을은 50석을 경작하게 하고 100호 되는 고을은 5석을 경작하게 하면, 1일은 경전(耕田), 1일은 파종, 3일은 제초(除草), 1일은 수확, 1일은 타작한다. 이같이 5년만 한다면 민력(民力)을 빌리는 것은 1년에 불과 7일이요, 생민(生民)의 무궁한 이로움이 될 것이다(『세조실록』 권9, 3년 10월 임자;7-231).

사료 [라 2]는 '관병작(官幷作)'을 금지하자는 주장이요, [라 3]은 토지 광점자(廣占者)의 진황지(陳荒地)나 병작대여지(幷作貸與地)를 관(官)에서 빌려 둔전적(屯田的) 영농을 전개해보자는 내용이어서 양자를 일률적으로 파악하기에는 무리가 있다. 그러나 무엇보다 여기서 주목하는 바는 이들 사료에 나타난 영농방법의 현실적·보편적 모습 그것이다. 두 사료는 각기 어떠한 농업관행을 현실적 근거로 하고서 각각의 주장을 입론하였는가. 병작반수가 민간에서 현실적으로 관행되는 보편적 현상이 아니라면, 사료 [라 2]에서와 같이 무주전을 관(官)이 확보한 후 거기다 종자(種子)를 대주고 평민에게 경작시켜 소출(所出)을 분용(分用)하는 '관병작(官幷作)'이 자행될 소지는 결코 없었을 것이다.

이 사료는 일반적 관행으로서의 병작반수를 관(官)이 흉내 내어 자행하는 것에 대한 금압의 주장이었을 뿐, 오히려 민간에서의 병작반수 자체에 대해서는 이미 묵인 혹은 간과하고 있었다는 사실을 여기서 지적해둘 필요가 있다. 한편 사료 [라 3]의 경우 토지의 광점자(廣占者)는 자영

(自營) 규모를 초과하는 부분은 '진황(陳荒)'시키거나 '타인(他人)에게 대신 전작(佃作)', 즉 병작시키는 것이 보편적 현실이었다. 이른바 '여진'의 경우 진황 아니면 병작이 일반적인 관행이었으므로, 그것을 관(官)이 '청차(請借)'하여 둔전적(屯田的)으로 경영해보자는 것이었다. 여기서 전지의 진황은 물론 용납될 수 없는 일이지만, 병작의 경우는 어떻게 인식되고 있었는가. 관(官)이 여전을 빌려 확보한 후 양식과 곡종(穀種)을 대주고, 민(民)은 농우(農牛)·농구(農具)·노동력을 제공하는 이 경영방식은 둔전적(屯田的)임에는 틀림없으나, 다분히 병작적 둔전 경영의 방식이었다. 이 사료의 내용은 국가의 축적을 늘리기 위한 단기간의 병작적 경영을 주장하는 데 그 주안점이 있었을 뿐, 일반적인 병작 자체를 부정하는 것은 결코 아니었다는 사실을 여기서도 지적해두고자 한다.

조선 초기의 국가는 소농민의 항구적 재생산 지반 확보를 꾀하기 위해 병작반수를 금단하는 한편, 무주전·여전 등을 무전민·빈민 혹은 소경인(所耕人)에게 개급(改給)하도록 법제적으로 뒷받침하고 있었다. 그러나 이미 오랜 연원을 가진 현실적 영농 관행이 국가의 법제에 따라 금단될 수 없는 일이었다. 균전적인 여러 시책도 극히 특수한 경우의 일시적일 고식책으로서만 추진될 뿐이었다. 15세기 후기에 병작반수는 이미 '민간의 상사'로서 하나의 보편적 현실로 전개되고 있었던 것이다.

기실 15세기 후기에도 병작반수는 더는 금단되지 않고 있었다(사료 [라 2], [라 3]). 이윽고 16세기에는 그것이 일반적이며 당연한 관행으로 공인되었다.

[라 4] [지평(持平)] 김식(金湜)이 말하였다. "각 도(道)의 사사전(寺社田)은 비옥한 것이 많은데, 재상(宰相) 및 조관(朝官)들이 자점(自占)하여 사유화(私

有化)하고 있습니다. 신(臣)이 호조좌랑(戶曹佐郞)으로 있으면서 이를 자세히 알게 되었습니다. 청컨대 공전(公田)으로 돌리어 군자(軍資)에 보태든가 아니면 빈민(貧民)에게 주어 경식(耕食)하게 함이 옳습니다. 공처(公處)의 전지(田地)를 세가(勢家)에서 점유(占有)하는 것은 지극히 불가(不可)한 일입니다." 하니, 상(上)이 부답(不答)하다(『중종실록』 권9, 4년 9월 병진; 14-365).

[라 5] 전교하기를, "…사사전(寺社田)을 재상(宰相)·조사(朝士)가 경식(耕食)한다면 빈민(貧民) 역시 경식(耕食)할 수 있다. 반드시 추쇄(推刷)할 것은 없다." 하였다(同上).

즉 전국 각 도에 산재한 혁파 사사전을 유세(有勢)한 관인들이 먼저 자점하여 사유지화(私有地化)하고 있었는데, 호조좌랑을 지내면서 이 사실을 자세히 알게 된 김식(金湜)은 이를 군자전(軍資田)으로 삼든지 아니면 우선 빈민에게 주어서 경식(耕食)하게 하자고 주장하였다. 여기에는 국초 이래 무주전의 빈민 우선 분급 원칙, 즉 균전적 원칙이 피력되어있고, 세가들의 대토지 소유를 반대하는 사림파의 주장이 나타나 있기도 하다. 그러나 이미 15세기 후기부터 본격화한 세가들의 대토지 소유는 16세기에 가서는 도도한 대세(大勢)로서 기정사실화하였다.[18] 그러므로 여기서 "사사전을 재상·조사가 경식한다면"이란 말의 의미는 이미 대토지를 소유한 세가들이 사사전을 더한 만큼 자영의 규모를 확대한다는 뜻으로 보기는 어렵다. 이미 자영의 규모는 충족되고도 남았을 것이 확실하기 때문이다. 따라서 그들이 새로이 '경식'하게 된 전지는 병작지로 방출하게

18 金泰永, 앞의 책, 제3장 참조.

될 것이었음이 확실하다. 그래야만 그 병작지에서 "빈민 역시 경식할 수" 있을 것이기 때문이다.

한편 무주전은 무전자 등 빈민에게 우선 분급한다는 것이 국초 이래 균전적 원칙의 하나였다. 그 원칙은 『경국대전』에도 살아서 등재되었다.

> [라 6] 무주전(無主田)은 타인(他人)에게 이급(移給)한다. 군역(軍役) 부담자가 사망·이사한 경우인즉 그것을 체립(遞立)하는 자에게 이급한다. 군역이 없는 자의 것은 전소자(田少者)에게 이급한다(『經國大典』, 戶典 田宅).

그러나 국초 이래 권장되어 『경국대전』에까지 등재된 그 같은 균전적 원칙은 16세기에 가서는 하나의 문구로만 남아있을 뿐이었다는 사실이 위의 사료 [라 4, 5]에서 밝혀지는 바다. 곧 병작반수제는 묵인되는 정도가 아니라 오히려 권장되고 있었다는 사실을 같은 사료에서 읽을 수 있다. 토지소유 관계의 분화, 그 이면으로서의 병작반수제, 즉 지주·전호제의 확대 현상은 이 시기 하나의 대세로 진행되었다. 지주제는 어디까지나 세가 위주, 관인층 중심으로 전개되었던 것이다.[19]

나아가 과전법이 규정한바 국가의 진황지 임의처분권은 어떻게 변형되어 가고 있었는가. 과전법체제는 현재 경작하지 않는 진황지에 대해서는 '전주' 혹은 국가의 임의처분권을 유보하였으되, 그것을 무전자·전소자에게 우선적으로 이급 경작게 한다는 원칙을 세웠다(사료 [나 2, 3]).

그런데 그 같은 원칙은 고려 시기 이래 진황전에 관한 일반적인 소유관계의 관행과는 크게 다른 것이었다는 사실을 주의해야 한다. 기실 고

---

19 위와 같음.

려 시기에는 비록 진황전일지라도 그 소유권은 법제로써 항구적으로 보장하고 있었다.

[마 1] 광종 24년(973) 판(判)에 "진전(陳田)을 간경(墾耕)하는 자는 사전(私田)인즉 그 초년(初年)의 수확을 전부 차지하고, 2년째부터는 전주(田主)와 분반(分半)한다. 공전(公田)인즉 3년 동안 전부 차지하고, 4년째부터는 법대로 수조(收租)한다" 하였다(『고려사』 권78, 식화지 1 租稅).

[마 2] 예종 6년(1111) 8월 판(判)에 "3년 이상 된 진전(陳田)을 간경(墾耕)한 경우, 2년간은 전호(佃戶)가 수확을 전부 차지하고, 3년째부터는 전주(田主)와 분반(分半)한다. 2년 진전의 경우는 수확을 4등분하여 1분은 전주, 3분은 전호가 차지한다. 1년 진전은 3등분하여 1분은 전주, 2분은 전호가 차지한다" 하였다(同上).

이들 사료는 의미와 내용의 해석에 다소의 이설이 있지만, 진황전에서의 '전주', 즉 지주의 소유권이 항구적으로 보장되었다는 사실을 전해준다는 데는 별다른 이의가 없을 줄 안다. 즉 사료 [마 1]은 사유지인 진전(陳田)을 기경(起耕)하는 경우, 그 묵힌 햇수와 관계없이 기경 2년째부터는 원 지주와 기경자인 새로운 전호 사이에 수확을 '분반(分半)'하는 병작반수의 생산 관계가 성립된다는 사실을 법제화한 것이다. 또한 [마 2]는 3년 이상 된 진전을 기경하더라도 제3년째부터는 원 지주와 기경자인 새로운 전호 사이에 소출을 '분반'하는 병작반수의 생산 관계가 정립된다는 관행을 명문화한 것이다.

이들 사료가 법제상으로 명문화된 시대적·사회적 배경을 아울러 유념할 필요가 있다. 즉 사료 [마 1]은 고려왕조 초기 호족(豪族)들의 할거적 지배의 인습이 아직도 강하게 남아있는 시기에 마련된 것이었으며, [마 2]는 고려 중기 문벌(門閥)귀족적 지배체제의 전성기에 마련된 법제였다. 아마도 이들 사료는 공·사전을 막론하고 진황전의 기경을 권장하려는 선에서 입안된 것이었겠지만, 동시에 호족이나 귀족 등 지주들의 토지소유권은 항구적으로 보장되었다는 당시 토지소유 관계의 관행을 명문화한 것이었다고도 해석된다. 여기에 고려 시기 '사전'의 의미가 다시금 논의되기도 하거니와, 그 소유권은 비록 진황전에서조차 그만큼 든든한 관행으로 지켜졌으며 법제상으로도 보장되었던 것이다.

그런데 고려 후기 사회의 극단한 혼란, 특히 사전에서 소유 관계의 난립과 생산 관계의 극단한 약탈성을 경과하고서 그것을 개혁하는 과정에서 드디어 새로운 국가적 토지법제로 정립된 것이 과전법체제였다. 그래서 그것은, 비록 '토지국유·계민수전'의 원칙을 관철할 수는 없었지만, 위에서 살핀바 진황전은 무전자·전소자에게 우선적으로 개급하여 경작시킨다는 일종의 균전적 시책을 추진하기에 이르렀다.

그 시책은 세종 3년(1421)에 좀 더 구체화된 모습으로 확인되었다.

[마 3] 인민(人民)이 농시(農時)를 당하여 상(喪)을 입거나 질병 등의 대고(大故)로 경작할 수가 없게 되면, 간활한 자들이 그 진황(陳荒)을 틈타 기경(起耕)하고서는 오히려 백근(白根)이라고 우기면서 끝내 환급(還給)지 않는 자가 있다. 금후로는 그 본주(本主)에게 반드시 환급함을 정법(定法)으로 한다. 진황지(陳荒地)를 2년 이상 경작한 경우는 시비(是非)를 가릴 것 없이 모두 백근(白根)의 예에 따른다(『세종실록』 권11, 3년 정월 경진; 2-422).

즉 초년진황전(初年陳荒田)은 타인이 기경한 경우라도 그 본주(本主)에게 환급해야 함이 원칙이며, 2년 이상의 진황전을 기경한 경우는 신간전(新墾田)의 예에 따른다고 구체적으로 규정하였다. 이 규정은 세종 19년(1437)에 공법수세제(貢法收稅制)를 상정(詳定)하는 과정에서 다시 그 절목(節目)의 하나로 확인·채택되었다.

[마 4] 무고(無故)하게 2년 동안 전진(全陳)한 것은 허급타인(許給他人)한다(『세종실록』 권78, 19년 7월 정유;4-88).

이 규정의 연원이 이미 살펴본 [나 2, 3], [마 3]과 같고, 무고하게 진전되는 전지를 무전자·전소자에게 우선적으로 이급한다는 국가 균전책의 일환에 있는 것이었으니만큼 [마 4]의 "허급타인(許給他人)"이란 말의 의미는 그 소유권을 "타인에게 허급(許給)한다"는 뜻으로 풀이함이 타당하리라고 생각한다.

세종 때 공법수세제의 제정은 단순히 세법(稅法)의 조정만을 위하여 착수한 것이 아니었다. 그것은 양전제(量田制)와 수세제(收稅制)의 전면적 개혁을 목표로 추진되었으며, 그 과정에서 균전론과 같은 토지소유 관계의 전면적 재편성을 주장하는 논의까지도 일어났다. 여기서 무고하게 2년 이상 된 진황전은 그 소유권까지 타인에게 이급한다고 하는 일종의 균전론적 규정은 그 같은 상황에서 설정된 것이었다. 즉 적어도 고려 초기 이래 비록 진황전일지라도 지주의 소유권을 항구적으로 보장해오던 토지제도 사상의 일반적 관행이, 조선왕조 초기의 과전법체제에서 크게 변혁되어 나타난 현상이었다. 토지국유론을 전제로 하는 균전적 시책이 조선 초기의 과전법체제에 이르러 최고조로 증폭되어 나타난 사실이었다고 이해된다.

그러나 그 같은 균전적 시책은 길이 추진되지는 못하였다. 사료 [마 4]를 포함하는 세종 19년(1437) 공법의 상정 조항들은 그 뒤 세종 22년(1440)의 수정과 동 25년(1443)의 경정(更定)을 거쳐 동 26년(1444)에 이르러 확정되는 과정에서 크게 변형된 모습으로 정착되었다. 그 가운데 진황전의 소유권 이급 관계는 완전히 사상되고 말았으니, 그 확정된 절목 중 진황전에 관한 부분을 적기하면 다음과 같다.

[마 5] 정전(正田) 내의 진황전(陳荒田)은 모두 매년 가경지지(可耕之地)인데 혹은 전지(田地)를 다점(多占)한 고로 번갈아 진황시키나 혹은 게을러서 경작하지 않는 고로 전지(田地)가 많이 진황되니 심히 불가(不可)하다. 부분 진전(陳田)이거나 전진전(全陳田)이거나 마땅히 모두 수세(收稅)한다(『세종실록』 권106, 26년 11월 무자;4-594).

[마 6] 속전(續田) 내의 진황전(陳荒田)은 수령(守令)이 경작자의 고장(告狀)을 받아 친심(親審)하여 감사(監司)에게 보고하고, 감사(監司)·수령관(首領官)이 다시 그 실수(實數)를 자세히 조사한 후 계문(啓聞)하여 면세(免稅)한다(同上).

즉 정전이거나 속전(續田)이거나를 막론하고 진황전의 기경자에게 그 소유권을 이급한다는 논의는 완전히 사상되고, 그 수세 관계의 측면만을 부각하여 규정하기에 이르렀다. 여기서 정전의 진황은 허용치 않고 모두 과세(課稅)한다는 [마 5]의 조항이 당해 토지의 소유 관계적 측면에 어떠한 규정성을 나타내게 되었을까. 비록 진황되더라도 해마다 납세의 의무를 진다는 것은 당해 토지의 소유 관계가 계속 확인된다는 사실을 전제한다. 즉 그 토지의 소유권을 계속 보유한다는 사실을 전제하고 있음은 더 말할 필요가 없다. 이 사료는 연작농업의 보편화라고 하는 당시의 객관적 사실을 전제하고서 정전의 진황을 불허한다는 권농정책적 원칙을 천명했지만, 동시에 토지생산력의 발전에 따라 그 토지에 대한 소유 관계의 측면 또한 사회적으로 더욱 강화되고 있는 객관적 사실을 반영한 것이었다고 이해된다. 그리고 소유 관계의 지속적·규칙적 확인이 그 소유권의 항구적 보유를 가능케 하였을 것임은 [마 6]에서 속전의 경우도 예외가 아니었을 것이다.

진황전의 소유권 처리문제에 관한 한 세종 26년(1444)에 확정된 공법수세제의 [마 5] 규정은 동 19년(1437)의 [마 4] 규정과는 크게 다르다. 그 7년 사이에 무슨 요인이 그것을 그처럼 다른 모습으로 정착시키게 되었는가. 기실 사료 [마 4], [마 5]의 내용이 모두 가능한 한 진황을 금하고 모든 전지의 경작을 권장하는 국가적 차원의 권농정책에서 설정된 조항이었다는 공통성을 갖는다. 국가적 차원의 권농정책이란 모든 전지에서의 영농이 가능하도록 주선하는 것이 그 주된 관심사요, 전지의 소유 관계는 크게 부차적이기 마련이었다. 그 소유 관계에 주된 관심을 갖고 있는 것은 실상 지주에서 전호에 이르기까지 영농의 주체들이었던 것이다.

그런데 전기한바 세종 대 공법수세제의 절목을 상정(詳定)하는 단계에서 그것이 확정될 때까지의 논의 과정을 자세히 검토해보면, 원래의 의도가 크게 변형되었다는 사실이 주목된다. 가령 완전한 정액세제(定額稅制)로 규정하려던 원래의 의도는 극히 부분적으로밖에 실현되지 못하였으며, 결부법(結負法)을 개혁하여 경묘법(頃畝法)으로 정착시키려던 의도는 전혀 관철되지 못했다. 그것은 주로 지주관인들이 그 지주지의 온전한 보전을 위하여 그 같은 새로운 제도의 정립을 극력 반대하고 나섰기 때문이다.[20] 여기서 일정 연한 이상 된 진황전의 경우 새로운 기경자에게 소유권을 이급한다는 소유 관계의 규정을 사상해버린 채, 납세 의무와 함께 그 소유권을 원소유자에게 계속 유보시키는 것으로 귀결된 규정도 마찬가지 선상에서 이해해야 한다. 즉 전지의 진황을 막아 모든 농경지의 경작과 그로부터의 세수(稅收)를 기하려는 국가의 권농정책과 지주관인들의 토지소유권을 항구적으로 확보하려는 요청과 타협하여 나타난 시책이 전기한바 [마 5, 6]의 규정이었던 것으로 이해된다. 진황전에 관한 한, 그것은 과전법체제가 원래 추구해왔으며 그 후 일시 더욱 증폭되었던 균전적 시책으로부터 크게 후퇴하게 되었음을 의미한다. 이윽고 15세기 후기의 『경국대전』에 가서는 그 균전적 시책의 포기를 선언하여 이후 항구화하기에 이르렀다.

> [마 7] 3년 이상 된 진전(陳田)은 허인고경(許人告耕)한다. 해택(海澤)인즉 10년을 한도로 한다(『經國大典』卷2, 戶典 田宅).

즉 3년 이상 된 진황전일지라도 이제 그것을 기경하려는 자는 관(官)에 신고하여 허락을 얻고서야 경작하게 하는 제도로 법제화하였다. 그리고 『경국대전주해(經國大典註解)』에서는 이 조문을 "비록 (3년 이상) 진황되었더라도 수세한다. 혹 인력(人力)이 모자라 다 경작지 못하였더라도 기치(起治)한 곳이 (부분적으로) 있으면 아예 (타인의) 고경(告耕)을 물허(勿許)한다"(戶典 田宅)고 해석해두었다. 전기 사료 [마 5]의 내용을 더욱 지주에게 유리하도록

---

20 金泰永, 위의 책, 제6장 참조.

해석해둔 것이었다. 그 내용은 마침내 명종 11년(1556)에 가서 더욱 철저하게 확인되어 법제화하기에 이르렀다.

> [마 8] 3년 이상 된 진전(陳田)을 허인고경(許人告耕)한다는 것은 영구(永久)히 이급(移給)한다는 말이 아니라, 그 본주(本主)가 환추(還推)할 때까지 우선 경식(耕食)함을 허(許)한다는 뜻이다(『受教輯錄』 戶典諸田, 嘉靖 丙辰(1556) 承傳).

앞서 살핀 바와 같이 "무주전은 타인에게 이급한다"(사료 [라 5])는 것이 『경국대전』 체제의 기본 입장이었다. 도망·절호인 등의 토지는 무전민·전소자 등에게 우선 이급한다는 최소한의 균전적 정책이나마 추진하고자 하였던 것이다. 그러나 소유자가 있는 경우, 비록 진황전일지라도 그 소유권은 항구적으로 보장한다는 것이 『경국대전』 체제의 기본 규정이기도 하였다.

그것은 과전법체제가 원래부터 추구해오던바 진황전을 대상으로 하는 균전적 시책이 15세기 후기에 가서는 사실상 중단되고 말았다는 사실을 뜻한다.

아마도 주로 지주지의 항구적 보전을 위하여 정립된 규정이었던 것으로 이해된다. 그것은 15세기 후기쯤부터 특히 우심하게 전개되는 지주제의 확대 사실과도 연관되는 규정이었다고 하겠거니와, 동시에 지주계급 위주의 국가체제를 유지하던 한국 중세의 토지소유 관계의 일반적 관행이 현현된 것이었다고도 이해된다.[21] 다만 진황전의 생산 관계 한

21 宮嶋博史, 1984, 「朝鮮史研究と所有論」, 『人文學報』 197 所收에서는 사료 [마 8]의 규정에 의하여 비로소 한국사에서 "3년을 지난 진전(陳田)이라도 원래의 주인(主人)이 그 소유권을 주장할 수 있게 되었다"고 논단하였다. 그러나 3년 이상 진전의 경우일지라도 그것이 사유지(私有地)인 한 그 본주(本主)의 소유권이 보장되어 있었다는 사실은 이미 고려 전기의 사

가지를 두고 말하자면 조선 전기의 여러 규정 [마 3~8]이 고려 시기의 규정들 [마 1, 2]보다는 그 기경자(起耕者) 농민에게 좀 덜 가혹한 것으로 나타났음을 알 수 있다. 그것은 아마도 직접생산자의 사회적 성장, 과전법체제의 균전론적 국가시책, 그리고 성리학적 정치사상 등이 복합적으로 작용하여 나타난 사실이었다고 해석된다.

3. 조선 전기의 균전 · 한전론

무주전·진황전 등을 무전자·전소자·빈민 등에게 이급한다는 과전법체제에서의 균전적 제시책은 15세기 전반까지는 다소 지켜지다가 15세기 후기부터는 사실상 무효화하고 말았다. 그것은 같은 시기부터 본격적으로 확대되는 지주제의 전개와 관련된 사실이었다. 그런데 그 같은 지주제의 확대가 기정사실로 당연시되고 오랜 진황지일지라도 그 소유권을 법제적으로 보장하는 등 지주권(地主權)이 더 강화된 16세기에, 한편으로는 균전론·한전론이 크게 논의되기에 이르렀다는 사실은 매우 흥미롭다. 그것은 원래의 균전적·한전적 시책이 무위로 끝난 뒤에야 이를 깨닫고 과전법체제의 근본이념으로 회귀하려는 복고적인 발상에서였을까.

현전의 기록상 조선 초기 균전론·한전론이 처음 발의된 것은 세종 3년(1421)의 일이었다. 세종 대에는 대개 한발의 재해가 심하였거니와 그 3년에는 봄에서 여름에 걸쳐 더욱 심하여, 군신 간에 이에 대한 대비책을 계속 숙의하고, 혹은 창곡(倉穀)을 내어 진휼하는 대책을 마련하기도

료에서 실증되는 바다.

하였다.[22] 한전·균전론은 그 같은 비상사태에서 발의된 것이었다.

[바 1] 영의정 유정현(柳廷顯)이 한전(限田)·균전(均田)의 제도를 세우고 호패법(號牌法)을 다시 시행하자고 청(請)하니, 상(上)이 말하기를, "가을을 기다려 다시 계문하라"고 하였다(『세종실록』 권12, 3년 5월 임신;2-432).

이때의 발의가 그 뒤 어느 정도로 논의되었는지는 사료상으로 확인되지 않는다. 그러나 심한 자연재해에 봉착하자 '경방국리음양(經邦國理陰陽)' 하는 것을 직분으로 삼고 있는 수상(首相)이 그 재난을 극복할 하나의 방책으로 균전·한전론을 발의하였다는 사실이 주목할 만하다.

다음으로 그 같은 이론이 제시된 것은 세종 12년(1430) 공법수세제를 논의하면서부터였다. 이 새로운 수세제는 고려 시기 이래의 손실답험(損實踏驗)에 따르는 오랜 세법을 개혁하는 크나큰 일이었던 만큼 많은 논란을 야기시켰다.[23] 그 가운데 세제(稅制)의 개정보다도 전지의 균분이야말로 가장 우선하는 현실적 과제라고 하는 주장이 대두되었다.

[바 2] 동부훈도관(東部訓導官) 이보흠(李甫欽)이 말하였다. "…신(臣)은 초택(草澤)에서 살아 민간(民間)의 일은 모르는 것이 없습니다. 당금(當今)의 우환은 손실제(損實制)의 불균(不均)에 있을 뿐만이 아닙니다. 무엇보다도 일가(一家)의 인구(人口)를 헤아려 경전(耕田)의 다소(多少)를 정(定)함

22 『세종실록』 권12, 3년 5월 임신;2-432.

23 공거수세제(貢去收稅制)의 제정은 연변의 축성(築城), 북계(北界)로의 사민(徙民)과 더불어 세종 일대(一代)의 대표적 '대사(大事)'로 뒷날까지 인식되었다(『성종실록』 권32, 4년 7월 기미;9-47 참조).

으로써 호강(豪强)들로 하여금 전지(田地)가 연천(連阡)하지 못하도록 하고 빈민(貧民)은 생생(生生)의 업(業)을 얻도록 하는 것이 가장 중요합니다"(同上 권49, 12년 8월 무인:3-252).

이는 곧 당시 사회경제적 모순 관계의 기축이 국가의 대농민 수취(對農民收取)에 있다기보다는 대토지 소유지와 무토지·소토지 소유자의 관계, 즉 토지소유 관계의 분화 그 자체에 있었다는 사실을 지적한 것이었다. 그래서 그 같은 근본적 모순 관계의 해소방안이 과전법체제의 근본이념 중 하나였던 '계민수전'의 원칙을 실현하는 것이라고 이 신진의 사류(士類)는 주장하였다. 이와 비슷한 주장이 성종 3년(1472)에 가서는 훈구파 사류에 의해서도 제기되었다.

[바 3] 검토관(檢討官) 성현(成俔)이 아뢰었다. "…호강자(豪强者)가 적채(積債)를 남징(濫徵)하매 농민은 고통을 못 이겨 그 소경전(所耕田)을 거실(巨室)에다 바치고 입추(立錐)의 땅도 없이 되며 거실의 적곡(積穀)은 관부(官府)의 배(倍)가 됩니다. … 신(臣)의 생각으로는 옛 한전법(限田法)을 따라 민전(民田)의 결부(結負)를 정하여 그 한계를 넘지 못하게 하고 사채(私債) 역시 석수(石數)를 한정하여 의창(義倉)의 수(數)를 초과하지 못하게 하되, 만약 전지(田地)·재물(財物)을 빼앗는 자가 있거든 강도(强盜)로 논단한다면 빈민은 안업(安業)하고 거실은 호횡(豪橫)치 못할 것입니다"(『성종실록』 권22, 3년 9월 임인:8-685).

즉 각지 주현(州縣)의 의창곡(義倉穀)을 능가하는 거실들의 장리가 소농민의 전지를 침탈하여 그 재생산 지반을 파괴하고 있으므로 한전책(限田

策)을 써서 그것을 막자고 주장하였다. 이 시기의 장리는 "국인(國人) 모두가 하는 일"[24]이었으며 "빈민들이 자생(資生)하는 것은 장리가 있기 때문이요, 세종임금이 일찍이 이를 혁파하려 했으나 그러지 못한바 장리는 없어서는 안 되는 것"[25]이라 하였다. 그런데 "세조 대 이후로 사풍(士風)이 당연히 기강이 없어져 대신으로서도 탐도부절한 자가 많아"[26]졌으며, 성종 대의 기록에 "세종조에는 재상으로서 장리를 놓아 부(富)하게 되는 자가 적었다. 지금인즉 고관후록자(高官厚祿者)가 모두 장리를 놓아 부를 더하니 전지가 산야(山野)에 널려 있고 축적이 주현(州縣)보다 더하다"[27]고 하였다. 위의 사료는 아마도 세조 대 이후 이른바 훈구파들의 장리를 통한 토지 집적이 극심해지자 같은 훈구파의 1인으로서 성현이 그것을 감계하는 뜻에서 제시한 한전론이었다고 생각된다.

이상 15세기의 균전·한전론은 관계 사료의 미비 탓에서인지는 몰라도 대개 일시적인 발언으로 끝나고 말았다는 사실을 전해준다. 그것도 대체로 자연재해라든가 제도의 개편문제가 논의되는 자리에서 우발적으로 발의된 듯한 느낌을 준다. 15세기라면 아직도 균전적·한전적 국가시책이 유효한 것으로 추진되고 있는 상태였다. 아직도 고려 말 사전의 개혁과 과전법 제정 이래의 균전적 이념들이 완전히는 퇴색하지 않았던 것이다.[28]

---

24 『세종실록』 권31, 8년 3월 경신;3-16.

25 『성종실록』 권104, 10년 5월 임신;10-17.

26 『성종실록』 권40, 5년 3월 정미;9-97.

27 『성종실록』 권44, 5년 6월 갑진;9-122.

28 조선 초기 제도문물의 정비에 크게 관여한 바 있는 정인지(鄭麟趾) 등이 성종 4년(1473)에 이르러서도 가령 "과전(科田)은 태조(太祖)가 사전(私田)을 혁파한 후 부득이 입법(立法)하여 점차 혁파할 뜻을 보인 것인데 역시 불균(不均)하고 농민을 침해하는 폐단이 있다. 세종도 급전(給田)을 일체 혁파하고 2만 석을 은사미(恩賜米)로 분급하려 했으나 장성(長城)·사

그러나 그 같은 시책이나 이념이 현실적으로 무색해지고 지주제·병작반수제가 극심해지는 16세기에 가서는 균전·한전론이 본격적으로 전개되기에 이르렀다. 그것은 한편으로 훈신·거실을 위주로 하는 토지집적이 소농민의 재생산 지반을 크게 파괴하여 지배체제의 위기를 초래하기에 이르렀기 때문이요, 다른 한편으로는 사림파의 성장에 따라 성리학적(性理學的) 지치주의가 정책적으로 논의되는 단계에 들어섰기 때문이라고 이해된다.

우선 16세기 지주지의 집적, 소농민의 몰락, 그로 인한 지배질서의 불안 현상을 사료를 통해 확인하기로 한다.

[사 1] 부자(富者)의 전지(田地)는 천맥(阡陌)을 잇닿고 빈자(貧者)는 입추(立錐)의 땅도 없다. 부익부(富益富) 빈익빈(貧益貧)이 지금처럼 심한 때가 없었다(『중종실록』 권32, 13년 2월 경인;15-398).

[사 2] 백성(百姓)은 전지(田地)를 가진 자가 없고 그것을 가진 자는 오직 부상대고(富商大賈)·사족가(士族家)뿐이다. 백성(百姓)의 곤궁이 어찌 이 같은 때가 있었을 터인가. … 외방양민(外方良民)은 여식인즉 남의 노처(奴妻)로 보내고 자식은 남의 비부(婢夫)로 의탁하게 하니, 이 때문에 인정(人丁)이 날로 없어진다(同上 권75, 28년 7월 을묘;17-447).

[사 3] [제민(齊民)으로서] 장실(壯實)한 자는 사방으로 흩어져 승도(僧徒)나 군도(群盜)가 되고, 늙고 파리하여 약한 자는 자존(自存)치 못하여 유리도산한다(同上 권87, 33년 2월 계유;18-171).

민(徙民)·공법(貢法) 등 대사(大事)가 겹쳐 시행치 못하였다"(『성종실록』 권32, 4년 7월 기미;9-47)고 과전법체제의 근본정신을 회상한 사실이 그러한 사례 중 하나라고 할 수 있다.

이상과 같은 토대의 불안 속에서 16세기의 한전론이 처음 대두된 것은 중종 10년(1515) 2월의 경연석상에서였다. 즉 이때 지사(知事) 신용개(申用漑)가 "옛 정전법(井田法) 같은 것은 행할 수 없다 하더라도 수(數)를 제한하여 절급함으로써 (전지를) 균일(均一)케"[29] 하자는 주장을 제시하였다. 이 제안은 더 논의가 진전되지 못하였다. 그러나 동 12년(1575)의 경연에서는 이른바 지치주의적(至治主義的) 이상(理想)과 함께 다음과 같이 한전론이 논의되었다.

[아 1] [영사(領事) 신용개(申用漑)]가 아뢰기를, "겸병(兼幷)이 왕정(王政)을 해악함이 심각한데도 지금인즉 겸병자가 많습니다. 대저 한전(限田)의 실행은 쉽지 않으니 전조(前朝)에서 시행하려 했으나 의논이 불일(不一)하여 마침내 못하였고, 우리 태조(太祖) 역시 시행하려 했으나 못하였습니다. 만약 지금 시행한다면 거의 가능할 것입니다." 하였다. [시독관(侍讀官) 김(金)]이 아뢰기를, "지치(至治)를 이룩하고자 한다면 한전(限田)은 시행치 않을 수 없습니다." 하였다. 참찬판 이행(李荇)이 아뢰기를, "한전(限田)은 용이할 수 없는 것이니, 먼저 겸병(兼幷)을 못 하도록 해야 할 것입니다." 하였다. 김구가 아뢰기를, "한전(限田)을 시행한 뒤에야 겸병을 막을 수 있습니다. 그렇지 않으면 어떻게 겸병을 금할 수 있겠습니까? 그러나 마땅히 조용히 의논 확정하여 점차 시행할 일입니다." 하였다. [사경(司經) 정(鄭)]응(膺)이 아뢰기를, "자고(自古)로 인군(人君)이 고제(古制)를 시행치 못하는 것은 속론(俗論)에 구애되어 능히 결단하지 못하는 까닭에서입니다. 정전(井田)은 비

29 『중종실록』 권21, 10년 2월 경자;15-58.

록 시행 못 하더라도 한민명전(限民名田)은 진실로 해야 할 것입니다." 하였다(『중종실록』 권28, 12년 7월 계묘;15-300).

그런데 이때의 논의에서도 한전의 주장만이 반복되었을 뿐 그 구체적 전개는 별로 없었다. 다만 일부 지치주의적 발언이 인군의 결단을 요구하는 강력한 주장으로 제시되었다는 사실은 주목할 만하다. 이윽고 다음 해인 중종 13년(1518)부터 균전·한전의 논의는 본격적으로 전개되기에 이르렀다.

[아 2] 장령(掌令) 유옥(柳沃)이 아뢰기를, "…농민의 생존은 그 토전(土田)으로 인해서인데 호우가(豪右家)가 겸병하니 빈자(貧者)는 비록 부자(父子) 상전의 토지라도 모두 팔아버립니다. 이 때문에 부자(富者)는 전지(田地)가 천맥(阡陌)을 잇닿고 빈자는 입추(立錐)의 땅도 없습니다. 부익부 빈익빈이 지금처럼 심한 때가 없었습니다. (옛 정전법은) 우리나라에서 시행하기가 형세상 어려우나 한전(限田)·균전(均田)의 법인즉 삼대(三代) 이하의 양법(良法)이니 마땅히 대신(大臣)과 의논하여 시행해야 할 것입니다. … 또한 노비(奴婢)도 많은 자는 혹 5·6천이나 되니 이것도 마땅히 소유 구수(口數)를 한정해야 할 것입니다. 구수(口數)를 한정하면 양민(良民)이 날로 많아질 것입니다. … 이를 변통치 않는다면 양민이 모두 사천(私賤)으로 될 것입니다."[30] 하였다. 상(上)이 이

30 과중한 부역(賦役)을 견디지 못하는 양민(良民)들이 자진 사노비(私奴婢)로 투속하는 사례는 이 시기의 사료에 극히 흔한 바다. 가령 신공제(申公濟)라는 관인(官人)이 능성현령(陵城縣令)으로 있을 때 현지인이 사노비로 투속하기를 희망하는 자들의 인명(人名)을 열서(列書)해 가지고 와서 "도노(逃奴)를 추심(推尋)"하라고 오히려 수차(數次)나 부탁하고 다녔다는 사례(『중종실록』 권9, 4년 9월 무오;14-366)가 그러하다.

르기를, "근래에 매양 양민이 날로 조잔하게 됨을 듣고 있다. 말한 바 전지(田地)와 노비(奴婢)의 일은 모두 그럴듯한 일이다. 그러나 한전(限田)의 일은 전에도 논의가 있었으나 행할 수 없었고 (노비의) 종부(從父)·종모법(從母法)도 의논이 나왔지만 마침내 시행치 못하였다." 하였다(同上 권32, 13년 2월 경인;15-398).

이 논의에서 주목되는 것은 한전론과 함께 노비의 소유에도 정한(定限)을 두자는 주장이다. 노비는 토지의 경우보다 역사적으로 그 사유권(私有權)이 훨씬 일찍부터 발전해왔는데, 조선왕조 개국 초의 혁명적 분위기에서 일시 그 정한론(定限論)이 나왔다가 16세기의 중종 대에 다시 정한론이 대두되기에 이르렀다. 이 당시는 조광조 등 사림이 삼사를 중심으로 포진하여 이른바 지치의 실현을 위해 예의(銳意) 주력할 때였다. 성리학적 이상주의의 정치적 운용에 대한 실험이 최고조로 이루어지는 시기였던 것이다.

그러나 그 같은 발의가 당장 실현되기란 어려운 일이었다. 우선 표면상으로 국왕의 미온적 태도가 그것을 가로막고 있었다. 그렇지만 이때의 발의를 필두로 2개월 후에는 균전론을 가장 심도 깊게 논의하는 자리가 마련되었다. 즉 성리학적 지치주의의 일환으로 사림의 유일(遺逸)을 천거하여 이해 5월에는 사섬시 주부(司贍寺主簿)를 제수받은 박수량(朴遂良) 등을 박훈(朴薰)·정완(鄭浣)과 함께 국왕이 인견(引見)하였는데, 이에 조강(朝講) 직후부터 석강(夕講)까지에 걸쳐 균전론이 종일토록 논의되었다. 그것은 우선 인정(仁政)을 장황하게 역설한 박수량의 발의로 시작되었다.

[아 3] (사섬시주부) 박수량(朴遂良)이 아뢰기를, "우리나라는 민(民)의 빈(貧)·부

(富)가 현절하여 부자(富者)의 전지(田地)는 천맥(阡陌)을 잇닿고 빈자(貧者)는 입추(立錐)의 땅도 없습니다. 정전법(井田法)은 지금 비록 행할 수 없으나 만약 균전법(均田法)을 시행하면 민(民)이 실혜(實惠)를 입을 것입니다." 하였다. 신용개(申用漑)가 이르기를, "균전(均田)은 과연 선정(善政)이요 전에도 이 논의가 있었습니다. 그러나 지금 만약 부자의 전지(田地)를 감(減)해서 빈자에게 준다면 부자의 자손이 가난해질 경우에는 도로 빼앗을 수 없을 것이니, 이 역시 큰 폐단입니다." 하였다. 수량(遂良)이 아뢰기를, "인정(仁政)은 반드시 경계(經界)하는 일로부터 시작됩니다. 한 고을 안에 1인이 수백 결(結)의 전지(田地)를 가졌다면 5·6년이 지나면 한 고을의 전지가 반드시 5·6인의 집으로 모여들 것이니, 어찌 이래서야 되겠습니까? 지금 만약 균전(均田)한다면 이는 진실로 선왕(先王)의 유의(遺意)입니다." 하였다. 용개(用漑)가 아뢰기를, "수량의 말은 지금 비록 행할 수는 없지만 역시 지당(至當)한 논의입니다." 하였다. 상(上)이 이르기를, "균전(均田)은 과연 좋은 일이로되 형세상 행하기가 어려운 것이다." 하였다(『중종실록』 권33, 13년 5월 을축:15-445).

[아 4] 기사관(記事官) 유성춘(柳成春)이 아뢰기를, "박수량이 아뢴바 균전(均田)의 말은 현실의 병폐를 깊이 맞힌 것입니다. 그가 초야(草野)에 있으면서 스스로 반복 상량(商量)한 것임이 틀림없습니다. 신(臣) 또한 외방(外方)에서 본바, 순천(順天) 등지에서는 호부민(豪富民) 1가(家)의 축적이 혹 만 석(萬石)이나 5·6천 석에 이르고, 파종하는 씨앗만도 200여 석에 이릅니다. 천지(天地)의 소생(所生)인 재화백물(財貨百物)이 반드시 그 돌아갈 곳이 있거늘, 어찌 1인에게 모여져서야 되겠습니까? 한 고을 안에 2·3인이 경작하면 그 나머지는 경작할 땅이 없는 것입

니다. 조정의 신료(臣僚)로서 경사(京師)에서 생장한 자는 어찌 이 같은 폐단을 알겠습니까? 지금 만약 균전(均田)을 한다면 자기의 소유를 베어내어 타인에게 주는 것이므로 원독(怨毒)이 없지는 않겠지만, 민(民)은 그 실혜(實惠)를 입게 될 것입니다." 하였다. 상(上)이 이르기를, "균전의 일은 형세상 지금 행할 수가 없다. 제 것을 베어내어 타인에게 주는 일이 원망을 살 뿐 아니라, 빈민(貧民)은 경종(耕種)하지를 못하고 오히려 호부가(豪富家)에 환매(還賣)할 것이니 또한 무익한 것이다." 하였다. 참찬관 권벌(權橃)이 아뢰기를, "고금(古今)의 법(法)이란 오래되면 반드시 폐단이 생기지만, 어찌 시행해보지도 않고 먼저 그 말류(末流)의 폐단을 따지십니까? 박수량은 강릉인(江陵人)입니다. 강원도는 토지가 척박하고 백성이 가난한데도 그가 눈으로 본 것이 이 같은데, 하물며 전라·경상도의 경우이겠습니까? 그 호부자(豪富者)는 집에 담장을 쌓고 도망 다니는 자들을 모두 여기에 끌어모읍니다. 이 같은 일을 금한다면 겸병(兼幷)을 좀 억제하고 양민(良民)은 그 혜택을 고루 입을 것입니다." 하였다. 상(上)이 이르기를, "마땅히 대신(大臣)에게 의논할 것이다." 하였다(同上 권33, 13년 5월 을유;15-445).

이날의 조강(朝講)에서 석강(夕講)에 걸쳐 논의된 균전론은 유수한 사림 출신들이 각지의 구체적 현실을 실례로 들면서 말하여 그 불가피성을 강조한 점, "인정은 반드시 경계하는 일로부터 시작된다"느니 하는 경전을 인용하든가 "천지의 소생(所生)인 재화백물(財貨百物)"이 소수의 수중에 독점될 수 없다는 천리를 논하든가 하여 균전론을 지치주의적 이데올로기로까지 밀어붙이고 있었다는 점, "경사(京師)에서 생장(生長)"한 훈구적 관인들은 현실을 잘 모르는 자라고 전제하고서 "선왕 정전의 유의(遺意)"

를 실현할 이상적인 군주 노릇을 하려면 결국 사림 자신들의 균전론을 시행하는 길뿐이라고 국왕의 양자택일적 결단을 촉구하고 나섰다는 점 등이 주목된다. 즉 구체적 현실을 제시하면서 지배체제의 유지를 위해서는 균전의 시책이 불가피함을 말하고 그것을 지치주의적 이데올로기화하여 역설함으로써 국왕에게 선택의 여지가 없도록 몰아간 것이다. 그러니 국왕으로서도 균전론의 원칙 그 자체에는 찬동하지 않을 수 없었다. 다만 형세상 시행하기 어려움을 중언부언하고 있는바 그 형세의 내용인즉 곧 훈신을 비롯한 대토지 소유자들의 이해 관계였던 것으로 풀이된다.

비록 사림계(士林系)의 균전론이 현실적 당위성을 띤 정당한 주장이기는 하였지만, 현실의 형세 그 자체는 정당한 현상들에 의해서만 움직여 가는 것은 아니었다. 토지지배의 기축이 소유권 중심으로 전개되었으며, 더구나 지주제의 보편화라고 하는 현실에서 그 현실을 실제로 움직이면서 왕권을 직접 옹위해주는 계급은 지주층이었다. 왕권의 속성이 비록 형식상으로는 전제적이었다 하더라도 그것을 지켜가기 위해서는 당위성을 띤 균전론보다는 그야말로 현실적·계급적 관계를 더욱 고려치 않을 수 없었던 것으로 이해된다. 국왕은 결국 대신들과 다시 의논하겠다는 고식적 언질로써 이날의 논란 현장을 모면하였다.

그 약속은 바로 다음 날 이루어졌다. 그러나 이날의 균전·한전론은 감사(監司)의 임기·군역(軍役) 문제 등 7개의 현안을 함께 논의하면서, 그 4번째 '무본억말(務本抑末)' 문제의 한 부분으로서 가볍게 처리되었다.

[아 5] (영의정) 정광필(鄭光弼) 등이 의논드리기를, "…겸병지도(兼并之徒)의 전지(田地)는 천맥(阡陌)에 잇닿고 빈자(貧者)는 입추(立錐)의 땅도 없습니다.

> 민(民)의 곤궁함이 곧 이 까닭에서이니 역시 마땅히 금절해야 합니다. 금후로는 원래 50결 이상의 전지를 소유하고서도 또 가점(加占)하는 자는 소재지 수령(守令)으로 하여금 규찰 금제케 할 것이며, 타인(他人)의 명자(名字)로 암록(暗錄)하는 자도 법에 따라 통금(痛禁)할 것입니다. 금후로 도망(逃亡)·절호인(絕戶人)의 전지를 경치(耕治)하는 자가 있으면 단지 그 소경(所耕)의 전지에 한해서 세역(稅役)을 부과할 것입니다. 또한 포채(逋債)를 징수치는 말 것입니다.[31] 그 가운데 미경지(未耕地)는 권장해서 기경(起耕)케 하고 기경하는 대로 수세(收稅)하면 민(民)이 모두 다 기꺼이 경작할 것이오, 무전민(無田民)도 거의 전업(田業)을 가지게 될 것입니다." 하였다(『중종실록』 권33, 13년 5월 병인;15-446).

즉 바로 전날에는 사림계의 도학자(道學者)들을 중심으로 석강(夕講)에 이르기까지 집중적으로 거론된 균전론이 이날 대신을 중심으로 하는 정책 입안의 현장에 와서는 크게 변용된 형태로 나타났다. 곧 균전론이라는 토지소유 관계의 근본 문제가 정면으로 논의되지 않고, 그것이 억본무말(抑本務末)이라는 일반 권농 문제의 한 부분으로서 거론되었다는 점, 더구나 균전론 자체는 어느덧 방기된 채 50결을 상한으로 하는 한전론으로 변용되어 거론되기에 이르렀다는 사실, 그것도 50결 이상의 소유자는 그 소재지의 수령을 금단케 하는 사실상 유명무실한 조처의 입안으로 방치해버린 일, 그리고 문제의 핵심인 무전민(無田民) 등 빈민에 대

31 이 시기에는 농민의 유리도산이 심하여 진황전(陳荒田)이 도처에 널려 있으나 그것을 기경(起耕)하는 경우 구래의 쌓여온 진전세(陳田稅)를 다 물어야 했으므로 기경치 않는다고 하였다. 관계사료 하나만 예시해본다. "今之陳荒田地 民雖欲耕墾 而不敢者 恐各年陳稅 皆懲於己故也"(『중종실록』 권25, 11년 6월 신해;15-185). 더 구체적인 사실은 金泰永, 앞의 책, 「貢法下에서의 陳田收稅」, 326~331쪽 참조.

한 대책으로서 이제 이들에게 도망(逃亡)·절호(絕戶) 등으로 인한 진황전의 경작을 권유함으로써 경작권(耕作權)만이라도 확보하도록 주선한다고 하는 구차한 고식책으로 끝나고 말았다.

요컨대 이날의 논의는 지주에 대한 50결 상한의 한전책과 빈민에 대한 진황전 경작권 주선이라는 두 가지 내용으로 요약될 수 있다. 우선 후자가 균전책 중 하나가 될 수 없음은 너무도 명백하다. 이미 사료 [마 7, 8]에서 보이는 바와 같이 15세기 후기의 『경국대전』 체제에서부터 진황전의 소유권은 끝내 그 본주의 것으로 유보되어 있었다. 그러므로 사료 [아 5]에서의 "무전민도 거의 전업을 가지게 될 것이다"라는 말은 결국 소유권이 아닌 경작권만을 가질 수 있을 뿐이라는 뜻임이 명백하다. 그것은 오랜 현안(懸案)으로 깊이 논의되어온 균전론을 이어받아 정리하는 대신들의 정책치고는 너무나 현실을 도외시한 탁상공론에 불과한 조처였다. 그렇다면 전자, 즉 지주들에게 50결 이상의 토지 소유를 금한다는 한전의 조치는 실효를 거두었는가.

현전(現傳)의 사료에 따르면 중종 13년(1518)의 균전·한전론은 사료 [아 5]로서 일단락되고 다음 해 7월에 가서야 그 논의가 부분적으로 재개되었다. 그러나 그것은 이미 어떠한 균전·한전론도 그 실행은 불가능하다는 사실을 전제하고서 던져보는 논의에 불과하였다.

[아 6] 시강관 기준(奇遵)이 아뢰기를, "정전(井田)인즉 시행하기가 어렵지만 균전(均田)인즉 쉽게 할 수 있습니다. 전지(田地)가 불균(不均)한 고로 부자(富者)는 더욱 부유해지고 빈자(貧者)는 입추(立錐)의 땅도 없어 유리파산(流離破産)하고 있으니 제도(制度)가 불공(不公)한 까닭입니다." 하였다. 참찬관 정순붕(鄭順朋)이 아뢰기를, "정전(井田)의 제도는 지대(至大)

한 것이니 쉽사리 할 수가 없습니다. 모름지기 한전법(限田法)을 세워서 겸병(兼幷)을 과도히 하는 자를 억제함이 옳은 듯합니다." 하였다. 기준(奇遵)이 아뢰기를, "근자에 50결로 한정했으나 이미 그것을 시행할 수가 없습니다. 어찌 50결을 가진 백성(百姓)이 있겠습니까?" 하였다. 순붕(順朋)이 아뢰기를, "경상도는 토지가 비옥하고 인거(人居)가 조밀하여 50결이면 다 경작할 수가 없고 더욱이나 불균한 폐단이 있습니다. 10결이면 살아갈 수 있겠지만 빈민(貧民)이 어찌 10결을 얻을 수 있겠습니까? 경기의 인민도 10결이 있으면 요족(饒足)한데 10결을 가진 자가 몇이나 되겠습니까? 이 때문에 빈부가 불균(不均)한 것입니다." 하였다(『중종실록』 권36, 14년 7월 계유;15-550).

말인즉 장황하지만 초점이 없이 지리멸렬하게 끝나버린 논의에 불과하였다. 전년도에 결정한 50결 한전론이 시행되지 못한 것이었음은 더 말할 필요가 없다.

중종 대 사림계 관인(士林系官人)들의 지치주의적 균전·한전론은 위와 같이 동 14년(1519)의 헛된 논의로 사실상 끝나고 말았다. 그해 말에는 이른바 '기묘사화'가 일어나 사림계가 일망타진되는 참변을 겪고 감히 지치(至治)를 논의하는 자가 종적을 감추고 말았다. 그러므로 이 시기 사림계의 균전·한전론은 매우 비현실적인 탁상공론으로 일단 끝나고 말았다. 이들의 지치주의는 어디까지나 하나의 이상으로 끝났으며 현실에서는 어디까지나 지주계급 위주의, 소유권 중심의 토지지배 관계가 대세를 이루어 전개되었다. 그것은 국가의 법령이나 정책으로서도 어쩔 수 없이 이미 보편적 현실로 굳혀져 전개된 것이다.

균전·한전론은 그 후 가령 기묘사화를 일으킨 장본인인 남곤(南袞)의 입에서도 미의(美意)라고 거론된 적이 있고,[32] 명종 대에 대흉년을 만나자 경연에서 "왕정대공(王政大公)의 도(道)"를 말하면서 일시적으로 비쳐 보인 일이 있었다.[33]

그러나 그것은 모두가 왕정을 논하면서 으레 동원해보는 수식어에 지나지 않았다. 나아가 기묘(1519, 중종 14년), 을사(1545, 명종 즉위년)의 사화(士禍)가 지나고 다시 사림계가 정권을 주도한 16세기 말의 이른바 목릉성세(穆陵盛世)에 가서도 방납이니 족징(族徵)이니 하는 수취 관계의 폐단은 성토·논의되면서도 정작 더 근본 문제인 균전·한전론은 다시 언급하지 않았다는 사실은 주의를 요한다. 기묘사화의 여유이 그만큼 큰 영향을 미치고 있었던 것일까. 혹은 정권의 핵심은 의연 훈척계(勳戚系)의 손에서 농단되고 있었기 때문인가. 이제 균전·한전론은 조선 후기의 실학에 가서나 재론되기에 이르거니와, 그것을 논하는 학자들이 혹 관직을 띤 경우가 있다 할지라도 그 본령은 모든 재야적(在野的) 인사들로 바뀌었다는 사실도 유념해둘 필요가 있다.

4. 균전·한전론의 이론 근거

조선 전기의 균전·한전론은 현실적으로는 실현 가망이 없이 하나의 이상주의적 주장으로 되풀이되고 있었다. 균전·한전론은 소농민의 몰락과 유리도산, 혹은 군도화(群盜化)와 같이 지배체제의 지반을 동요시키는

32 『중종실록』 권51, 19년 9월 임신;16-388.

33 『명종실록』 권7, 3년 3월 계묘;19-579.

주된 요인이었다. 그것은 토지소유 관계의 분화가 극단적으로 항구화하는 현상을 배경으로, 성리학의 토착화가 이루어지고 그 사회적 실천이 국가정치의 차원에까지 성숙된 16세기에 사림계 관인들이 지치주의의 일환으로서 이데올로기적으로 주장한 것을 최고조로 하면서 결국 흐지부지되었다. 그런데 그같이 실현 가망이 없는 균전·한전론이 그처럼 진지하게 논란이 될 수 있었던 이론적·정치사상적 근거는 어디서 찾을 수 있을까.

그것은 물론 전통적인 토지국유사상, 왕토사상에서 찾을 수 있다. 조선 전기에 이 같은 왕토사상은 항상 노정되었다. 가령 세종 원년(1419) 과전 등 이른바 사전에서의 손실답험권을 국가기관으로 이관시키려는 논의에 제하여, 호조판서 등은 전례대로 전주에게 일임하는 것이 만세(萬歲)의 법(法)이라고 강변했으나, 국왕은 "공전·사전은 모두가 다 국전(國田)이니, 손실답험 또한 마땅히 달리해서는 안 된다"[34]고 단호히 말한 데서도 드러난다. 수조권의 귀속이 어디에 있든, 모든 토지는 국가의 토지라고 생각한 것이다. 가령 세종 12년(1430) 전제상정소에서 과전의 순환 분급을 논의하면서 "토지는 인신(人臣)이 사점할 수 없는 것이니 … 마땅히 균평(均平)해야 한다" 하고, 다시 "토지는 지중(至重)한 것인지라 마땅히 군상(君上)이 사여(賜與)해야 되는 것이요, 신자(臣子)가 사점할 수 있는 것이 아니다"[35]라고 주장한 대목에서도 왕토사상이 피력되었다. 토지와 같이 중요한 것의 수수권(授受權)은 언제나 군주에게 유보되어있다고 생각한 것이다.

---

34 『세종실록』 권5, 원년 9월 신유;2-337.

35 『세종실록』 권49, 12년 9월 을축;3-262.

그런데 이 시기 그 같은 왕토사상을 극단적으로, 그리고 가장 직설적으로 피력한 자는 아마도 연산군이 아니었나 한다. 연산군은 그 10년(1504), 도성(都城)에 잇대어 대규모의 금한(禁限)을 설정하여 2만 이상의 주민을 철거시키고 5,700여 결의 '연병(鍊兵)·행렵장(行獵場)'을 확보케 하였는데, 이에 관민이 대반발하자 다음과 같이 독특한 그의 왕토사상을 피력하였다.

[자 1] 대저 민인(民人)이 거주하는 땅은 막비왕토(莫非王土)이니, 사점(私占)할 수 있는 것이 아니다. 그 취사(取捨)·여탈(與奪)은 마땅히 군상(君上)에게 있어야 하는 것이다(『연산군일기』 권55, 10년 8월 갑자;13-652).

아마도 연산군의 이 같은 왕토관(王土觀)은 비록 고전(古典)의 인용을 통하여 권위를 포장하려고는 하였으되, 당시 토지소유 관계의 일반적 관행을 바탕으로 한 관점은 아니었을 것이다. 그것은 그야말로 폭군의 자의적인 왕토사상이 그나마 일시적으로 피력된 것이었으리라 이해된다. 그러나 한편, 그러한 왕토사상이나마 일반 전지의 경우보다도 소유 관계가 더 명백히 발전했음이 틀림없는 도성 주민의 주거지를 철거시켜 가면서까지 일시적으로라도 관철될 수 있었다는 사실[36]은 극히 중요한 의미를 지닌다. 즉 왕토사상이 때로는 군주의 전제적 지배 이데올로기로 원용되고 실현될 수 있었다는 가능성의 측면 때문이다. 연산군 같은 폭군의 지배 아래서는 어떤 형태의 민인 소유지라도 언제든지 취사(取捨)·여탈(與奪)될 수 있었다는 보편적 원리가 거기서 도출될 수도 있었기 때문이다.

---

36 『연산군일기』 권56, 10년 10월 갑오;13-667.

토지뿐 아니라 노비에 대해서도 연산군은 마찬가지로 취사·여탈의 사례를 남겼다. 연산군이 그 10년(1504)에 사비(私婢)로서 음곡(音曲)에 능한 자를 궁중(宮中)으로 뽑아 들이자 큰 반발이 일어났는데, 이에 대하여 그가 "대저 솔토지빈(率土之濱)이 막비왕신(莫非王臣)이어늘 어째서 아비(我婢)·아노(我奴)라고만 하고 국가의 명(命)을 따르지 않는가"[37]라고 강변·강행한 것이 그 한 가지 사례였다. 또 동 11년(1505) 10월의 청계산(淸溪山) 수렵 시에는 몰이꾼으로서 군사 5만을 징발하고 거기에 더하여 가선(嘉善) 이상의 관인은 10인의 품종(品從)을, 통정(通政) 이하는 5인씩 내게 하면서, 다음과 같이 명령한 것도 두드러진 사례의 하나였다.[38]

[자 2] 대저 사천(私賤)은 비록 스스로 고조(高祖)·증조(曾祖)로부터 전수해온 것이라 하지만, 그러나 솔토지빈(率土之濱)이 막비왕신(莫非王臣)인즉 사천(私賤) 역시 공가(公家)의 물건이다. 만약 싫어하고 꺼리는 자가 있으면 사헌부에서 규찰하여 치죄토록 하라(『연산군일기』 권60, 11년 10월 경오; 14-25).

물론 이 같은 사노비의 자의적 징발이 당시의 일반적 노비소유 관계를 반영하고서 취해진 것은 아니었다. 이는 그야말로 폭군의 일시적·자의적 징발로 끝났으며, 그래서 실록(實錄)에까지 등재되기에 이르렀다. 그러나 연산군과 같은 전제군주 아래서는 언제든지 그 같은 사노비의 징

37 『연산군일기』 권56, 10년 10월 경오;13-667.

38 연산군 8년(1502) 8월 궁중의 기물(器物)을 제작게 하려고 다수 관인(官人)의 반대를 무릅쓰고서 주로 사노(私奴)로 이루어진 '사(私)'를 징발 역사시키면서도 그는 마찬가지로 솔토지빈(率土之濱)이 막비왕신(莫非王臣)임을 원용하였다(『연산군일기』 권45, 8년 8월 계묘; 15-507 및 同 기미;13-510 참조).

발도 자행될 수 있는 소지(素地)를 왕신관(王臣觀)은 본유(本有)하고 있었다는 사실을 여기서 주의하고자 한다. 왕신관은 사노비의 사유성(私有性)을 일반적으로 부정하지는 않았다. 그러나 그것은 사유를 인정하면서도 그 위에 왕유적(王有的) 측면이 겹쳐져 있어서, 경우에 따라서는 그 사유적 측면이 부정될 수도 있는 중층적 소유구조로 나타났다.

이제 토지와 노비의 사유권(私有權)을 1차적인 것으로 인정하면서도 경우에 따라서는 그것을 부정하면서 독자적으로 발동될 수 있는 그 같은 왕토·왕신관(王臣觀)의 궁극적 근원은 대체 어디서 찾을 수 있을까. 다시 연산군의 다음의 말을 들어볼 필요가 있다.

> [차] 하늘이 인간을 생겨나게 함에 애초에 어찌 스스로 존귀한 자가 있었을 것인가. 윗사람이 명위(名位)·등급(等級)을 부여한 연후에 존(尊)·비(卑)가 정해지는 것이다(『연산군일기』 권60, 10년 12월 갑신;14-32).

즉 여기서는 우주자연적 질서로서의 천(天)이 인간을 생성시킨 근원이라는 것, 그러나 천(天)은 인간의 사회질서를 구체적으로 명시해준 것이 아니라는 것, 명위(名位)·등급(等級) 등 인간의 사회질서는 왕이 부여함에 따라 비로소 정해진다는 생각이 피력되었다. 그러니 그것은 천(天)을 대신하여 인간사회를 지배하는 존재가 곧 왕이라고 하는 사유와 통하는 터요, "인군은 대천리물"[39] 한다고 하는 주자학적 군주관(君主觀)을 나타낸

39 이 말은 『書經』 皐陶謨의 "無曠庶官 天工人其代之" 부분을 주자(朱子)의 문인 채침(蔡沈)이 "인군(人君)은 천(天)을 대신하여 물(物)을 다스린다"는 뜻으로 주석한 것이다. 주지하는바 주자학적 성리학에서는 『서경』에 관한 한 채침의 집주(集註)를 정전(正傳)으로 여기며, 그 '대천리물(代天理物)'이란 해석은 군주권(君主權)의 근원과 그 정통성·정당성을 밝히는 적실한 말로 널리 인용되었다.

말이었다고 이해된다.

여기서 대천리물적 군주관은 기실 왕권의 근원을 가장 적실히 보여주는 것임과 동시에 그 기능의 절대성을 나타내는 명제이기도 했다. 즉 왕권은 천(天)으로부터 수여된 것이므로, 천(天)을 대신하여 지배하는 지상(地上)의 질서는 다만 인간의 사회질서뿐만 아니라 자연질서에까지 미치게 마련이었다. 즉 왕권은 천(天)과 지상의 만물관(萬物觀)을 매개하는 유일자(唯一者)요, 다시 그 지상의 만물을 아무런 매개 없이 즉자적(卽自的)으로 지배하는 절대권자(絕對權者)로 군림하기 마련이었다. 연산군이 편리하게 자주 인용한 '막비왕토(莫非王土)'이니 '막비왕신'이니 하는 말은 그 같은 군주관을 사상적 근원, 즉 체(體)로 하는 하나의 중요한 용언(用言)이었다.

조선왕조로 말하자면 그 같은 군주관은 이미 그 개창 당시부터 고유한 것으로 현현되었다. 우선 태조의 즉위 교서에서 다음과 같이 피력되었다.

> [카 1] 중외(中外)의 대소신료(大小臣僚)·한량(閑良)·기로(耆老)·군민(軍民)에 교(教)한다. "왕은 말하노라. 천(天)이 만민(萬民)을 내고 그들에게 군장(君長)을 세워놓았으니 (군장이) 그들을 길러서 상생(相生)케 하고 그들을 다스려 상안(相安)케 하는 것이다"(『태조실록』 권1, 원년 7월 정미;1-22).

여기서 왕권의 근원은 분명히 천(天)이며, 왕은 천(天)을 대신하여 민(民)을 상생(相生)·상안(相安)케 하는, 즉 이물(理物)하는 존재로 그려졌다. 정도전(鄭道傳)은 다시 말하되 "인군은 천(天)의 일을 대리(代理)하며 천민(天民)을 다스린다"[40]고 하고, 따라서 "인군은 토지의 광대(廣大)함과 인민의 중다(衆多)함을 전유(專有)한다"[41]고 하였다. 왕권은 대천리물하는 것이므로 아무런 매개 없이 그 자체로 전제적일 수 있었다. 다시 다음의 사료를 검토해보기로 한다.

[카 2] 상(上)이 말하기를, "인군(人君)의 직(職)은 대천리물(代天理物)하는 것이다. 물(物)이 부득기소(不得其所)하더라도 오히려 마음이 아프거늘, 하물며 사람의 경우이겠는가. 인군이 다스림에 있어서는 실로 당연히 일시(一視)해야 하는 것이요. 어찌 양(良)이니 천(賤)이니 하여 차이를 둘 것인가." 하였다(『세종실록』 권37, 9년 8월 갑신;3-89).

이는 조선 초기의 귀족적 현관(顯官) 권채(權採)의 처(妻) 정씨(鄭氏)가 비첩(婢妾) 덕금(德金)을 투기하여 혹독한 사형(私刑) 끝에 거의 죽게 한 사건을 처리하면서 세종임금이 단언한 말이었다. 여기서 왕권 앞에서는 어떠한 귀족 혹은 천인(賤人)도 일시동인(一視同仁)하는 무차별적 통치의 대상일 뿐이었다는 사유를 읽을 수 있다. 천(天)을 대리하는 왕권은 어떠한 귀족의 사적 권한(私的權限)보다도 초월적이며, 따라서 왕권 앞에서는 어떠한 귀족의 소유 관계도 사적일 수밖에 없다는 것이다. 오직 왕권만이 공적일 수 있으며, 따라서 그것은 초월적 전제권(專制權)의 속성을 지닐 수 있었다. 또한 다음의 사료를 살펴보자.

[카 3] 어서(御書)로 제도수령(諸道守令)에게 유(諭)하였다. "…대개 천(天)이 만민(萬民)을 낳아 그들에게 사목(司牧)을 세워두었다. 천(天)은 소위(所爲)

---

40 『三峰集』 권7, 「朝鮮經國典」 上, 治典 官制.

41 위의 책, 賦典 上供.

가 없으므로 반드시 인군(人君)을 차탁(借托)하며, 인군은 서무(庶務)를 친독(親督)할 수 없으므로 반드시 백관(百官)에게 위임(委任)한다. 그런즉 인군과 백관은 모두가 대천리물(代天理物)하는 것이다"(『세조실록』 권14, 4년 11월 기축:7-300).

이 경우 천(天)을 직접 대리하는 유일자는 곧 왕권이요, 그 왕권을 대리하는 자는 곧 백관(百官)이라고 하는 분봉적(分封的) 서열(序列) 관계가 명백히 나타나고 있다. "왕도는 체천애민(體天愛民)보다 큰 것이 없고 신직(臣職)은 오직 체상행령(體上行令)하는 데 있다. 상(上)이 체천(體天)하지 못하면 곧 군(君)이 아니요, 하(下)가 체상(體上)하지 못하면 곧 신(臣)이 아니다"[42]라고도 하였다.

왕권이 전제적이라면 그것을 대리하는 수령 등 백관의 권한도 분봉적(分封的) 한도 안에서는 전제적일 수 있었다. 그것은 다 같이 대천리물하는 위치에 있었기 때문이다. 그런데 왕권은 무소위(無所爲)한 천(天)에 대해서만 책임을 지는 것이므로 지상(地上)에서는 사실상의 전제성(專制性)을 발휘할 수 있지만, 백관의 경우는 유소위(有所爲)한 왕권에 대하여 책임을 져야 하므로 그 권한이 극히 제한적일 수밖에 없었다. 다음의 사료에서 살피는 바와 같다.

[카 4] 8도 관찰사에게 유(諭)하였다. "지금 보내는 효민유서(曉民諭書)는 읍내(邑內)에는 방(榜)으로 써 붙이고, 또 속히 인간(印刊)하여 4면(面) 경내 궁촌(窮村)·벽항(僻巷)의 우부우부(愚夫愚婦)와 장님에 이르기까지 주

42 『세조실록』 권37, 11년 9월 기유;7-702.

지시키도록 할 것이다. 내가 마땅히 분대(分臺)나 혹 사람을 별도로 보내어 조사시킬 것이니, 만약 1인이라도 모르는 자가 있으면 경(卿)에게 그 책임을 지울 것이다. 그 유서에 일렀다. 국왕은 체천(體天)하여 8도 군민(軍民)에게 이르노니, 나는 너희의 부모(父母)라. … 만약 수령(守令)의 침학을 받는 일이 있거든 직접 와서 나에게 고(告)해도 좋다"(『세조실록』 권5, 2년 11월 기축;7-158).

앞선 사료 [카 3]에서는 가령 수령이 왕권을 위임받아 대행(代行)하는 자이므로 그 분봉적(分封的) 통치권이 혹 독자성을 띤 것으로 나타날 수도 있었다. 그러나 [카 4]에 따르면 어떠한 신권(臣權)도 왕권 앞에서는 전혀 그 독자성을 내세울 수 없는 존재로 규정되었다. 국왕은 모든 관민 위에 초월하여 대천리물하는 존재인 동시에 모든 관민 하나하나까지 직접 상대하는 '부모'로서의 존재이기도 하였다. 즉 성리학적 군주관으로서의 왕권은 초월적·전제적 속성을 본유할 뿐만 아니라 만민의 가부장으로서의 성격을 동시에 본유하는 존재였던 것이다.

성리학이 유일의 국학으로 신봉된 조선왕조에서의 왕권은 그 자체 이외의 어떠한 상대적 통치권도 인정치 않는 가부장적 전제성이 본래의 속성이었다. 그것이 대천리물 혹은 체천리물(體天理物)이라고 하는 왕권에 대한 성리학적 해석의 본연의 모습이었다. 국왕 자신의 인장(印章)을 '체천지실(體天之實)'이라는 문안으로 만들어 사용할 정도로[43] 그것은 이데올로기화했다.

그래서 이 시기 왕권의 가부장적 전제성은 사료 [자 1, 2]에서처럼 연

43 『세조실록』 권11, 4년 2월 을묘;7-257.

산군의 학정으로 현현될 수 있었고, 사료 [카 2]에서와 같이 귀족 부녀의 야만적 사형(私刑)을 징치(懲治)하는 세종의 인정(仁政)으로도 나타날 수 있었다.

그것은 해마다 때맞추어 환자곡을 균분케 함으로써 농민이 실농(失農)치 않게 곡진히 단속하는 그야말로 병경적(並耕的) 가부장(家父長)의 모습으로 현현되기도 하고[44] 장마가 들기 전에 때맞추어 보리타작하도록 간곡히 권유하며,[45] 가뭄이 들더라도 부지런히 김매기를 명명하고[46] 절기에 맞추어 메밀갈이를 하라고 지시하는[47] 모습으로도 나타났다.

그것은 때로 양로(養老)와 제선(祭先)을 위해 전구서(典廏署)의 암퇘지를 시중인(市中人)에게 분양·사육시키도록 권유하는가 하면,[48] 중외(中外)를 막론하고 모든 인가(人家)는 닭과 돼지를 의무적으로 사육하도록 법제화(法制化)하기도 하였다.[49] 심지어 농민들이 맨발로 일 다니다가 뱀에 물리기 쉬우므로 거기에는 관음초(觀音草)를 찧어 바르는 것이 좋다고 8도 관찰사에 명하여 널리 효유토록 하는[50] 자상한 모습으로 나타나는가 하면, 근신(近臣)들에게 뇌물을 좀 바쳤다 하여 현직의 관찰사를 그 자리에서 참형(斬刑)에 처하는[51] 무서운 자세로 표변할 수도 있었다.

왕권의 통치행위는 곧 대천리물의 실현이었던 만큼 왕권이 미칠 수

---

44 『세종실록』 권23, 6년 3월 계묘;2-390. 同 권24, 6년 5월 경진;2-595. 同 권28, 7년 5월 병술;2-670, 기타 수다히 산견된다.

45 『세종실록』 권48, 12년 6월 신미;3-240, 기타 수다하다.

46 『세종실록』 권56, 14년 5월 임오;3-393, 기타.

47 『세종실록』 권61, 15년 윤8월 갑자;3-506.

48 『세종실록』 권28, 7년 4월 을미;2-665.

49 『세조실록』 권28, 8년 6월 병인;7-538. 同 권33, 10년 7월 병진;7-634.

50 『세조실록』 권31, 9년 9월 정묘;7-582.

51 『세조실록』 권36, 11년 8월 경자;7-700.

있는 한에서 무소불위의 권한을 행사할 수 있었다. 거기에는 어떠한 반대급부적 조건도 부수되지 않는 독자적 초월성을 특징으로 하고 있었다. 그것은 크게는 설관분직(設官分職)하는 데서부터 작게는 민호(民戶)의 양계(養鷄)하는 일, 혹은 개인의 양심 문제에까지[52] 두루 간여할 수 있었다.

그것은 해물(海物)이 생산되는 일정한 지역을 다른 군현에 할속(割屬)시키기도 하고,[53] 혹은 역전(驛田)의 확보를 위하여 민전을 직접 수용(收用)하는 일도 자행하였다. 가령 세종 때 "구례에 비록 누대(累代) 경작해오는 전지라도 각 역위전(驛位田)으로 속하게 되면 역리(驛吏)가 으레 빼앗아 경작하는데, 그것은 역리가 비마(備馬)하는 데 어려움이 있기 때문이다. 그러나 평민이 전적으로 의지하여 앙식(仰食)하는 전지를 일조에 빼앗겨서 실업(失業)하게 되니 역시 가련하다"는 문제가 제기되자 의정부에서 의논하게 되었는데, 결국 "평민은 비록 전업을 잃더라도 각자 의귀(依歸)할 데가 있어 생업에 종사할 수 있겠지만, 만약 각역(各驛)이 피폐하게 되면 군국전령(軍國傳令)의 중사(重事)를 평민이 대신하기 어려우니 마땅히 역리가 임의구처(任意區處)하도록 한다"는 논의를 국왕이 채택·결정하였다는[54] 사실이 그러한 사례 중 하나다. 이 경우 세업(世業)의 민전일지라도 한번 역전으로 설정되면 그 소유 관계가 민유(民有)에서 국유로 이동하고 만다.[55]

---

52 가령 충청도관찰사 김진지(金震知)를 참형하고 8도에 효유하면서 "나는 만 리(萬里) 밖을 마치 폐간(肺肝)을 들여다보듯 환히 깨쳐 안다"(『세조실록』 권37, 11년 9월 병오;7-701)고 한 사례가 그러하였다.

53 『성종실록』 권74, 7년 12월 갑오;9-402. 여타 군현의 병합·흡수 신설 등의 사실이 허다하였음은 주지하는 바와 같다.

54 『세종실록』 권82, 20년 10월 정축;4-169, 170.

55 역(驛)의 신설·이치·조정 등에 따라 민전(民田)이 역전(驛田)이라는 국유지(國有地)로 소유 관계의 변동을 보게 되는 사실은 조선 초기의 『실록』에 다수 산견되는데, 역리(驛吏)의 '임의구처(任意區處)'에 따라 그것은 언제나 비옥한 토지로 충당되기 마련이었다. 이들 역전(驛田)이 후일 역둔토(驛屯土)라는 것으로 일괄 정리되기에 이르는 사실은 주지하는 바다.

그것은 곧 국가의 직접 수용(收用)이라는 형태로 나타났지만, 결국 왕권의 통치행위 중 하나로서 현현되었다.

조선 전기에 병작반수를 금지하던 일, 무전자·전소자 우선의 여러 균전적·한전적 시책(施策)도 결국 가부장적·전제적 왕권의 대천리물하는 통치행위의 일단으로서 현현된 것에 불과하였다. 그것은 어떤 반대급부나 계약적 조건이 붙은 통치행위로서가 아니라, 그 자체로 절대적으로 임하는 일방적 시책으로 나타났다. 그러므로 그것은 무한한 폭정(暴政)의 모습으로, 혹은 무한한 선정(善政)의 모습으로도 현현될 수 있었다.

사실상 실현 가망성이 없는 조선 전기의 균전·한전론이 실제로 논의되기에 이른 이론적 근거도 이제 여기서 찾을 수 있을 것이다. 그것이 혹 자연의 큰 재해를 만나 발의된 적도 있었으나, 그것을 실현해갈 궁극적 힘은 언제나 대천리물적 왕권 이외의 것일 수가 없는 입장이었다. 더구나 그것이 본격적으로 논의된 16세기의 경우는 더욱 그러하였다. 즉 과전법체제의 근본적 의도였던 균전책과는 오히려 반대로, 토지소유 관계의 분화가 더욱 심해져가는 사실을 바탕으로 사림계 관인들이 지치를 표방하면서 그것을 실현할 근본 정책으로서 균전·한전론을 주장하였다. 그러므로 균전·한전론은 왕자가 대천리물하는 통치행위의 고유한 일부분으로서 이론상으로는 실현 불가능할 까닭이 없는 것이었다. 그들은 국왕의 결단을 통한 인정(仁政)을 기대하며 "인정은 반드시 경계하는 일로부터 시작된다"라고 하는 경전을 인용해가면서 균전·한전론을 역설하였다. 나아가 명종 때의 다음 논의를 살펴본다.

[타] 시강관 정유길(鄭惟吉)이 아뢰기를, "정전법(井田法)은 지금 비록 행할 수 없으나, 한전(限田)의 법을 시행하여 남점(濫占)할 수 없도록 하면

겸병(兼幷)의 폐단이 거의 없어질 것입니다. 한대(漢代)에 이를 시행했지만 끝을 보지 못하였고, 전조(前朝, 고려)에서도 시험해보았으나 성취하지 못하였습니다. 지금 이를 행하고자 하면 반드시 방해되는 일이 있을 것입니다. 그러나 겸병이 병폐를 이루어 부자의 전지(田地)는 천맥(阡陌)을 잇닿고 빈자는 입추(立錐)의 땅도 없습니다. 동일한 왕민으로서 부하고 가난함이 부동(不同)하니, 이 어찌 왕정대공(王政大公)의 도(道)이겠습니까? 인군(人君) 된 자는 마땅히 소민(小民)의 간난(艱難)을 유념해야 할 것입니다." 하였다(『명종실록』 권7, 3년 3월 계묘:19-579).

즉 부귀한 자나 빈천한 자나 모두가 왕민(王民)이라는 것이며, 모든 왕민에게는 왕정대공(王政大公)의 도(道)가 균질하게 적용되어야 하는바, 그 길이 곧 한전의 길이라고 역설하였다. 여기서 왕정대공의 도(道)란 무엇을 지칭하는 것이었을까. 그것은 왕자가 실현해야 할 지공무사(至公無私)의 도 이외일 수가 없는 것이며, 따라서 그것은 사료 [카 2]에서 유추되는 그대로 곧 인군의 대천리물권에 고유한바 전제성과 공도성(公道性)을 동시에 갖춘 모습의 왕도·왕정으로 인식되었다.

조선 전기의 균전·한전론은 토지 겸병의 심화에 따라 지배 지반(支配地盤)에 동요와 파탄이 일어나는 현실적 모순을 해결하고자 하는 정책으로서 제시되고 논의된 것이었다. 그런데 그것은 성리학적 사회정치 사상의 보편화에 따라 이상적(理想的) 왕정이 추구해야 하는 필연의 과제로 강조되었다. 대천리물이라고 하는 왕권의 전제성과 공도성이 동시에 강조되면서 그 실현의 가능성과 필연성이 이론적으로 강조되었던 것이다.

5. 결론

토지의 겸병(兼幷), 지주·전호제의 확대 심화 현상은 조선왕조 전기에 비로소 시작되었다거나 혹은 유독 우심하게 진행되었다고 말할 수는 없다. 그것은 고려 후기나 조선 후기에도 크게 문제시된 현상이었다. 그렇다면 이 시기의 그 같은 현상은 어떠한 역사 단계적 의미를 지니는가.

그것은 연작농법의 보편화를 기축으로 하는 생산력의 상대적 발전에 따라 소경영의 분화가 점차 제 걸음으로 들어서면서 점진적으로 촉진되기에 이른 사회경제적 현실의 반영으로 풀이된다. 그것은 한국 사상 마지막 왕조에 전개된 국가적 토지법제로서 과전법체제의 원래 이념과는 전혀 다른 방향으로 정착되어가는 사회경제 현상이었다. 그것은 일시적인 것이 아니라 우여곡절을 거치면서도 이후 지속적 사실 관계로 정착될 전망을 안고 있는 현상이었다.

그것은 가령 고려 후기에 크게 자행된 토지 겸병, 농장의 발달 현상과는 별개의 성격을 가진 것으로 해석된다. 즉 고려 후기의 것은 주지하듯이 동일 전지의 전주가 5~6을 넘고 동일 전지의 전조(田租)를 8~9차나 거두어가는 것으로 누누이 표현되었다. 이러한 현상은 비록 사회적 혼란에서 야기되었다 치더라도, 그 토지소유 관계가 지극히 미숙·불안정하며 동시에 그 생산 관계 또한 지극히 미숙·약탈적이었다는 사실을 반증한다. 그러므로 그 같은 현상은 과전법체제의 성립으로 부정되어 사라질 수 있는 일시적 현상에 불과하였다.

그런데 조선 전기의 그것은 그 같은 과전법체제의 근본 의도조차 다시 부정하면서 전개되는 새로운 토지 겸병, 새로운 지주·전호제의 확대 현상으로 등장했다. 그것은 대세상 휴한농법의 극복과 연작농법의 보편화라고 하는 생산력의 상대적 발전을 바탕으로 토지의 소유 관계·생산 관계가 한 단계 고양된 상태에서 전개되는 새로운 현상이었다. 그러므로 조선 전기 토지 겸병의 문제, 지주·전호제의 문제는 표면상 미증유의 큰 현안으로 논란이 되었는데, 그 역사적 성격은 장차 언제인가는 근본적 해결을 보지 않으면 안 될 근본적 문제로 등장하여 정착하려 했다. 그 초보 단계, 혹은 제1단계가 이때 시작되었던 것이다. 이 시기의 균전·한전론은 그 같은 근본적인 문제의 제1단계 개혁론으로서 주로 신진의 사림계 관인들이 주도하였다.

왕토사상·토지국유, 그리고 그것을 전제로 하는 균전·한전론이 이 시기에 주창된 역사 단계적 의미는 무엇인가.

우선 이 시기의 왕권이 전대에 비하여 가일층 강화되었다는 사실은 새삼 논의할 필요가 없다. 그같이 전제적으로 강화된 왕권을 이 시기의 국정교학(國定敎學)은 '대천리물'이라는 이론으로 설명하였다. 그런데 그것은 왕권의 전제성을 설명해줄 뿐만 아니라 그 균평성(均平性)·공도성을 당위적인 속성으로 요구하는 이론체계였다. 따라서 토지소유 관계에 관한 한 그것은 단순한 왕토사상보다는 한층 더 풍부한 개혁적 측면을 포용하였다. 즉 논리적으로 왕토사상에서 유추되는바 왕권의 전제성·자의성을 넘어서 전제성과 동시에 공도성을 갖춘 것이었다. 따라서 균전·한전론은 실현 가능성이 있을 뿐 아니라 실현하지 않으면 안 되는 당위적인 것으로 인식하고 설명하는 이론체계였다. 동시에 그것은 왕권의 강화라고 하는 객관적 사실과 함께 이 시기 왕토사상·토지 국유사상을 좀 더 증폭시켜 확대·재생산하기에 이르렀다.

조선 전기의 균전·한전론은 왕토사상을 전제로 왕권의 대천리물적 속성에 따라 실현할 수 있는 것으로 전개되었다. 그러나 그 왕권은 자신을 가장 직접 옹위해주는 훈척을 비롯한 현실 지주계급의 계급적 이해관계로 인하여 그 필요성과 당위성을 긍정하면서도 그것을 실현할 수가 없었다. 이제 이후의 전망은 어떻게 정리할 수 있을까.

토지의 겸병 및 지주제의 확대가 조선 후기에 더욱 크게 전개된다는 것은 주지의 사실이다. 지주제는 그 제2단계인 조선 후기에 생산력의 발전을 바탕으로 이제야 본격적으로 전개되고 있었다. 그것은 이 시기에 사회경제적 기본 모순이 가일층 크게 진전되기에 이르렀다는 사실을 뜻한다.

그러므로 이 문제의 해결을 위한 개혁론 또한 이제는 좀 더 본격적인 전개를 보이기에 이르렀다. 즉 비록 관직을 띠었다 하더라도 그 본령은 어디까지나 재야적인 실학자의 등장, 반계(磻溪)에서 다산(茶山)에 이르는 실학자들이 주창한 균전·여전·정전론 등 더 급진적이며 근본적인 토지개혁론, 인간 위주의 토지소유 관계가 아니라 토지제도를 기준으로 하고 거기에 인간의 노동력을 배치하려는 국가공동체적 경영론, 그리고 그러한 개혁을 왕토사상을 전제로 왕권의 대천리물적 전제력(專制力)의 강화를 통하여 실현하려는 극단적 입장 등이 그것이었다. 지주제의 극단적 전개에 대한 개혁론의 극단적 전개 현상이었던 것으로 해석된다. 그래서 양극단 현상이 결국 변증법적 발전으로 전개되지 못한 그 현장에는, 이제 제3단계로서 19세기의 민란-농민전쟁이 필연적으로 낡은, 그러나 근본적인 문제를 안고서 등장할 수밖에 없었다.

(朝鮮前期의 均田·限田論;『國史館論叢』5,
國史編纂委員會, 1989)

제5장

조선 중기 사림파 성리학자의 경제사상

1. 조선조 사림의 성장과 사림정치의 전개

성리학은 국내외로 얽힌 여말선초의 역사적 과제를 해결하기 위한 국가 교학으로 수용되면서 배타적 지배이념으로 행세하였다. 그것은 배원친명의 정통의리론, 숭유억불의 이단배격론, 구래의 인습적 통치행태를 지양하기 위한 왕도정치론 등 강력한 개혁적 성향을 띤 정책이념으로 구현되었다.

그런데 성리학은 불교에 비하여, 현 세계에 존재하는 사물들의 객관적 실재성(實在性)을 인정하는 편이었다. 곧 현존하는 모든 사물이 각기 고유한 의미와 가치를 지니는 실재임을 긍정하는 견지에 설 때 현실의 정치라는 것도 좀 더 실제적인 법제의 정비를 통한 구체적인 통치사업으로 구현될 수 있었다. 여말선초라는 사회적 변천기에서 그 같은 사유의 전환은 현실을 변화시킴으로써 자체의 역사적 정당성을 확보해야 하는 집권세력의 정책이념에 상승작용을 일으킬 수 있었던 것으로 이해된다.

고려 말기에는 오랜 휴한농업의 시대를 극복하고 대세상 연작농업의 시대로 전환하기에 이르렀다. 연작농업에서는 토지생산력이 상대적으로 향상되고 인간노동력의 비중이 상대적으로 증대하기 마련이다. 즉 인간과 토지의 사회적 가치가 새삼 높아졌다. 고려 말의 전제개혁은 그 같은 객관적 현상이 통치사상으로 반영되면서 단행되었다. 즉 여럿으로 난립되어 있는 사전의 수조권을 일괄 정리하여 현재 경작하고 있는 농민의 소경전 위주로 토지지배권을 정립하고, 1전(田) 1조(租)의 제도를 확립함으로써 다수의 자영농민층을 확보하고 이를 국가체제의 바탕으로 삼게 되었다. 신왕조 초기, 부세의 수취를 노동력보다도 소경전 위주로 전환함으로써 부유층이 더 많은 부담을 지도록 하는 중대한 변화였다. 그리고 한국 사상 최초의 독자적 농서로 편찬·간행한 『농사직설』이라든가 혹은 그에 이어지는 세종 대의 권농 교서는 모두 옛 성왕의 왕정 구현을 이상으로 삼았다. 즉 제도적 뒷받침을 통해서 농민의 능력을 스스로 개발해내도록 유도하는 방향의 통치정책을 추진하고 있었다. 국가 지반으로서 자영농층이 흉년에도 재생산 지반을 잃지 않고 길이 존립하도록 환곡제도를 운용한 것도 마찬가지 취지에서였다. 그것은 국가 통치의 절실한 현실적 필요성에 성리학적 교화론(教化論)이 의도적으로 합쳐져 구현된 양민정책이었던 것으로 해석된다.

세종 대에는 오례와 아악(雅樂), 역서와 지리지를 정비하는 등 새로운 왕조를 통치할 예악문물의 정립에 전에 없는 노력을 기울여 대체로 일단락 짓게 되었다. 그리고 "인륜의 도는 삼강을 넘어서는 것이 없다"는 전제 아래 충(忠)·효(孝)·열(烈)에 관한 성리학적 가치규범의 실천 사례들을 모아 『삼강행실도』를 편찬·반포하였다. 그림까지 곁들여 책을 만든 것은 새 왕조의 왕정론적 윤리 규범을 쉬이 깨우쳐 널리 보편화하도록 시도한 것으로 풀이된다.

나아가 '어리석은 백성'들도 자기의 뜻을 쉬운 문자로 표현할 수 있는 훈민정음을 창제하였는데, 이로써 자국의 문명이 폭넓은 대중의 지반을 획득함으로써 비로소 상호 교류를 통한 발전을 기약할 수 있는 기초를 확립하기에 이르렀다. 자의적·전제적 행태로 흐르기 쉬운 왕권의 독단과 실정(失政)을 지양하기 위해, 오랜 선발을 거쳐 역량이 입증된 대신에게 정치를 위임하는 대신 위임통치체제(의정부서사제)를 정립한 사실 또한 크게 주목되는 현상이다. 그것은 『주례(周禮)』의 원형을 참작한 것이라 하지만, 더 가까이는 주희(朱熹)의 통치체제론이기도 하다. 이는 왕정을 추구하기 위한 객관적 제도의 정립이라는 의미를 지녔으며, 한 차원 더 높은 정치문명(政治文明)을 구현하였다.

그런데 15세기 후기 세조왕권의 등장과 그 치세를 거치면서 조선왕국에는 왕정의 실현과는 매우 이질적인 통치행태가 전개되었다. 세조의 왕위찬탈은 인륜과 명분과 도덕을 한꺼번에 허물어뜨린 정변이었다. 그는 명분 없는 왕권을 전제적으로 강화하기 위해 대신 위임통치체제 대신 육조직계제를 확립하였다. 훈신·척신[勳戚]을 1차적 옹위세력으로 활용하는 대신 경연과 집현전을 혁파하여 일종의 암흑정치를 펼치자, 유신들의 언로는 거의 막히게 되었다. 가령 그의 심복 훈신이 저지른 비리를 옹호하기 위해 대·간의 언론을 극도로 탄압한 실태를 두고 말한 사론(史論)의 일단은 다음과 같은 정도이다.

> 이때 승정원은 (왕의 뜻을) 미리 알아내어 봉행(奉行)할 뿐이고 대신(大臣)과 대간(臺諫)은 일찍이 한마디도 말하지 아니하였다.[1]

세조는 의리를 뒷전으로 미룬 채 어디까지나 공리를 숭상하는 극단한 패권적 통치행태를 추구하였다. 그는 성리학적 교화와 그 도덕질서를 낮추어 보는 대신 불교라는 '이단(異端)'을 숭상하였다. 그의 치세는 조선 성리학에서 일종의 '유난(儒難)'의 시대였다. 특히 왕권이 훈척과 유착하는 비리를 조성해둠에 따라 이것이 조선왕국의 관행적 통치행태로 인습되

---

1 『세조실록』 권13, 4년 8월 계해.

기에 이르렀으며, 더 가까이는 이후 약 100년에 걸친 참혹한 사화의 형국을 예비해두는 결과로 드러났다.

김종직을 필두로 하는 15세기의 초기 '사림'은 그러한 정치풍토 속에서 성장하였다. 세조 대를 기점으로 하여 김종직 등이 진출하고 이어 성종 대에 그 문도(門徒)들이 다수 진출함으로써 조선 성리학에서 비로소 동일한 '도'를 추구한다는 동질의식을 가진 '사림' 세력이 형성되기 시작하였다.[2] 초기 사림파가 훈척적 지배층과 결정적으로 다른 점은, 곧 『소학』 공부를 기초로 하는 심덕(心德)의 함양에 주력하고, 특히 성리학 예속(禮俗)질서의 실천궁행에 힘쓰면서 '요·순의 도'를 회복함에 뜻을 둔 '사림'으로서의 주체의식을 양성하게 되었다는 데서 찾을 수 있다.

그들은 세조 이래 왕권의 자의성이라든가 정권의 실세를 담당한 훈척 정권의 비리행태와는 결코 양립하기 어려운 정치사회적 속성을 양성해

---

2 '사림(士林)'의 용례는 매우 다양하여, 고래로 문한인층(文翰人層)을 지칭하는 일반적 용어로 널리 사용되었다. 그것이 조선 성리학에서는 동일한 '도(道)'를 추구하는 사류(士類)의 모임이라는 역사 술어로 사용되기에 이르렀다는 사실은 주의할 만하다. 가령 역사적으로 공인된 '기묘사림'의 영수인 정암(靜菴) 조광조(趙光祖)의 경우가 그러하였다는 사실을 주목할 것이다. 즉 그는 김종직(金宗直)·김굉필(金宏弼)·김일손(金馹孫) 등의 사우(師友)로 대표되는 15세기 '사림'을 두고 다음과 같이 말하였다. "지금에 와서 조금이라도 선행(善行)을 할 줄 아는 이들은 그(김종직)의 문하에서 수업한 사람들이다. 그 당시 선한 사람들끼리 서로 어울리므로 자연히 도(道)가 같아져 … 김종직의 무리는 공평한 마음으로 협력하여 서로 더불어 선행을 하려 했다"(『중종실록』 권32, 13년 4월 정유).;"성종 초기에 사림(士林)을 배양하여 현인(賢人)을 좋아하고 간쟁(諫諍)을 청납(聽納)하니, 한때의 선사(善士)들이 요(堯)·순(舜)의 치세(治世)를 회복할 수 있다고 생각하여 이에 할 말을 다해 숨기지 않았다"(『靜菴集』 권3, 「參贊官時啓 2」, 14쪽).;"이승건(李承健)의 일은 (지금) 사림이 통탄해하고 있다. 이승건은 (국가의) 두터운 은혜를 입었으면서도 조그마한 보익(補益)도 하지 못하고, 오히려 사림의 화(禍)를 조성하였다. … 당시의 사류로서 자못 칭도할 만한 사람들은 모두 김종직의 문하에서 수업하였으므로 동심(同心)으로 뜻을 함께하면서 유유상종하였다. 그런데 이승건이 한림(翰林)으로 있으면서 사초에 쓰기를, '남방 사람들은 서로 밀어주고 부추겨 스승은 제자를 칭찬하고 제자는 스승을 칭예하면서 스스로 하나의 당(黨)을 만든다' 하였다"(『靜菴集』 권3, 「參贊官時啓」 15, 21~22쪽). 즉 16세기의 기묘사림은, 15세기 성종대를 중심으로 '요·순의 치세(治世)를 회복할 수 있다'는 동일한 신념에서 '도(道)'를 같이하는 사우(師友)들을 가리켜 '사림'이라고 호칭하였다. 문한인층(文翰人層)이라는 일반 개념이 아니라, 조선 사림의 역사적 속성을 가리켜 말한 것으로 이해된다.

가고 있었다.[3] 그래서 사림으로서의 자기 독자성의 정립이라고 하는 중대한 역사적 과제를 추구하는 과정에서 그들은 사화라고 하는 참혹한 시련을 여러 차례 겪게 되었다. 그런 참화를 겪으면서도 특히 치심 공부에 진력한 김굉필·정여창 등이 드디어 조선 성리학에서 독자적으로 도학(道學)의 경지를 일구어내기에 이르렀다.

그래서 15세기 조선 사림의 내부에서 진화한 도학은 곧 현실태 정치권력의 비리를 척결해내고 왕도·왕정을 구현하고자 하는 강력한 실천의식을 갖추게 되었다. 이윽고 16세기 기묘사림의 경우는 사화와 같은 인습적 참화를 극복하고 도학정치를 통해서 왕정을 실현하는 정치사회적 주체로서 사림의 위상을 확립해야 한다는 역사적 과제를 더 담당하게 되었다.[4]

---

3 가령 15세기 사림의 그 같은 정치사회적 속성과 대조되는 전형적 사례로 세종 대 이래 현달하여 특히 세조 대에 중용되고 성종 대에는 좌리공신(佐理功臣)에다 대제학을 약 30년이나 맡은 사가정(四佳亭) 서거정(徐居正, 1420~1488)의 경우를 들 수 있을 것이다. 그는 양촌(陽村) 권근(權近)의 외손인데, 세조 때 그 외조부의 제삿날을 맞아 외종(外從) 형제인 당대의 훈벌(勳閥) 권람(權擥)의 3형제와 함께 개암사(開菴寺)라는 절에 올라가 그 외조(外祖)의 기신재(忌晨齋)를 설행하면서, 그런 행위를 "종신토록 효도한다"는 시구(詩句)로 읊조리고 있었다(『四佳集』 詩集 권8, 23쪽). 하필 서거정뿐 아니라 이 당시에는 국내 '문헌고가(文獻故家)'들의 거개가 다 그러하였다는 사실도 주목할 만한 현상이다. 그런데 15세기 '사림'은 부모의 상(喪)·제(祭)를 모두 불교식으로 거행하는 사실을 비판하면서 반드시 『주자가례』에 따라 규범대로 행하고 있었다. 또 성종 대에 가서 그들은 일찍이 세조가 까닭 없이 폐치한 소릉(昭陵, 단종의 모후인 문종왕비의 능)의 회복을 주장하는 한편, 세조 대의 훈신(勳臣)들을 결코 등용하지 말기를 국왕에게 직접 요청하고, 나아가 현재의 성균관에는 도(道)와 학식(學識) 어느 것도 배울 만한 사유(師儒)가 없으므로 학교가 날로 황폐해진다는 실정을 거론하기에 이르렀다. 金泰永, 2006, 「15세기 士林派의 自我意識과 歷史意識」, 『朝鮮性理學의 歷史像』, 경희대학교출판국 참조.

4 종래 일반적으로 구분해 사용한 훈구파와 사림파는 문벌·학통 등에서 결코 확연히 이질성을 띤 존재가 아니요, 또한 16세기 초기를 대표하는 기묘사림의 문벌·학통은 결코 15세기 사림 계열로만 연결되는 것이 아니며, 양자는 다분히 혼재하고 있었다는 객관적 사실을 밝힌 연구가 나온 지 오래되었다. E. Wagner, 1980, 「李朝士林문제에 관한 再檢討」, 『全北史學』 4; 崔異敦, 1994, 『朝鮮中期 士林政治構造研究』, 일조각 참조. 가령, '문(文)'자 시호까지 받은 16세기의 사림 명색이라 하더라도 그 일상은 주로 이권(利權)을 추구하는 여타 관인(官人)층과 별다를 것이 없는 행태를 드러내고 있었다는 구체적 연구도 있다. 다만 이 글은

기묘사림의 지치주의는 정치라는 것이 종래와 같이 지배층의 일방적 지배행태로 그쳐서는 안 되며, 반드시 일정한 '도'를 따라 운용되어야 한다는 사실을 일깨우고 실행하였다는 특징을 지닌다. 이른바 '도학' 정치를 주창한 것이다. 따라서 그들은 무엇보다도 '군(君)·신(臣)'이라는 지배층이 만백성의 더 나은 존립을 위해 설치된 것이라는 새로운 인식을 갖게 되었다는 사실에 주목할 필요가 있다.

물론 유교 사상에서는 일찍부터 '백성은 나라의 근본이니 근본이 튼튼해야 나라가 안정된다'고 하는 소위 '위민'정치의 이념을 표방해오고 있었다. 그뿐 아니라 국가가 '관직을 설치하고 관인을 충원하는' 까닭이 '본래 백성을 위함'이라는 관념 또한 일찍부터 논의되어오고 있었다. 송대 성리학은 그러한 관념을 일정하게 더 발전시킨 것으로 보인다.[5]

그런데 16세기 조선 사림의 경우, 훈척의 발호와 사화의 극복이라는 극히 위중한 현실적 난제를 해결해나가기 위해 그 같은 고전적 해석보다도 '군·신'이라는 지배층의 정치적 기능에 대한 훨씬 더 적극적인 해

조선 중기 사림의 경제사상을 고찰하는 것이 주제인 만큼, 사화(士禍)의 빈발 속에서도 왕정(王政)을 추구한 대표적 사림의 경제사상과 그 개혁론을 고찰하기로 한다. 따라서 비록 사림의 명색을 띠었다 할지라도 사환(仕宦)을 위주로 하는 인사들과는 자못 준별되는 도학(道學) 위주 사림의 대표적 경우를 고찰하게 될 것이다.

5 "군주가 관직(官職)을 설치하고 관인(官人)을 충원함은 다만 자기 일신을 존귀하게 하여 떠받들게 하고자 함이 아니다. 관료들로 하여금 군주의 법령을 받들어 시행함으로써 백성을 다스리고 도적을 죽이고자 함이다"(『管子』, 版法解).;"임금이 조서(詔書)로 명하였다. '관직(官職)을 설치하고 관인(官人)을 충원함은 인민들을 위한 것이다'"(『後漢書』, 光武 6년 6월 丁卯).;"희(熹, 즉 주자)는 삼가 생각건대 국가에서 관직을 설치하고 관인을 충원함은 본래 백성을 위한 것이다. 그러므로 평상시 조정에서는 주군(州郡)에 계칙하되 백성에게 정령(政令)을 관휼(寬恤)히 봉행하여 혹시라도 미치지 못함이 있을까 근심한다는 말만을 들었다. '독책(督責)'한다는 두 글자는 옛 사서(史書)에서 상고해보더라도 한비(韓非)·이사(李斯) 따위의 참혹하고 각박하여 은택은 없고 군주(君主)를 잘못으로 유인한 술수이다. 차마 인인(仁人)들이 할 수 있는 말이 아니다"(『朱子大典』 권21, 「論督責稅賦狀」, 8쪽). 그런데 여기서 주자(朱子)의 경우도 한해(旱害)를 무릅쓰고 '세부(稅賦)를 독책(督責)하는' 중앙관서의 명령에 대해 '관직을 설치하고 관원을 충원한' 본래 취지가 아니라는 반론을 올린 내용일 뿐임을 주의해야 한다.

석을 시도하기에 이르렀다. 도학의 이념을 현실 정치에 적용코자 하는 시도였다. 가령 조광조의 경우가 그러하였다.

재상(宰相)의 직무는 마땅히 백성을 마음에 두어야 합니다. 이윤(伊尹)이 말하기를 "한 사람이라도 제 자리를 차지하지 못한다면 마치 저잣거리에서 매를 맞음과 같다"[6] 하였는데, 백성의 생활이 피폐하기로는 지금과 같은 때가 없었습니다. 대저 군·신이라는 것은 백성을 위해서 설치한 것입니다. 상하가 모름지기 이 뜻을 알아차리고 밤낮으로 백성을 마음에 두어야만 치도(治道)가 이루어질 것입니다.[7]

(시강관) 조광조가 아뢰었다. "…임금은 천하에 한 가지 사물도 내가 아껴야 하지 않을 것이 없고 한 가지 일도 내가 해야 하지 않을 것이 없다고 생각하여, 백성을 사랑하고 사물을 아껴 인의(仁義)의 도를 행하기에 힘써야 합니다. 요·순 같은 임금과 요·순 시대 백성이 되게 하려는 것은 필부(匹夫)·천사(賤士)일지라도 곧 자기 분수(分數) 안의 일입니다. 더구나 대신(大臣)의 경우이겠습니까?…" 임금이 이르기를, "천한 필부일지라도 요·순 같은 임금과 요·순 시대 백성이 되게 하려고 마음먹는데, 더구나 임금의 경우이겠는가. 그래야만 백성의 부모가 될 수 있을 것이다" 하였다.[8]

---

6 [이윤(伊尹)은] "내가 임금님을 요(堯)·순(舜)처럼 되게 하지 못한다면 내 마음의 부끄러움이 마치 (많은 사람이 보는) 저자에서 매 맞는 일과 같을 것이다" 하였으며, 또한 "어느 한 사람이라도 제 자리를 차지하지 못하는 이가 있으면 '이는 내 잘못이다'" 하였습니다(『書經』, 「說命」).

7 『靜菴集』 권3, 「檢討官時啓」 6, 3쪽.

8 『중종실록』 권30, 12년 11월 임진.

백성의 1인까지라도 모두 다 제자리에 설 수 있도록 '요·순 시대'의 왕도정치를 회복하고야 말겠다는, 새로운 시대로 나아가야 할 길을 제시하는 선언적 내용이다. 16세기의 기묘사림은, 가령 주희의 경우보다도 훨씬 더 강력한 군주의 신임을 받게 된 처지였기에, 왕도의 실현을 두고서도 주희보다 훨씬 더 강도 높은 자임(自任)을 표방하기에 이르렀다. 그들은 왕권의 바른 실현을 위해 복무할 뿐 아니라 왕권의 보도(輔導)를 자신의 책무로 삼고 나서기에 이르렀다.

나아가 정치적 사공(事功)보다도 개별 인간의 도덕 함양이 더 근본임을 역설한 퇴계 이황의 경우는 어떠한가. 주지하듯이 그는 태극이라는 하나의 천리가 우주만물 전체로 구현된 것이지만, 동시에 우주만물 또한 각기 하나씩의 태극을 갖추고 태어난 존재임을 역설한다. 그런데 개별 인간은 각기 타고난 개체 태극, 즉 개인의 자기 심성(心性)의 본질을 함양하는 일이 무엇보다도 중요하다. 곧 자기 천덕의 함양이 왕도의 실현에 못지않은 중대 과업이다.[9]

제왕의 정치적 기능이란 것도, 심덕의 함양을 통해서 치국평천하의 길로 나아갈 수 있으니, 양자는 곧 본(本)·말(末)의 구도를 이룬다. 그것은 그만큼 '도'에 대한 확신을 증언함이요, 조선 사림이 사회적 위상을 정립해가는 역사적 선언이다. 그것은 곧 '수기'의 주체인 사림 도학자야말로 '치인' 곧 정치를 담당하는 진정한 주체가 될 수 있다는 역사적 함의를 지니는 내용이다.[10]

조선왕국에서 왕권과 그것을 에워싼 훈척의 비리가 항구적으로 지속

9 충의(忠義)와 도덕(道德)은 두 가지로 이루어지는 것이 아니요, 도덕이 그 근본이 된다(『退溪全書』 권42, 「迎鳳書院記」, 33쪽).

10 金泰永, 2006, 「退溪의 個別人間 自我論」, 앞의 책 참조.

되고 있었다는 사실을 감안한다면, 사림의 독자적 위상을 정립하는 일이야말로 역사적 과제의 성취에 해당하는 것으로 해석된다. 그것은 곧 도학하는 사림이 정치의 주체로 등장함으로써, 이제 인습적 비리의 통치행태를 지양하고 왕도왕정을 실현할 새로운 시대로 진입한다는 역사적 함의를 제시하는 것이기 때문이다.

16세기 사림 김인후(金麟厚, 1510~1560)의 생각도 마찬가지였다. "학문은 반드시 성인의 경지에 도달하고야 말 것이요, 정치는 반드시 옛날(성왕)의 경지에 이른 후에야 그칠 것이다"[11]라고 갈파한 내용이 곧 그것이다.

그런 과정을 거쳐 드디어 조선왕국에는 소위 사림정치의 시대가 열렸다. 16세기 후기였다. 이제 형식상으로는 사림이 정치의 주체로 등장한 것이다. 사림정치의 초기를 맞게 된 율곡 이이는 도학으로 선조임금의 깊은 신임을 얻기에 이르렀다. 그는 복희(伏羲) 이래 공자를 거쳐 주희로 이어지는 도학의 도통을 조선왕국이 전승해야 한다고 주장하였다.

양명학이 행세하는 중국에서는 이미 주자학 도통의 전승을 기대하기 어렵게 된 이상, 이제는 왕도정치의 구현을 시도하는 조선 성리학이 그것을 전승하는 과제를 맡지 않을 수 없게 되었다. 이이가 국왕에게 주희 도통의 전승을 간곡히 당부한 것은 주자성리학을 '전도(傳道)'할 임무를 자임하고 있었기 때문으로 풀이된다. 사림정치의 초기에 그는 과연 왕정 구현의 임무를 '자임'하고 있었다. 그는 국왕을 '보도(輔導)'하는 정도만이 아니라 주자학 도통의 '전도'를 '자임'하고서, 왕정은 반드시 이 땅에서 실현할 수 있다는 '왕정기필론'을 주창하기에 이르렀다.[12]

---

11 『河西集』 권11, 「弘文館箚子 癸卯(1543;中宗 38)」, 6쪽.

12 金泰永, 2006, 「士林정치와 栗谷의 王政 期必論」, 앞의 책 참조.

2. 16세기 조선 사림의 경제사상

원래 유학은 왕정을 실현한 선왕들의 정치사업이 전적(典籍)에 드러나 있으므로 현재의 군주가 그대로 실행한다면 결국 왕정을 실현할 수 있다고 하는 견지에 선다.[13] 더구나 16세기 조선 성리학의 경우, 왕도를 실현하는 구체적 방략은 주희에 이르러 집대성되어 마치 '중천의 태양'처럼 환히 밝혀져 있다고 확신한다.[14] 그러니 이제는 '중천의 태양'처럼 밝혀진 그 길을 따라 추진하기만 하면 왕정은 이룩할 수 있기 마련이다. 그것을 특히 강조한 이가 사림정치기의 이율곡이다.

> 도학(道學)하는 선비를 진유(眞儒)라고 하는데 맹자(孟子) 이후로는 진유가 일어나지 않더니 천 년 후에 비로소 주렴계(周濂溪)가 일어나 은미하고 오묘한 이치를 드러내 폈고 그것을 정자·주자가 계승한 연후에 이 도가 세상에 크게 밝혀져 마치 태양이 중천에 떠 있음과 같이 되었다.[15]

그런데 왕정 실현의 '도'가 아무리 밝혀 있다 하더라도 현실의 군주가 직접 '도'를 깨달아 활용하거나 '도'를 깨친 도학자에게 국정을 위임하여 활용하지 않으면 왕정은 결코 실현할 수 없다. 그리고 '도'를 깨치거나 진정한 도학자를 알아보는 능력은 모두 군주의 '치심'을 통해서 길러

13 문왕(文王)·무왕(武王)의 정사(政事)가 방책(方策)에 펼쳐져 있으니, 그러한 사람이 있으면 그러한 정사가 거행되고 그러한 사람이 없으면 그러한 정사가 종식된다(『中庸』, 제20장).

14 그것은 원래 주희 문도(門徒)들의 소신이다. "선생(즉 朱子)이 나오자 주(周)나라 이래 성현(聖賢)들이 상전(相傳)해오던 도(道)가 하루아침에 활연(豁然)해져 마치 태양이 중천(中天)에 떠 있음과 같이 환하게 밝혀지고 드러나게 되었다"(『朱子大全』 부록 3, 行狀, 「黃榦狀」).

15 『栗谷全書』 권15, 「東湖問答」, 6쪽.

진다.

성리학에서는 천하만사가 모두 군주의 '일심'에 근본을 두고 있지 않음이 없다는 견지에 선다.[16] 군주의 '수신(修身)'·'치심'이야말로 왕정 실현의 결정적 관건이 된다. 조선 사림 또한 군주의 '치심'을 왕정 실현의 요체로 역설한다.

> 군주가 명령을 세워 난세를 치세(治世)로 돌이키는 것은 다만 일심(一心)에 달려있다. 일심이 도(道)를 향하여 쉼 없이 힘써 나아간다면 곧 정사에 베풀어져 세도(世道)가 일변할 것이다.[17]

성리학을 배타적 국가 교학으로 운용한 조선왕국에서는 역대의 군주가 자기 '일심'을 바로잡아 함양하도록 보좌하는 기구를 항구적으로 운용하고 있었다. 경연제도가 그것이다. 16세기 조선 사림은 더 나아가 제왕학의 교재를 특별히 따로 저술해 바치기에 이르렀다. 이황의 「성학십도」나 이이의 「성학집요」가 그것이다.

이 세상 천만 가지 일이 모두 군주의 '일심'에 근본을 두고 있는 이상, 왕정을 구현하기 위해서는 무엇보다도 그 '일심'의 함양이야말로 국가 최대의 현안이다. 따라서 군주의 치심을 왕정 구현의 근본이며 대본(大本)이라고 확인하는 성리학 경세론의 구도에서는 현실의 경제개혁과 같은

---

16 천하(天下)의 일들은 천만 가지로 변화하므로 그 단서가 무궁하지만, 어느 한 가지 인주(人主)의 심(心)에다 근본을 두지 않은 것이 없다. … 그러므로 인주의 심이 올바른즉 천하의 일들이 어느 하나도 올바름에서 나오지 않음이 없고, 인주의 심이 올바르지 못하다면 천하의 일들이 어느 하나도 바른 데로 나아가는 것이 없다(『朱子大典』 권11, 「戊申封事」, 20쪽).

17 『栗谷全書』 권25, 「聖學輯要」, '爲政功效', 66쪽.

사안이 상대적으로 부차적이기 마련이었다.[18]

그런데 유학은 지배층의 통치교학으로 형성된 것이므로, 백성을 안양(安養)해야 한다는 과업을 결코 소홀히 할 수가 없었다.[19] 요·순조차도 "수기(修己)를 통해서 백성을 편안히 살게 하는 일"을 두고서는 오히려 부족하게 여겼다 하지 않는가. 신유학인 성리학에서도 '백성의 안양'은 본연의 항구적 과제였다. "생민을 가르치고 안양하는 것이 왕도"[20]라고 하는 이이의 인식이 그것을 대변한다.

생민의 안양이 본연의 과업이라 하더라도 유학은 동시에 왕도를 높이고 패공(霸功)을 천시하는 가치관을 본질로 하고 있다. 그것은 곧 '이(利)'보다는 '의(義)'를 앞세우는 정치이론으로 구현된다. 성리학에 와서 특히 왕도 구현의 이론서로 존숭되어 경전의 지위로까지 승격한 『대학』의 마지막 장이 다음과 같은 문자로 끝맺고 있음을 주의할 것이다.

> 국가의 어른이 되어 재용(財用)에 힘쓰는 자는 반드시 소인(小人)으로부터 시작된다. 저 소인으로 하여금 나라를 다스리게 하면 천재(天災)와 인해

18 그러한 본말론적 경세론 구도는 실상 주희(朱熹)에서 정립된 것이다. "대개 천하의 대본(大本)은 폐하의 심(心)이요, 금일의 급선무는 태자(太子)를 보익(輔翼)하는 일, … 민력(民力)을 아껴 배양하는 일, 군정(軍政)을 수명(修明)하는 일의 육사(六事)입니다. … 무릇 이 육사도 모두 늦추어서는 안 되는 것이지만, 그 근본은 폐하의 일심(一心)에 있습니다. 일심이 바른즉 육사가 바르게 되지 않음이 없습니다. … 그러므로 소위 천하의 대본(大本)이란 것은 급무(急務) 가운데의 더욱 급선무(急先務)로서 더구나 조금도 늦추어서는 안 됩니다"(『朱子大典』 권11, 「戊申封事」, 24쪽).

19 "천지(天地)에 절도(節度)가 있어 사시(四時)가 이루어지나니 제도(制度)로써 절제(節制)하여 재물을 손상치 아니하며 백성을 해치지 않는다"(『周易』, 「節卦」, '彖辭').;공자(孔子)가 위(衛)나라에 갔는데 염유(冉有)가 수레를 몰았다. 공자가 "백성들이 많구나" 하였다. 염유가 "이미 백성들이 많으면 또 무엇을 더 해야 합니까" 하고 묻자, 공자가 "부유하도록 해주어야 한다" 하였다. "이미 부유해지면 또 무엇을 더해야 합니까" 하고 묻자, 공자가 답하기를, "가르쳐야 할 것이니라" 하였다(『論語』, 「子路」).

20 "夫躬行仁義者, 天德也. 敎養生民者, 王道也"(『栗谷全書』 권25, 「聖學輯要」, '爲政 下 말미 按說', 65쪽).

(人害)가 아울러 이르나니, 비록 선자(善者)가 있다 하더라도 또한 어찌할 수가 없다. 그러므로 '나라는 이(利)를 가지고 이로움으로 여기지 않고 의(義)를 가지고서 이로움으로 여긴다'고 하는 것이다.[21]

조선 성리학에서 처음으로 현실 정치에서 왕도 이념의 전일성(專一性)을 추구한 기묘사림도 결코 예외가 아니었다.

예로부터 임금은 많이들 패공(覇功)을 선호하고 왕도(王道)를 행하는 이가 드물었습니다. 패공을 숭상하면 비록 쉽사리 부국강병의 효과를 이룰 수야 있겠지만 거기에 어찌 다시 인의(仁義)의 도가 있겠습니까. 왕도를 행하면 비록 짧은 기간 안에 효과를 볼 수야 없겠지만, 오래 시행할수록 크게 성취하기 마련입니다.[22]

국가가 왕도의 구현을 이념으로 표방하는 이상, 그 경제의 측면에서도 이익을 추구하는 '경제 우선'의 정책보다는 '인의의 도'를 추구하는 정치적 결단의 정책을 더 우선시하기 마련이다. 더구나 왕도 이념의 현실적 구현을 가장 전일적으로 추구한 기묘사림의 경우, 공리를 앞세우는 정치 행위는 국가적으로든 개인적으로든 결코 용납할 수 없다는 정책으로 일관하였다. 공리를 탐내면 '이의 근원(利源)'을 엿보기 마련이요, 그렇게 되면 "임금을 죽이고 나라를 빼앗는 일"까지[23] 저지르기 마련이라는 것이 그들의 논리였다.

---

21 『大學』, 전 10장.

22 『靜菴集』 권4, 「元子輔養官時啓」 2, 15쪽.

23 『중종실록』 권37, 14년 10월 을유.

공리보다도 의리를 우선시하는 조선 사림의 견지에서는, 국가경제의 운용에서도 생산의 증대라는 면보다는 그 균평한 배분의 면에 더 치중하는 정책으로 귀결하기 마련이었다.

그런데 16세기 사림이 결코 간과할 수 없는 과제의 하나는 실생활에서 부딪치기 마련인 이른바 '이(利)'와 '의(義)'에 관련된 바른 이해와 실천의 문제였다. 어느 문인이 "의를 바르게 하고 이를 꾀하지 아니한다[正其義不謀其利]"는 설과 "이는 의의 화이다[利者義之和]"라는 설 상호 간의 의미를 질문하자, 이황은 다음과 같이 답한다.[24]

> '이(利)'의 근본 뜻을 말하자니 '이(利)는 의(義)의 화(和)이다' 하였을 뿐, 잘못된 말이 아니다. 『주역』에서 '이(利)·불리(不利)'를 말하고 『서경』에서 '이용(利用)'을 말함과 같은 사례이다. 그런데 사람들이 '이(利)'를 추구하는 관점에서 말한다면, 군자의 경우에는 그 마음 작용의 해로움이 될 것이고, 일반인들의 경우에는 사적(私的) 자기 탐욕의 구렁텅이가 될 것이니 천하의 악(惡)이 모두 여기서 나올 것이다. 이와 같이 '이(利)'에 대한 말이 장소에 따라 다 다르기 마련이니, 동자(董子)의 이 말씀은 본래 군자로서의 심술(心術)의 정미한 곳을 말한 것일 뿐, 일반인들의 이익에 빠져 있는 경우를 말함이 아닌 것이다. …
>
> 무릇 '이(利)'가 비록 '의(義)'의 화(和)이지만 마침내 '의(義)'와 서로 대립되어, 한쪽이 소멸하면 한쪽은 성장하고 한쪽이 이기면 한쪽은 지게 되는데, 이는 '이(利)'의 본래가 그러한 것이 아니라 사람의 마음이 그렇게 만드는 것이다. 그러므로 군자의 마음이 본래는 '의(義)'를 바로 하려 하다

24 주지하듯이 먼저 것은 동중서(董仲舒)의 『춘추번로(春秋繁露)』 문자요, 뒤의 것은 『주역(周易)』, 「건괘(乾卦)」 문언(文言)의 말이다.

> 가도 막상 일에 임해서는 간혹 '의(義)'에 전일하지 못하는 경우가 있는데, 조금이라도 '이(利)' 쪽에다 의향을 둔다면 이는 어떤 소위(所爲)가 있는 것이어서 그 마음이 이미 '의(義)'와 반대가 되어버리므로 소위 '이(利)'라는 것이 다시 자연스러운 '의(義)의 화(和)'로서의 '이(利)'가 될 수는 없다.[25]

옛 경전에 근거한 근본적 이론의 면에서는 '이(利)'라는 것이 '의(義)의 화(和)'라고 하는 명제가 틀린 것이라고 말할 수는 없다. 가령 사림으로서도 목전의 소리(小利)를 탐하기보다는 거국적 대의를 구현함으로써 왕도·왕정을 실현하여 만백성이 다 잘살도록 하고 자신 또한 더할 수 없이 큰 정치적·사회적 성취를 맛보게 되는 경우가 그러하다.

그런데 그 같은 사례는 현실에서는 너무 이상에 치우친 경우이다. 현실의 사회 관계는 실상 너무나 이기를 도모하는 행태로 넘쳐난다. 그것은 훈척뿐 아니라 사림이란 명색을 띤 관인들의 경우라 할지라도 대체로는 결코 예외가 아니었다.[26] 군주가 사림도학자를 중용하는 경우라든가 사림도학자가 국정을 주도하는 경우는 극히 드물기 마련이었다.

그런 가운데서도 오랜 훈척의 전횡 시대가 끝나자 조선 사림은 새로

---

25 『退溪全書』 권19, 「答黃仲擧論白鹿洞規集解」, 21~22쪽.

26 여기서 곧 도학(道學) 위주의 사림과 사환(仕宦) 위주의 관인층의 유별(類別)이 일어난다. 사림정치의 시기로 접어든 이후로도 '인간의 실정'은 그러하다고 하는 관찰을 참조할 것이다. "인간의 실정으로서야 누가 자기를 이롭게 하고자 아니할 것입니까. 오직 도(道)를 지키는 군자(君子)만이 이에 의(義)를 중시하고 이(利)를 가벼이 여깁니다. 오늘날 의(義)를 중시하고 이(利)를 가벼이 여기는 자가 몇이나 되겠습니까. 시속(時俗)을 좇아 벼슬을 구하면 일신이 귀(貴)하게 되고 시속을 따라 재물을 구하면 집안이 부(富)하게 되니 누구나 이(利)롭고자 하는 뜻을 좇아가기 마련입니다. 그러니 오직 전하(殿下)만은 도무지 이(利)로운 바가 없고 다만 시사(時事)가 날로 그릇되어 수습할 수 없음을 보게 될 따름입니다"(『栗谷全書』 권6, 「應旨論事疏」, 14쪽).

즉위한 어린 선조임금을 상대로 경연에서 의와 이(利), 덕(德)과 재(財)에 관한 강의를 펴나갔다.

임금이 일렀다. "(『대학』에서) '덕(德)이란 것은 본(本)이요 재(財)란 것은 말(末)이다'고 하였으니, '재(財)'에 대해서는 말할 필요가 없을 터인데도 이를 말한 것은 무슨 까닭인가요." (고봉)선생이 아뢰었다. "재(財)란 것은 인간이 생양(生養)하는 바탕이므로 성인(聖人)이 중요시한 것입니다. 고인이 말하기를 '먹을거리는 백성의 하늘이 된다' 했으며, 『주역』에 이르기를 '무엇으로 사람들을 모이게 할 것인가. 재화이다'라고 하였습니다.[27] 인간의 생리(生理)는 반드시 음식에 의존하는 고로 하루도 재화가 없을 수 없습니다. 다만 재화를 위주로 하다 보면 이욕의 마음이 생기고 쟁송이 일어나게 됩니다. 그래서 '덕이란 것이 본이다' 한 것입니다. 백성이 편안해진 연후에야 나라가 다스려지는 것이니, '백성이 유족하다면 임금은 누구로 더불어 부족하겠습니까.' … 천지자연의 재화를 따라 절약해 써서 백성의 의식(衣食)이 유족해진 연후에야 예절을 다스릴 수 있는 것이므로 (『대학』에서) 반드시 재화에 대해 말한 것입니다. 그러나 재화를 위주로 하다 보면 해악이 일어나는 고로 먼저 덕(德)을 말해둔 것입니다. …「홍범」 8정에 '첫째는 식(食)·둘째는 화(貨)'라 하였으니, 식·화가 유통하게 된 연후에야 쓰임새가 풍족하게 됩니다. … 재화를 널리 펴내는 것은 백성과 더불어 한다는 것을 이릅니다. 재화가 도리에 어긋나게 들어온 것은 또한 도리에 어긋나게 나가기 마련입니다. 『대학』은 혈구(絜矩)

27 천지(天地)의 큰 덕(德)을 일러 생(生)이라 하고, 성인(聖人)의 대보(大寶)를 일러 위(位)라 한다. 무엇을 가지고서 위(位)를 지킬 것인가. 인(仁)이다. 무엇으로 사람들을 모이게 할 것인가. 재화(財貨)이다. 재화를 다스리고 말을 바르게 하여 백성이 잘못 저지름을 금하는 것을 의(義)라 한다(『周易』, 「繫辭」 下).

를 위주로 하면서도 많이 재용(財用)에 대해서 언급하고 있는데, 인생 일용에서 없어서는 안 되는 것이 재물이기 때문입니다. 임금은 재용을 잘 처리해서 백성으로 하여금 균질하게 그 은택을 입도록 해야 할 것입니다."[28]

재화란 것이야말로 인간이 단 하루도 의존하지 않을 수 없는 '양생의 바탕'이다. 국가와 같은 복합구조의 계급사회에서는 고귀한 자일수록 더더욱 좋고 많은 재화가 필요하도록 구조화해 있다. 군주의 경우는 특히 그 정점을 이룬다.

그런데 천지자연에서 생산되는 재화는 결코 무한하지 않으며, 반드시 일정한 한도가 있다. 이를 군주라 하여 과도하게 차지하면 재화의 직접 생산자인 백성은 굶주리기 마련이다. 군주가 길이 군주 노릇을 유지하기 위해서는 백성과 재화를 나누어 쓰면서 공생하는 길을 도모할 수밖에 없다. 또한 백성과 군주뿐만 아니라 그 가운데서 왕권을 떠받들고 백성을 이끌어가는 지배층도 있어야만 국가라는 것을 꾸려갈 수 있음을 간과해서는 안 된다. 위의 경연강의에서 『대학』을 비롯한 여러 경전의 문자를 인용해가면서 역설하는 것이 곧 그러한 원리적 내용이다. 즉 군·신·민 삼자가 공생·공존하면서 번영하려면 인습적 통치행태의 자의적 수탈성은 지양되지 않으면 안 된다는 해설이다.

그리고 '생민을 가르치고 안양하는 일'이야말로 왕도 왕정의 본질이라고 역설하는 이이의 경우도 살펴볼 것이다.

28 『선조실록』 권1, 즉위년 12월 기축;『高峯集』, 「論思錄」 上, 29~31쪽.

성상께서 이르시기를, "임금은 나라에 의존하고 나라는 백성에 의존하니, 백관을 설치하고 직무를 분담시킨 것은 단지 민생(民生)을 위한 것일 따름이다. 민생이 어지러이 흔들리게 되면 나라는 어디에 의지할 것인가"라고 하셨습니다. … 이는 참으로 뭇 백성을 안정시키고 하늘의 노여움을 풀어 내릴 크나큰 계기를 짓는 말씀입니다. 군·신의 직분이 단지 민생을 위해 설치한 것일 따름이라는 사실을 알게 된 임금이 삼대 이후로 몇이나 있겠습니까.[29]

이이의 「만언봉사」는 그가 국왕의 큰 신임을 얻어 39세로 승지 직임을 맡고 있으면서 왕정의 구현을 기필하고 촉구하면서 제시한 본격적인 국정경장론(國政更張論)이다. 앞에서 살펴봤듯이, 16세기 초기의 기묘사림은 이미 '군·신이라는 것은 백성을 위해서 설치되었다'고 하는 인식을 정립하고 있었다. 조선 성리학의 새로운 '군·신·민' 관념을 정립한 것이다. 그로부터 50여 년을 지나 사림정치의 시기를 맞은 조선 사림은 다시금 '군·신의 직분이란 것은 단지 민생을 위해 설치한 것일 따름'임을 한층 더 강조해 다짐한다. 그 다짐을 이이는 왕정의 구현을 기필코자 하는 경장론에서 확인한다. 삼대 이후로 '군·신의 직분'에 관한 더할 수 없이 큰 관념의 전환을 보이는 듯하다.

이이는 또한 "백성의 삶은 먹을거리에 의존하고 나라는 백성에 의존한다. 먹을거리가 없으면 백성이 없고 백성이 없으면 나라가 없다"[30]라고 하여 백성·식량·국가의 관계를 간략히 정리한다. 백성이 있어야 국가

29 『栗谷全書』 권5, 「萬言封事」, 22쪽.

30 『栗谷全書』 권4, 「擬陳時弊疏」, 17쪽.

라는 것도 꾸릴 수가 있다. 백성은 생명체들이므로 식량이라는 일용 재화를 사용하고 소비해야만 살 수 있다. 국가가 이(利)를 독점해서는 국가 지반 자체가 없어지게 마련이다. 그러므로 백성과 더불어 공생하는, 백성을 살리는 의로운 정책이야말로 최우선이다.

그는 다시 "의(義)가 이(利)를 이기면 치세가 되고 이(利)가 의(義)를 이기는 경우 난세가 된다. 임금이 의(義)를 중시하면 의(義)가 이(利)를 이기고, 임금이 이(利)를 중시하면 이(利)가 의(義)를 이긴다"는 『순자(荀子)』의 말을 인용하여 의리의 관계를 변석한다.[31] 그리고 끝에다 자신의 해설을 덧붙인다.

> 임금은 나라에 의존하고 나라는 백성에 의존합니다. 임금은 백성을 하늘로 삼으며 백성은 먹을거리를 하늘로 삼습니다. 백성이 하늘로 삼는 것을 잃게 되면 나라는 의존할 바를 잃게 됩니다. 이는 고칠 수 없는 이치입니다. 임금의 정사는 백성의 부모가 된 마음가짐으로써 백성의 힘을 펴게 하고, 백성의 자산을 넉넉하게 해서 그들이 타고난 본연의 착한 마음을 보존할 수 있도록 해주는 것일 따름입니다. 임금이 … 자기를 이롭게 하고자 한다면 필연코 남을 해치게 됩니다. 어찌 자기의 많은 욕심을 다 채우고도 해독이 백성에게 미치지 않을 리가 있겠습니까. … 그러므로 임금이 백성을 사랑한다는 것은 곧 자기 자신을 사랑함이요, 백성을 안정시킨다는 것은 자신을 안정시킴입니다.[32]

---

31 이이가 인용한 『순자(荀子)』의 내용은 다음으로 이어진다. "그러므로 [천자(天子)·제후(諸侯)·대부(大夫)는] … 모두가 이(利)를 부끄러이 여겨 백성과 업(業)을 다투지 않으며, 나누어 베풀기를 즐겨 하고 쌓아두고 감추어둠을 부끄러이 여긴다"(『荀子』 제27, 「大略」).

32 『栗谷全書』 권25, 「聖學輯要」, '爲政 下 安民章 말미', 47~49쪽.

사림정치의 시기를 맞은 도학자 이이가 제시하는 경제적 의리 개념의 한 가지 특징은 국왕부터 대의를 위해서 사리를 줄여야 한다는 구체적 이론을 제시한 것이다. 인간의 욕심은 무한한데 재화는 일정하므로, 아무리 국왕이라도 자기 욕심을 다 채울 수는 없다. 백성에 의존할 수밖에 없는 것이 군주의 실생활이므로, 자의적 수탈은 자멸을 초래하기 마련이다. 이에 왕실을 비롯한 국왕의 용도를 절감해야 한다는 구체적 개혁안을 제시한다. 물론 국왕이 절검(節儉)을 숭상해야 한다는 개념은 옛 경전에서부터 누누이 강조해온 상투적 관념이다. 그런데 조선 사림의 경우는 도학의 이념이 더해져서 보다 본격적인 경제사상으로 정립하게 되었다는 데 특색이 있다.

> 사치와 낭비의 풍속이 지금보다 더 심한 때가 없습니다. … 궁중의 용도를 일체 조종의 옛 관례대로 하여 검약한 제도로 중·외에 모범을 보임으로써 민간의 사치스러운 습속을 개혁하고 사람들이 진수성찬을 차리고 아름다운 옷을 입는 것을 부끄러이 여기도록 하여 천물(天物)을 아끼시고 민력(民力)이 펴지도록 하소서.[33]

> 부고(府庫)에 소장된 재물은 추호라도 생민의 고혈(膏血) 아닌 것이 없습니다. 어찌 감히 망령되게 사치를 일삼아서 하늘이 낸 천재(天財)를 낭비하고 민력(民力)이 곤궁하게 하며, 선조께서 이룩한 왕업을 패망토록 하겠습니까. … 검약하는 제도는 궁중에서부터 시작함으로써 사대부가(士大夫家)에서도 보고 느껴 본받도록 하고 일반 서민에까지 미쳐가도록 해야

33 『栗谷全書』 권5, 「萬言封事」, 32~33쪽.

할 것입니다. 그래야만 고질로 된 관습을 개혁할 수가 있을 것이요, 천재가 유실되지 않고 민력이 점차 펴지게 될 것입니다.[34]

즉 권간들의 농단 이래 일상생활에서 사치와 낭비 풍조가 많이 늘어났기 때문에 그만큼 국고가 비고 민생이 절박해진 상황에서, 국왕이 궁중의 용도부터 절감하는 데 모범을 보임으로써 이 '우환'스러운 습속을 개혁하고자 한다. 여기서 "천물을 아끼고 민력이 펴지도록 한다"거나 "천재의 유실을 막고 민력이 펴지도록 한다"는 관념 또한 흥미롭다. 그것은 물론 옛 경전의 내용을[35] 원용한 것으로 보인다. 그런데 16세기 조선 사림의 경우, 하늘이 낸 자연의 물산을 아껴야 할 뿐 아니라 그것을 소재로 하여 인간이 생산한 재물을 동시에 아껴 씀으로써 '민력'이 배양되도록 해야 한다고 역설한다. 곧 자연과 인간에 대한 '경(敬)' 관념이 동시에 발현되고 있는 경우로 보인다. 사림의 경제사상에 도학적 관념이 융해되어 있음을 살펴볼 수 있다.

이이는 이미 선조 2년(1569) 홍문관 교리로서 국왕이 스스로 "절검을 숭장하여 국용에 보태어야 함"을 역설한 바 있다.[36] 동 7년 그가 39세 때 제진한 『성학집요』의 경우 "절검이야말로 군주의 가장 큰 미덕"이라 하여[37] 별도의 항목을 베풀어 서술하고 있다.

---

34 『栗谷全書』 권23, 「聖學輯要·正家」, '節儉', 50~51쪽.

35 상(商)나라 왕 주(紂)가 무도하여 하늘이 낸 물산을 사납게 멸하고 뭇 백성을 해치고 학대한다(『書經』, 「武成」).

36 『栗谷全書』 권3, 「玉堂陳時弊疏」, 32쪽.

37 『栗谷全書』 권23, 「聖學輯要·正家」, '節儉', 47쪽.

천자의 부(富)는 사해에다 갈무리하고 제후의 부는 백성에다 갈무리합니다. 국가에는 창름(倉廩)과 부고(府庫)가 있지만 이는 공공의 물건이요 사사로운 저장이 아닙니다. 나라 임금이 사사로운 저장을 가지는 것을 일컬어 이(利)를 취한다고 합니다. 이(利)의 근원이 한번 열리면 아랫사람들이 다투어 뛰어들 것이니 어디까지인들 이르지 않겠습니까. 신의 어리석은 생각으로는 전하께서 참으로 훌륭한 일을 하고자 하신다면 반드시 먼저 내탕(內帑)과 내수사(內需司)를 호조(戶曹)에 소속시켜 국가의 공비로 삼을 것이요, 사재(私財)로 두지 않음으로써 신민들로 하여금 전하께서 이(利)를 취하고자 하는 마음이 조금도 없다는 것을 환히 우러러보도록 해야 할 것입니다. 그런 후에야 옛 오습을 깨끗이 씻어버리고 예의염치를 붙들어 세워 굳건한 치세를 빚어낼 수 있을 것입니다.[38]

선조 초기의 사림정치기를 맞은 국가경제의 현안은 곧 '거꾸로 매달린 듯' 고통에 처한 민생도 살려가면서 다른 한편으로는 궁핍한 재정문제도 해결하는 것이었다. 이 현실적 과제의 해결을 이이는 '생재(生財)·활민(活民)'이라는 개념으로 정리한다. 그 같은 정리는 가령 선조임금이 즉위한 지 4년인데도 "정사는 구래의 폐단을 답습하고 있으며 통치의 효과는 까마득한" 현 실태를 변통해보기 위한 글에서 잘 드러난다.[39] 여기서도 국왕 자신부터 용도를 절감하기를 촉구한다. 즉 조종조에는 농경지가 모두 경간되고 호구가 번성하며 물산이 풍성했으나 훈척·권간의 농단을 오래 겪은 현재로서는 이 세 가지가 모두 쇠잔해지고 말았으므로 민생

38 『栗谷全書』 권25, 「聖學輯要·爲政 下」, '安民', 42쪽.

39 『栗谷全書』 권4, 「擬陳時弊疏」, 17~23쪽.

을 살리고 국가재정을 유지하기 위해서는 국왕의 용도부터 절감하지 않을 수 없다는, 도학 기준의 경제사상을 가장 절실하게 피력한다.

첫째로는 어용을 절감함으로써 민력을 펴도록 해야 합니다. … 윗사람의 것을 덜어내어 아랫사람을 도와주는 것[損上益下]이 금일의 급한 일입니다. 청컨대 어선(御膳)·어의(御衣)로부터 일체의 진공하는 물품과 궁궐 일용의 수요물을 모두 다 3분의 1씩 줄일 것이며, 이를 미루어 헤아려서 8도의 진상공물을 모두 3분의 1씩 줄이도록 할 것입니다.…[40]

특히 여기서 제시한 '손상익하(損上益下)'라는 개념을 주의할 일이다. 문자야 물론 옛 경전에서 따온 것이다. 그런데 그것이 16세기 조선왕국의 국왕이 모범을 보여야 할 절검의 한 방도일 뿐 아니라 이 시기 지배층과 기층민 사이의 심각한 경제적 괴리를 우려하는, 국가경제 개혁론의 한 조목으로 자못 널리 제시되고 있었다는 데 독특한 의의가 있다. 가령 동시대의 팔곡(八谷) 구사맹(具思孟, 1531~1604)이라든가 우계(牛溪) 성혼(成渾, 1535~1598)의 경우가 그러하다.

(전하께서는 양민·공천의 파산과 유망을 구제할 방도를 강구하되) 그러나 마음에서 정성을 다해 강구하여 정사의 기강을 바로 세우고 근본을 바로잡아 근원을 맑게 하며 윗사람의 것을 덜어서 아랫사람에게 더해 주지[損上益下] 않는다면, 마침내 그 실효를 볼 수 없을 것입니다. 지금 식견을 가진 이들은 모두 "10년이 못 가서 양민이 다 없어질 것이다"라고 말합니다. 어째서입니

40 『栗谷全書』 권4, 「擬陳時弊疏」, 17~23쪽.

까. 백성을 침학하는 정사는 하나가 아닌데 사대부집에서 그 이로움을 독차지하니, 면포를 거두어 사삿집으로 실어가는 것이 1년 사이에 그 수를 헤아릴 수도 없습니다. 벼슬살이하는 즐거움은 지금만 한 때가 없고, 백성의 빼앗김과 손상은 극도에 이르렀습니다.[41]

> 지금 힘써야 할 일로는 양민(養民)보다 더 큰 것이 없고 양민의 요체로는 부(賦)·역(役)의 경감보다 더 절실한 것이 없습니다. … 예로부터 변통의 도리는 윗사람의 것을 덜어 아랫사람에게 더해주는[損上益下] 것임이 명백히 드러나 있습니다.[42]

> 진실로 폐단을 개혁하고 백성을 구제할 수 있는 것이라면 쉽고 어려움을 가리지 말고 모두 거행하되, 윗사람의 것을 덜어 아랫사람에게 더해주고[損上益下] 부세를 경감해주는 등 쌓여온 폐단을 모두 개혁할 것입니다.[43]

객관적으로 연산군의 학정과 훈척·권간의 농단 이래 군역을 비롯한 부·세의 수취행정이 문란해지면서 그에 편승한 지배층의 침학이 우심하게 자행되어, 이 시기에는 기층민의 파산과 유리도산이 걷잡을 수 없는 지경이 되었다. 소위 '사대부집' 관인들은 '면포를 거두어 사삿집으로 실어가는' 등의 부정부패로 부유해지는 반면, 국가를 지탱하는 '양민은 다 없어짐'에 따라 국가경제는 파탄을 면치 못하는 현상이 벌어졌다.

---

41 『八谷集』 권3, 「論時弊疏」, 7쪽.

42 『牛溪集』 권3, 「庚寅封事」, 28쪽.

43 『栗谷全書』 권3, 「玉堂陳時弊疏」, 34쪽.

이제 국가경제를 유지하기 위해서는 구민(救民)·양민의 정책이 시급한 과제로 박두하게 되었다. 곧 이 시기 사림의 경제사상으로 '활민'이라는 과제가 무엇보다 시급한 화두로 떠오른 것이다.

그런데 '활민'이라는 '시폐의 구제'가 가장 큰 현안임에도 이 시기 사림의 경제적 안목에서는, 또 다른 국가 재원(財源)을 개발한다거나 백성의 산업을 장려하는 등의 적극적인 생산력 확대 방안을 창안하는 방향으로까지는 나아가지 못하고 여전히 전통적 경제사상을 따르는 길이 더 선호되었다.

> 왕자의 정사는 백성의 부모 된 마음으로 백성의 힘을 펴주고 백성의 자산을 넉넉하게 하여 그들이 하늘로 삼는 먹을거리를 여유롭게 해줌으로써 그들이 타고난 본연의 선심(善心)을 보존해가도록 하는 일에 불과할 따름입니다.[44]

> 상이 이르기를 "오늘날 폐단을 개혁하기는 심히 어렵다" 하자 이이가 아뢰기를, "사람을 얻으면 폐단을 개혁하기는 어렵지 않습니다. 옳은 사람을 얻지 못하면 일이 반드시 이뤄질 수 없습니다" 하였다. 상이 이르기를 "그렇지만 사람을 얻는다 하더라도 송(宋)나라 신종(神宗)처럼 뜻은 크지만 재주가 엉성하다면 역시 무슨 이로움이 있겠는가" 하였다. … 이이가 아뢰기를, "신종의 입지(立志)도 잘못되어 있었습니다. 나라를 다스리는 데는 백성을 사랑하는 것이 먼저인데 신종은 나라가 부강하게 되기를 힘썼기 때문에, 소인이 틈을 타서 이(利)를 일으키자는 주장을 제시

44 『栗谷全書』 권25, 「聖學輯要·爲政」, '安民' 47쪽.

> 한 것입니다. 만일 백성을 보호하는 데 힘썼다면 소인이 어떻게 간계를 부릴 수 있었겠습니까? 임금 된 이는 모름지기 백성을 보호함에 뜻을 두어야 하는 것입니다" 하였다.[45]

조선 사림의 경제사상은, 궁극적으로는 왕정을 추구하는 견지에서도, 국가경제의 적극적 개발보다는 백성을 '보호'한다거나 백성의 '먹을거리를 여유롭게' 해줌으로써 국가경제를 안정시켜야 한다는 과제를 중시하고 있었음이 확인된다. 동시에 "(경제적) 난국을 구제하는 방책은 오직 절용(節用)에 있고 절용하는 방법은 오직 검약을 숭장하는 데 있다"고도 강조한다.[46] 재화의 확대재생산을 적극적으로 권장하기에는 '민력'이 쇠잔한 상태에 있다고 하는 제약 때문이기도 하지만, '부강하게 되기를 힘쓰는' 방안이 이 시기 사림의 경제사상의 기본이 아니었음은 명백하다. 왕실을 비롯한 국용 일상의 절용과 검약에서부터 착수하는 일이야말로 '백성을 사랑하고' '백성을 보호하는' 경제사상이 나아갈 기본 방향이었던 것이다. 이는 "재화를 생산함에 대도(大道)가 있으니, 생산하는 자가 많고 먹는 자가 적으며 생산은 빨리하고 사용은 느리게 한다면 재화가 항상 풍족하게 된다"고 성리학이 강조하는 경제사상의 본질[47]에 충실히 순응하는 노선으로 확인된다. 16세기 조선 사림의 경제사상은 결코 그 같은 본질을 지양하고서 어떤 새로운 경제 부문을 확대·개발하는 적극적

---

45 『栗谷全書』 권29, 「經筵日記」, '宣祖 6年 11月 辛巳', 24쪽.

46 『栗谷全書』 권3, 「玉堂陳時弊疏」, 32쪽.

47 인용문은 성리학에서 왕정 구현의 기본 경전으로 존숭하는 『대학(大學)』, 「전(傳)」 10장의 글이다. 이에 대한 해설로 주희(朱熹)는 다음의 글을 인용해두었다. "나라에 놀고 있는 백성이 없으면 생산하는 자가 많을 것이요, 조정에 요행으로 얻는 벼슬자리가 없으면 먹는 자가 적을 것이다. 농사철을 빼앗지 않으면 생산을 빨리하는 것이요, 수입을 헤아려 지출을 하면 쓰기를 느리게 하는 것이다."

인 정책 방향을 모색하는 길로 나서지는 않는 단계에 머물렀다.[48]

3. 16세기 사림의 경제개혁론

왕정을 실현하고자 하는 정치사업이라 하더라도, 가령 16세기 전기의 기묘사림과 그 후기인 사림정치기의 경우는 상호 간에 다소 다른 모습으로 추진되었다는 사실을 주의할 필요가 있다. 즉 전자는 대체로 정치개혁을 통해서 왕정을 구현하려는 데 더 큰 비중을 두었음에 비해 후자는 왕정을 기필하면서도 시세상 양민이라는 민생문제의 해결을 더 우선시하였다는 특색을 지니는 것으로 이해된다.

1) 기묘사림의 경제개혁론

기묘사림은 이미 무오·갑자의 양대 사화에서 왕권을 에워싼 훈척들의 농간으로 사림이 크나큰 참화를 당한 역사적 사실을 특히 경계하지 않을 수 없었다. 또한 다수 사림을 살육한 끝에 결국은 쫓겨나고 만 연산군을 이어 왕위에 오른 중종은 도학하는 사림을 등용하여 치세를 이룩해야 한다는 부담을 안고 있었다. 국왕은 조광조를 비롯한 기묘사림을 깊이 신임하였으며, 그들 사림 또한 국왕의 '일심'을 믿고 과감한 지치(至治)주의 운동을 추진하였다. "조정의 사대부가 국사를 영위하고자 하는 데

48 구체적 사례를 들어 논증한 것은 아니지만, 이이의 경제사상이 "국가의 경비를 절약하고 백성의 부담을 줄임으로써 백성의 복지를 신장(伸張)하자는 것"이지 "적극적 국부(國富)를 꾀하자는 것은 아니었다"고 하는 관점은 이미 선행 연구에서 제시된 바 있다. 李東仁, 1997, 「율곡의 경제개혁론」, 『한국학보』 87 참조.

는 다만 임금의 심(心)을 믿을 따름"이라는[49] 것이 그들의 소신이었다. 그 같은 소신은 또한 "옛 훌륭한 임금은 이 세상 천만 가지 교화가 모두 임금의 일심에 근본을 두지 않음이 없음을 알았으므로 모두가 그 일심을 바로잡아 그 도를 폈다"고 하는 확신으로 뒷받침되었다.[50]

물론 그들도 현실 민생의 곤궁함을 잘 알고 있으며, 그래서 전제를 바로잡는다거나 공물과 군역의 폐단을 개혁해야 한다는 사실을 언제나 염두에 두고 있었다. 그리고 민생이 그와 같이 궁핍해진 폐단이 대체로 세조 이래 훈척정권의 전횡에 따라, 특히 연산군의 난정에 따라 만연하게 된 것으로 이해하였다. "세조·성종조에는 훈구의 신료들이 뒤얽혀 포열하였으므로 폐단스러운 습속이 쌓여 이루어졌는데, 폐조에 이르러서는 그 폐단이 우심해져 모두들 일상으로 편히 여기고 괴이치 않았다. 지금인즉 숙폐(宿弊)가 점차 고쳐지고는 있지만, 아직도 엄단하지 않으면 안 된다"는 것이 그들의 시대 인식이었다.[51] 그래서 그들은 무엇보다 지배층인 '사인(士人)의 습속'이 바로잡혀야만 정치도 경제도 바로잡힌다는 생각을 기본으로 지니고 있었다.[52]

그들은 훈척정권의 전횡으로 인하여 전지와 노비의 과도한 점탈이 자행된 폐단을 근절하고 민생의 안정을 도모하기 위해 정전론을 검토하고 한전론을 주장하며, 노비의 소유 구수(口數)에도 제한을 두자는 논의를 한

---

49 『靜菴集』 권4, 「復拜副提學時啓」 1, 2쪽.

50 『靜菴集』 권2, 「謁聖試策」, 5쪽. "인군(人君)의 일심(一心)은 천(天)의 지대(至大)함을 체현(體現)한다. 천지(天地)의 기(氣)와 만물(萬物)의 리(理)가 모두 나의 심(心)의 운용 가운데 포함되어 있다"고도 단언한다(『靜菴集』 권2, 「戒心箴幷序」, 17쪽).

51 『靜菴集』 권3, 「參贊官時啓」 11, 19쪽.

52 이 기회를 맞아 사습(士習)을 바로잡고 민생을 넉넉히 하여 만세토록 흔들리지 않을 (왕정의) 기반을 확립하지 못한다면, 후손들이 장차 어디서 법도를 취하겠습니까(『靜菴集』 권3, 「參贊官時啓」 1, 12쪽).

동안 계속하였다. 그러나 전지와 노비 소유의 제한론은 지배층의 사회정치적 형세를 바로 삭감하자는 안건이요, 조종의 법제를 근본적으로 고치지 않으면 안 되는 중대 사안이었다. 그것을 구체적으로 실현하기란 결코 쉬운 일이 아니었다. 더구나 정국공신(靖國功臣)들이 위훈삭탈 운동을 추진하는 과정에서 그들은 기묘사화를 만나고 말았다.[53]

기묘사림의 전지·노비제한론은 실상 국가 부·역의 원천인 공물과 군역의 수급을 원활히 하고자 하는 배경에서 나온 것이었다. 즉 이 시기 공물의 부담은 법제상으로는 소경전의 다과에 따라 토산물을 바치게 되어 있지만, 실제로는 훈척정권 아래서 전지 소유의 편중이 심해지자 빈약한 소농민의 부담만이 커지고 필경 이들을 유리도산의 지경으로 몰아갔다. 또한 빈궁한 양민들이 구명도생하여 부호들의 노비로 전락하자, 군역자가 점차 줄어들어 군액을 채울 수가 없어졌다. "제왕이 세상을 다스리면서 민생을 넉넉하게 하려면 모름지기 공부와 군액 두 가지 일이 적의하게 되어야만 통치와 교화를 펼 수 있다"[54]는 것이 그들의 민생문제 대처론이었다. 이 두 가지 현안을 적의하게 조정해야만 민생을 안정시킬 수 있고, 민생이 안정된 지반 위에서 통치와 교화를 펴서 왕정을 추구할 수 있다는 이론이다.

> 전하께서 즉위한 지 10여 년에 사습(士習)이 점차 변화했으며, 지금인즉 서인(庶人) 역시 예를 다해 거상(居喪)하는 자들이 있습니다. 사습이 바

53 『중종실록』 권28, 12년 7월 계묘;同 권32, 13년 2월 경인;同 권33, 13년 5월 을축;同 13년 5월 병인;同 권36, 14년 7월 계유. 기묘사림의 정전(井田)·한전론(限田論)과 노비(奴婢)소유 제한론에 관해서는 金泰永, 1989,「朝鮮前期의 均田·限田論」,『國史館論叢』5 참조.

54 『靜菴集』 권4,「元子輔養官時啓」3, 16쪽.

로잡히면 민생은 제자리를 잡게 됩니다. 우리나라 전세는 30분의 1인데, 공물은 과중해서 그 때문에 민생이 날로 곤궁해집니다. 경상비의 씀씀이를 헤아려 적의하게 절감한 연후에야 민생을 안정시킬 수 있습니다.[55]

지금 각 군현의 공물을 보면 균평하게 토산물이 부과되지도 않고, 또한 모두 다 방납(防納)을 하고 있습니다. 그래서 1승을 바칠 자에게 1두를 징수하고 1필을 낼 자에게 3필을 징수하니, 그대로 폐단이 쌓여 이처럼 극단의 지경에 이르렀습니다. 어찌 조정에서 생민의 계책을 세우지 않아서야 되겠습니까? 옛 군신들은 서로 경계하는 일이 민사(民事) 아님이 없었는데, 후세에는 한갓 작록만 좋아하고 백성의 공력은 생각지 않습니다. 지금의 시종·대간들이 시폐구제에 진력하지 않음은 아니지만, 사습이 바로잡히지 않았으므로 유자(儒者)의 학술이 부화(浮華)한 것입니다. 사습(士習)이 바로잡힌다면 조정에서 시행하는 일이 모두 의리에 맞을 것입니다.[56]

국가경비를 절약하고 사습이 바로잡혀야만 조정의 정령이 의리에 맞게 되며, 그래야만 민생문제도 해결될 수 있다는 해결책이다. 군주의 일심이 만 가지 교화의 근본이듯이 무엇보다도 조정을 구성하는 사류의 습속이 바로잡히는 일이야말로 민생문제 해결의 관건이라는 이론이다. 그것은 곧 지배층의 치심이야말로 여타 경제적 시책보다도 더 우선시해

55 『靜菴集』 권3, 「參贊官時啓」 5, 17쪽.

56 『靜菴集』 권3, 「參贊官時啓」 6, 18쪽.

야 한다는 정책으로 구현되기 마련이었다.

> 민생의 의식(衣食)이 넉넉해지는 등 모든 일을 다 거행한 후에 고례(古禮)를 행하고자 한다면 이미 늦습니다. 대저 고도(古道)를 힘써 행하면서도 민생의 보호를 근본으로 삼으면 됩니다.[57]

여기서 '고도·고례'를 행하고자 하는 취지는 민생을 보호해야 한다는 근본 과제를 해결하는 데 있다. 그런데 그 과제의 해결을 위해서라고 할지라도 민생이 유족해지기를 기다리는 등 모든 일을 끝낸 다음에 '고도·고례'를 행한다면 그것은 이미 시의를 잃은 시행방법이다. '고도·고례'의 시행이야말로 군주의 일심과 사류의 습속을 바로잡는 길이요, 그 길이 바로잡힌다면 민생문제는 따라서 해결되기 마련이라는 이론이다.

그 같은 이론의 단적인 사례는 그들이 향약의 시행을 추진한 사실에서 찾을 수 있다. 그들이 추구한 향약은 원래 「여씨향약(呂氏鄕約)」에 주희가 첨삭을 가하여 뜻을 같이하는 사류끼리 상호 권면하도록 향촌자치 규약으로 만든 것이었다(『주자증손여씨향약』). 기묘사림은 이 규약을 기본으로 하되 "주(周)나라 때 당정(黨正)·족사(族師)·비장(比長) 등의 향직(鄕職)을 두어 서로 권면토록 함으로써 그 규모가 온 천하에 시행"되기에 이르렀다는 사례를 조선왕국에 적용키로 하였다. 그들은 향약을 각 도 감사의 책임 아래 전국에 걸쳐 군현 단위로 시행하도록 권장함으로써 사족으로부터 노비에 이르는 전국의 모든 주민이 각기 단위 지역의 향약에 소속되

57 『靜菴集』 권3, 「侍讀官時啓」 11, 8쪽.

어 선행을 쌓도록 권면하였다.[58]

기묘사림의 향약보급 운동은 사족 세력이 각 지역의 향촌사회를 주도하도록 함으로써 훈척 등의 인습적 비리를 구조적으로 혁파하는 데 목표를 두었다. 그동안 훈척 계열이 각 지역의 경재소와 유향소를 장악하여 수탈기구로 활용하면서 양인을 억눌러 노비로 삼거나 부세를 바치지 않는 등의 비리를 자행해오고 있었기 때문이다.[59]

물론 기묘사림들도 이전에 시행한 적이 없는 '향약'이라는 군현 단위의 자치규약이 급박하게 시행될 경우 많은 부작용이 따를 수도 있다는 점에 대해서 주의를 기울이고 있었다.[60] 그러나 실상으로는 곧이어 터진 기묘사화로 인하여 향약의 실행은 전면 혁파되고 말았다.

사림의 주도 아래 조선 사회에 새로운 향촌질서를 정착시키고자 시도한 향약보급 운동은 곧 왕정 구현의 일환이었던 것으로 이해된다.[61] 왕

---

58 『중종실록』 권34, 13년 9월 임인;同 권35, 14년 4월 무진;同 권36, 14년 5월 신해;同 14년 7월 기유.

59 李泰鎭, 1984, 「사림파의 鄕約 보급운동」, 『한국문화』 4, 서울대 한국문화연구소;이태진, 1986, 『한국사회사 연구』, 지식산업사;韓相權, 1984, 「16·17세기 鄕約의 구조와 성격」, 『진단학보』 58집 참조.

60 조광조가 아뢰었다. "향약의 본의는 그렇지 않은데 지금의 향약은 대단히 촉박하게 하는 듯하니, 왕도(王道)에 매우 어그러지는 일입니다. 그 까닭은 감사(監司)가 구박해서 시행토록 하기 때문입니다. 경중(京中)의 경우도 그러하므로 신(臣)이 5부(部)를 불러서 말해두었습니다. 치도(治道)가 급박해서는 안 되며, 덕(德)으로 여유를 두고서 백성을 교화시켜야 올바른 정치라고 할 수 있습니다."
사신(史臣)은 논한다. "조광조가 향약을 논한 말은 매우 적절하다. 사람들이 그 요체도 모르고 인심이 안정(安靜)되지 못하기 때문이다. 혹 찬성(贊成)의 지위를 가진 자가 도약정(都約正)을 겸행(兼行)하는 일까지 있으므로 이를 비난하는 사람이 있는가 하면, 외방에서는 감사(監司)가 구박해서 시행하므로 역시 소요(騷擾)가 있기도 하다. 이것이 어찌 법도의 잘못이겠는가. 시행함에 그 요령을 얻지 못해서 그런 것이다"(『중종실록』 권37, 14년 10월 경오).

61 뒷날 이황(李滉)의 이해가 그러하였다. "…선왕(先王)의 법도(法度)를 차례로 거행하였는데, 『소학(小學)』으로 인재를 육성하는 근본으로 삼고 향약(鄕約)으로 풍속을 교화하는 방도로 삼으니, 신료(臣僚)들은 삼가 힘쓰지 않는 이가 없고 사방(四方)에서는 크게 영향받아 응하게 되었다"(『退溪全書』 권48, 「靜菴趙先生行狀」, 31쪽).

정 실현의 과제가 원대하고 그 정성이 아마도 유사 이래 가장 컸던 만큼 기묘사림의 정책이념 또한 전일적(專一的)이었던 것으로 풀이된다.

물론 기묘사림도 이미 도탄에 빠진 민생을 목도하면서 그 해결책을 애써 추구하고 있었다. 그러나 그들은 민생의 안정을 위한 경제정책을 제일의적(第一義的)인 것으로 추진하지는 않았다. 그들이 가장 우선시한 것은 거듭된 사화의 참화로 상징되는 훈척정권의 비리와 인습을 극복하고서, 유사 이래 처음으로 조선왕국에 왕정을 실현하는 일이었다. 그들은 왕정을 추동할 주체는 새로운 사림 세력이어야 하며, 그러므로 중·외를 막론하고 사림이 주도하는 새로운 사회질서를 확립하지 않으면 안 된다는 소신에 차 있었다. 그래서 사림의 습속을 바로잡는 일이 곧 민생문제 해결의 관건이라는 정책을 우선적으로 추진하고 있었던 것으로 보인다.

2) 사림정치기의 경제개혁론

기묘사림의 경우 왕정 실현이라는 원대한 목표를 추구하고는 있었지만, 가까이로는 사화정국의 돌파가 우선적 목표였다. 도학하는 사림이 왕권의 신임을 얻고 다시 현량과 등을 통해 도학하는 사림을 등용함으로써, 비로소 사림이 정치의 주체로 확고히 등장하여 왕정을 추구한다는 구상이었다.

이이는 오랜 훈척·권간의 지배시대가 지나고 사림정치의 시기를 맞으면서 등장하였다. 그는 현실상 왕정 실현이 가능한 형세로 두 가지를 들었다. "위로 성명(聖明)한 군주가 있음이 첫째로 가능한 형세요, 아래로 권세를 천단하는 권간이 없음이 둘째로 가능한 형세"라는 진단이었다.[62]

이미 살폈듯이 이이 또한 성리학적 경세론의 기본 구도를 따라, 치세를 실현하는 '근본'은 어디까지나 군주의 치심에 달려있으며 여타 개혁론들은 더 부차적이라는 견지에 선다. 그런데 사림정치기를 맞은 조선왕국의 국가 현실은 위망(危亡) 직전의 상황이라는 인식이 널리 퍼져있었다. 훈척·권간의 폐정이 오래 지속된 결과였다. 선조 초기 고봉(高峰) 기대승(奇大升, 1527~1572)은 현실 상황을 다음과 같이 진달(進達)하였다.

> 요역과 부세의 번중함이 지금과 같은 때가 없었습니다. 경상적인 정공(正供)이야 감할 수 없겠지만, 그 나머지는 양을 헤아려 견감함으로써 궁색하고 쇠잔해진 백성을 살려야 할 것입니다. 부정을 범람하게 저지르는 수령은 드러나는 대로 통치(痛治)할 것이요, 백성 구제하기를 불타거나 물에 빠진 자를 구하듯 해야 합니다. 지난날 권간이 20여 년간 제 뜻대로 했으니, 그들의 취렴한 폐단이야 어찌 다 말할 수 있겠습니까. 각지의 수령들을 모두 그 사인(私人)으로 파견해두고 그들의 뇌물을 받아들였습니다. 심지어는 먼 곳에 있는 제언이라든가 진전(陳田)에 대해서도 모두 그 인근의 생민을 끌어모아 경작하게 하니, 현지의 수령은 그 백성에게 부역을 담당시킬 수조차 없었습니다.[63]

여기서는 권간의 농단을 '20여 년간'으로 들었으나 그것은 을사사화와 함께 시작된 명종의 재위 기간만을 두고 이른 것이었다. 훈척·권간의 농단은 이미 세조의 훈척 중용정책 때부터 시작된 것이요, 연산군의 난

62 『栗谷全書』 권15, 「東湖問答」, '論當今之時勢', 13쪽.

63 『高峯集』, 「論思錄」 上, 32쪽.

정으로 극을 이루어 기묘사화 이후로도 계속되었다. 가령 기묘사화 이후 중종 때만 하더라도 소위 삼간(三奸)[심정(沈貞)·이항(李沆)·김극핍(金克愊)]이라든가 삼흉(三兇)[김안로(金安老)·허황(許沆)·채무택(蔡無擇)]이라고 널리 지칭되는[64] '간·흉'들의 전횡은 매우 심했던 것으로 드러난다. 그 후 명종 일대에 걸쳐 자행된 윤원형을 비롯한 권간들의 농단 또한 극단으로 치달았던 것으로 보인다.

이미 16세기 후기 사림정치가 시작될 무렵에는 국가의 재정·경제가 파탄에 직면하였다. 가령 공납제도는 방납이라는 중간 농단자들의 사적인 모리(謀利)행태로 보편화하고, 군역제도는 가포(價布)의 징수 형태로 변한 데다 족징·인징이라는 연좌행태로 만연하게 되었다. 기본 제도 자체가 변칙으로 작동될 뿐 아니라 오랜 훈척·권간들의 자의적·수탈적 지배행태로 말미암아 사익 위주로 부(富)의 편중이 팽대한 반면에 공공 영역은 급속히 몰락하였다. 가령 국가의 기본 지반인 양인 자영농층이 대거 몰락하여 호세층의 사노비로 절입(竊入)하게 되었다는 사실이 그러하다. 국가 부·세를 담당하는 기층민의 몰락에 따라 국계와 민생은 결국 파탄의 위기상태로 돌입하지 않을 수 없었다.

> 법제가 오래되면 폐단이 생기는 것은 고금의 공통되는 우환이니, 변통하지 않으면 반드시 생리가 곤궁해진다. 하물며 우리나라는 여러 차례 권간의 농단으로 폐단스러운 법제들을 많이 세웠는데도 그 잘못된 인습을 그대로 좇아 고치지 않았다. 처음에는 미미하던 형세가 점차 커져서 생민에게 해독을 끼침이 끝없이 되었는데 수십 년 이래 조금도 개혁

64 『중종실록』 권71, 26년 10월 을사; 동 권85, 32年 10月 27日 계유 참조.

하지 않았다. 지금에 이르러서는 호구의 수와 전야의 간경이 옛날보다 태반이나 줄어들었는데, 공부(貢賦)를 마련해 바치도록 부담 지우기는 오히려 전일보다 심하게 되었다. 그러므로 백성은 곤궁하고 재화는 탕진되어 전전유산(輾轉流散)하고 있다. 백성이 더욱 줄어듦에 따라 그 부담은 (남은 자들에게) 더욱 가중되니, 형세상 반드시 남은 백성이 하나도 없어진 후에야 그칠 것이다.[65]

또 그는 "지금 백성들의 형편을 살펴보면 마치 죽어가는 사람이 숨소리마저 희미해진 상태와 같다. 평상시를 견디기조차 보장할 수 없는 형세인데 만약 남·북에서 외적의 침략이라도 있게 되면 반드시 강풍에 낙엽이 휩쓸리듯 하게 될 것이다"라고도 진단한다.[66]

그런데 현실의 민생문제가 아무리 급급하다 하더라도 국가정책을 온통 민생의 해결이라는 단일 과제로만 집중시킬 수는 없는 일이다. "근래에는 전세가 가벼워 맥나라 법도와 같이 되었다. 1년의 세입을 가지고는 지출을 감당할 수 없으니, 매번 저축해둔 것으로 보용한다. 200년이나 오래 쌓아온 국가재정으로도 지금 2년 치 식량조차 없으니, 나라가 나라꼴이 아니다. 어찌 한심하지 않은가. 지금 부세를 더하고자 하니 민력이 이미 다해버렸고, 이전대로 지켜가고자 하니 머지않아 반드시 국고가 바닥나고 말 것이다."[67] 민생도 살려 가면서 재정문제도 해결해야 하는 것이 곧 국가경제의 현안이었다.

그런데 이미 살핀바, 이이를 비롯한 사림정치기의 조선 사림도 국가경

65 『栗谷全書』 권7, 「陳時弊疏」, 29쪽.
66 『栗谷全書』 권15, 「東湖問答」, '論安民之術', 26쪽.
67 『栗谷全書』 권7, 「陳時弊疏」, 35쪽.

제의 적극적 개발의 이념은 결여하고 있었다. 그래서 이이의 경제개혁론은 필경 현실에 나타난 시폐를 구제하는 '경장(更張)'의 방향으로 집중되었다. 도학적 왕정기필론자(王政期必論者)인 그로서도 철저한 시무론을 제시하지 않을 수 없었다.

> 때를 따라 변통할 수 있는 것은 법제요, 고금을 통해서 변통할 수 없는 것은 왕도 인정이며 삼강오륜이다. 후세에 와서는 도술이 밝지 못해, 변통해서 안 되는 것은 때로 개혁하고 변통해야 할 것은 굳게 지키고 있다. 그래서 치세는 항상 적고 난세가 항상 많다. … 폐단스러운 습속과 그릇된 규칙들은 낱낱이 진술하기 어려운 정도인데, 그것들은 기묘사화 때 시작된 것이 아니면 반드시 을사사화 때 이루어졌다. 그러나 지금 논의하는 이들은 조종의 법제인 것처럼 여겨 감히 경장하자는 이론을 펴지 못하고 있으니, 이야말로 이른바 시의를 알지 못하는 자들이다.[68]

이이는 주희에서 집성된 도학이야말로 왕정을 구현할 만고불변의 기준이라는 신념이 깊고 자신의 도학에 대한 자부심 역시 매우 컸다. 그는 사림정치기의 도학자 가운데서는 보기 드물게 현실 인식에 투철하고 시무[69]를 잘 알며 실사·실행을 중시하는 정치인이었다. 그는 성리학 경세

68 『栗谷全書』 권5, 「萬言封事」, 14~16쪽.

69 여기서 '시무(時務)'는 현실의 정치·경제적 과제라는 뜻으로 풀이된다. 몇 가지 용례를 살핀다. "중종반정 때 국가 기강을 고칠 수 있었지만 당시 조신(朝臣)들로서 시무를 아는 자가 드물었기로 논의가 이에 미치지 못했다"(『栗谷全書』 권6, 「應旨論事疏」, 17쪽).;「동호문답」에서 이이 자신의 논의를 객(客)이 긍정하면서 "그대의 말이 진실로 시무(時務)에 적절하다"고 한다(『栗谷全書』 권15, 「東湖問答」, '論正名爲治道之本', 33쪽).;「성학집요(聖學輯要)」의 위정(爲政) 편에는 '식시무(識時務)' 장(章)을 따로 설치하고 있다.

론자로서는 조선왕조를 대표할 만한 존재였다.[70]

> 살피건대 지금 시사(時事)는 날로 그릇되어 가고 있으며 생민(生民)의 기력은 날로 소진되고 있으니, 권간(權奸)이 말아 용사(用事)하던 때보다도 더욱 심한 편입니다.[71]

이이의 '시무' 진단으로는, 선조 초기 현재 이미 제대로 된 경장책을 추진하지 않는다면 "수년을 지나지 않아 민심은 뿔뿔이 흩어지고 국세는 기와조각처럼 풀어질 것"[72]이라든가 "10년이 지나지 않아 반드시 화란이 일어날 것이다"[73]라는 결론에 도달했다.

> 평상의 법제를 따라 옛 그대로를 지켜가고자 하는 것은 치세를 치세로 이어가는 방식이요, 때를 따라 변통하고자 하는 것은 난세를 치세로써 구제하고자 하는 경우입니다. 법제가 오래되면 폐단이 생기는 것은 형세상 반드시 그렇게 되어있습니다. (우리나라는) 권간의 탁란으로 나라가 나라 꼴이 아닌 지가 오래되었습니다. 만약 지금 변통하는 해법을 쓰지 않고 한갓 옛 그대로 따르려 한다면 이는 손을 묶어두고 망하기를 기다리는 방식입니다. 만약 궁민들이 흘러가 역민(逆民)으로 되고 각 지역 군읍이 큰 도적들의 근거지로 떨어져 봉록조차 나누어줄 수 없게 된다면 비록 옛 그대로를 지키면서 개혁하지 않기를 바란들 그렇게 될 수 있을

70 주지하듯이 가령 후일의 실학자 반계(磻溪) 유형원(柳馨遠)이라든가 성호(星湖) 이익(李瀷)의 이해가 그러하였다.

71 『栗谷全書』 권5, 「萬言封事(甲戌[宣祖 7=1574])」, 38쪽.

72 『栗谷全書』 권3, 「玉堂陳時弊疏=己巳=宣祖 2=1569」, 34쪽.

73 『栗谷全書』 권5, 「萬言封事(甲戌=宣祖 7=1574)」, 38쪽.

것입니까.[74]

논의하는 이들은 조종의 법은 가벼이 고칠 수 없다고 반드시 핑계 대지만, 비록 조종의 법이라 하더라도 백성의 곤궁함이 이 지경에 이르렀으니 이를 변통하지 않아서는 안 됩니다.[75]

이이의 민생과 국가재정에 관한 구폐책은 곧 조선 성리학 경세론으로서는 처음 보는 구체적인 내용을 갖추게 되었다. 그의 경제경장 항목은 그가 34세인 선조 2년(1569)에 제진한 『동호문답』과 39세인 선조 7년(1574)에 제진한 「만언봉사」에 가장 자세히 제시되어 있다. 이제 양자에 공통으로 제시된 주요 항목들을 중심으로 시폐(時弊)의 본질과 그 개혁론을 절록(節錄)해가면서 살펴보기로 한다.[76]

(1) 일족절린의 폐단

일족절린에 대한 침해는 군정, 선상(選上), 그리고 전정의 세 분야에서 자행된다. 군정의 경우는 별도로 항목을 세워 고찰키로 하고, 여기서는 나머지 두 분야만을 살펴본다.

---

74 『栗谷全書』 권4, 「擬陳時弊疏(庚午[宣祖 3=1570])」, 20~21쪽.

75 『栗谷全書』 권5, 「萬言封事」, 32쪽.

76 그런데 여기서 가령 군역(軍役)의 폐단과 같은 '군정(軍政)' 항목을 경제개혁론에 포함시켜 고찰해도 괜찮을 것인가 하는 논란이 있을 수 있다. 그러나 이 시기의 군역은 양인(良人) 군역자가 부담하는 국역(國役)이기는 하되, '군역의 부담' 형태가 아닌 '군역가(軍役價)를 포(布)로 부담'하는 형태로 시행되고 있었다. 즉 '가포(價布)'라고 하는 양인 군역자의 경제적 부담 형태로 보편화해 있었다. 또 가령 공물(貢物) 항목도 방납(防納)이 자행됨에 따라, 부담하는 농민의 입장에서는 '과중한 미(米)·포(布)의 부담' 형태로 보편화하고 있었으며, 여타의 역(役)도 마찬가지 경로를 밟고 있었다. 그 같은 변칙적 경제 운용으로 인하여 그것을 부담하는 농민의 폐해는 극도로 커지는 대신 국고는 점차 허갈하는 길로 접어들고, 한편에서는 그 수취 실무를 담당하는 이서(吏胥)층의 중간 농단이 극도로 자행되기에 이르렀다.

중앙 각사(各司)는 직접 사역하는 노비들만으로는 잡역을 다 수행할 수 없으므로 부득이 외방의 공천들을 번갈아 입역(入役)하도록 하는데, 이를 일러 '선상'이라 한다. 시대의 변천에 따라 잡역은 날로 번다해지는데, 입역하는 자들은 양식을 싸가지고 와서 온갖 사역에 시달리므로 고통이 막심하여 이에 포납(布納)으로 입역을 대신하는 관행이 생겨났다. 포납이 보편화하면서 그 부담 또한 점차 높아지기 마련이다. 한 번 선상의 대가를 치르고 나면 집안이 망하지 않는 자가 거의 없다. 게다가 당해 부서 이서(吏胥)들의 농간 또한 극심하다. 비록 공천의 수가 많은 군현이라도 뇌물을 바치면 선상을 적게 배정하고, 몇 가구 안 되는 경우라도 뇌물이 없으면 많이 배정한다. 그래서 지탱하지 못하고 도산하면 그 일족절린을 침해하고, 일반 백성에게도 침해가 전가된다.

이제는 선상제도를 폐지하고 『경국대전』의 제도에 따라 신공을 받도록 다시 조정해야 한다. 마땅히 공천의 장부를 자세히 조사하여, 현존하는 숫자에 따라 해마다 노는 면포 2필, 비는 1필 반씩을 신공으로 수납한다. 그 가운데 5분의 2는 사섬시에 비축하여 국용으로 쓰게 하고, 5분의 3은 각 관청에 배분하여 선상으로 충당하던 잡역의 비용으로 사용토록 한다. 그렇게 하면 공천에는 일정한 부담이 정해져 있어 미리 대비할 수 있고, 신공을 수납함에도 일정한 장부가 있어 중간에서 농단을 부릴 수 없게 될 것이다.

오래된 진전에 대해서도 전세는 감해주지 않는 것이 현행 법제였다. 진전으로 공인받으려면 새로 양전의 과정을 통해서 확정받아야 하는데, 양전 자체가 매우 부정확한 것이어서 대체로 이전의 전결수를 꿰맞추는 형태로 시행될 뿐이다. 이미 새로운 양전을 시행하고 있지만, 오히려 이전 것만 못하다는 사실이 드러났다.[77] 더구나 권간의 농단이 오래되자 양전은 아예 착수해볼 수도 없는 상황이 되었다. 가령 옥토가 황폐해져 있는데도 그것을 경간하는 자가 있으면 그 부근에 널려 있는 다른 진전의 전세까지 다 부과하니, 농지가 아예 없는 농민도 결코 경간하려고 나서지 않는다. 그래서 가난한 농민은 농지를 전혀 가질 수 없는데도 진전은 끝없이 확대되고, 국고는 허갈을 면치 못한다.

그렇지 않아도 공납을 비롯한 각종 부역의 고통으로 인해 농민들은 유망하거나 절호되는 경우가 허다하다. 그래서 농민 1호가 도산하면 반드시 그 일족절린에 대한 침해가 일어나고, 일족절린이 지탱하지 못하여 도산하면 다시 그 일족의 일족, 절린의 절린에까지 침해가 파급된다. 필경 백성의 유망과 도산은 끝없이 계속할 것이다.

국세의 기본을 이루는 호구와 전결이 사실상 연쇄적으로 감손되어 가는 이 끝없는 악순환을 막기 위해서는 이제 진전에 대해서도 경작하는 전지에 한해서만 전세를 받도록[隨起隨稅] 법제를 변통해야 한다. 경작하는 전지에 대해서만 전세를 받기로 한다면 처음에는 다소 국용이 어려워질 것이다. 그러나 곧 농지 없는 농민들이 다투어 농사짓게 될 것이니, 10년이 안 되어 진전이 모두 경간되기에 이를 것이다. 그래서 농민들은 굶주림을 면하게 되고 국고는 점차 여유로워질 것이다.

(2) 진상이 번중한 폐단

진상은 각 군현에서 생산되는 우수 식품류를 왕실에 바치는 제도인데, 실제로 모두가 상공(上供)에 적합한 것들은 아니다. 잡다란 물품들을 모두

---

77 가령 어느 대신(大臣)이 국왕에게 보고하는 다음의 실상을 참조할 것이다. "듣건대 양전(量田)하는 일은 비록 최선을 다하고자 하지만 그리되지 않습니다. 그러므로 (새로 작성한) 양안(量案)이 오히려 이전의 것만 같지 못하며, 또한 정안(正案)도 없다고 합니다"(『중종실록』 권62, 23년 7월 임오).

다 거두지 않음이 없고 수륙의 물산들을 빠뜨림 없이 수괄하지만, 그 가운데 어선(御膳)으로 적합한 것을 고르자면 얼마 되지도 않는다. 설사 진상하는 물산이 모두 상공으로 적합하다 하더라도 역시 줄이고 생략하여 백성의 힘을 펴도록 해야 할 것이다. 하물며 긴요하지도 않은 수요 때문에 백성을 해치고 상하게 해서야 될 것인가.

이 폐단을 혁파하자면 진상 명목이 붙은 물산들을 모두 가져다가 그 가운데 긴요한 것과 덜한 것들을 가려야 한다. 다만 상공에 절요하여 바치지 않을 수 없는 것들만을 남기고 나머지 긴요하지 않은 것들은 모두 견제할 것이다. 비록 상공에 적합하더라도 액수가 많은 경우는 헤아려 줄여야 한다.

(3) 이서들의 가렴주구 폐단

훈척·권간들의 농단 이래 뇌물을 주고받는 일이 일상화하기에 이르렀다. 뇌물이 아니면 관작(官爵)도 오르지 못하고 쟁송(爭訟)도 결판이 나지 않으며 죄안에서 면제될 수도 없다. 모든 관료가 법도에 어긋난 짓을 배우고 본뜨게 되니, 이서들까지도 법조문을 가지고 농간을 부린다. 백성이 온갖 물건을 관부에 바칠 때 좋고 나쁘거나 많고 적거나를 가리지 않고 오직 뇌물에 따라 등급을 매겨 취하고 내친다. 심지어 관청의 일개 하인이나 노복들까지 조금이라도 맡은 일이 있으면 금방 토색질을 일삼는다. 더 나아가 옥송(獄訟) 같은 중대사도 교활한 이서의 손에 맡겨져, 뇌물에 따라 곡(曲)·직(直)이 결정된다. 참으로 난정 망국의 고질병이 깊어지고 말았다.

이 폐단을 개혁하려면 마땅히 모든 관료를 엄하게 단속하고 장법(贓法)을 거듭 밝혀 무너진 기강을 진작시킴으로써 조정이 숙연해지고 사람마다 두려워할 줄 알게 해야 한다. 그런 뒤에야 침탈하고 뇌물 쓰는 폐습을 일절 금단하며, 숨은 죄와 감춘 것을 적발하여 그 실정을 파악하고, 백성의 소원을 허락하여 그 진상을 밝혀야 할 것이다. 그래서 이서들이 침탈하거나 뇌물 받은 것이 1필 이상이면 모조리 전가사변율(全家徙邊律)을 적용한다.

한편 이서들에게는 녹봉이 없으니, 그들이 먹고살 길 또한 마련해주어야 한다. 각사에서 거두는 속포(贖布)와 작지가(作紙價)를 모두 호조로 귀속시킨다면 1년에 수만 필을 밑돌지 않을 것이므로, 이를 가지고 이서들의 녹봉으로 충당하고 나머지는 국용에 보탤 수 있을 것이다.

(4) 군정의 개혁

군역은 19세 이상의 양인층이 부담하는 국역으로서, 중앙 혹은 변방의 진(鎭)으로 나아가 일정 기간 번상하고는 다시 귀향하여 휴식하기를 거듭하는 신역이다. 고려 말기의 오랜 전란을 겪은 후 조선 초기에는 여러 차례 국세 파악을 통해 각 군현 단위로 일정한 군역을 책정해두고 운용하였다. "외방의 군적은 그 군현이 쇠잔한가 혹은 번성한가에 따라 평균적으로 정액하여 국역에 이바지하도록 하는 것이 상법"[78]이라는 말에 잘 드러나는 바와 같다.

세조 때에는 모든 군역자를 남김없이 수괄하여 2정을 1보로 하는 보법을 시행했는데, 이후 양인층의 신역은 구조적으로 더욱 고달파졌다. 정군은 번상 기간 동안 요역을 면제받는 복호(復戶)의 혜택을 입고, 또 조

78 『세종실록』 권20, 5년 5월 정미.

역자(助役者)인 당해 보인의 재정후원을 따로 받도록 하여[79] 생계를 꾸려 가야 했으며, 국가는 따로 재정적 도움을 주지는 않았다. 그런데 전쟁이 없는 승평(昇平)의 기간이 100년쯤 지난 15세기 후기에 이르자 군역은 번상이라는 형식으로부터 그 대가를 포로 납부하는 가포납(價布納)의 형태로 점차 변천하기 시작하였고, 16세기 중종 대에는 그것이 많이 공인되어 가포의 액수가 정해졌다. 이른바 방군수포가 만연해진 것으로, 원래의 신역이 이제 경제적 부담 형태로 전환하기에 이른 현상이다. 그리고 권간의 농단을 오래 겪은 16세기 후기에는 백성의 유리도산과 전지의 진전화가 크게 일어남에 따라, 현재 군적에 파악된 군역자의 '절반 이상'은 단지 군적에만 올라 있고 실제로는 거주자가 없는 절호 상태로 되어있었다. 군적은 6년마다 다시 작성하게 되어있지만, 실제로는 수십 년간이나 착수하지 못하는 일이 더 많았다.

그런데 16세기에 양인 신분인 군역자층의 유리도산이 우심해진 배경은 물론 오랜 권간의 농단으로 국가경제가 파탄이 나고 주민들이 담당하는 부·세 전반의 부담이 커지게 되었다는 일반적 배경 이외에 또 다른 데서도 찾을 수 있다. 앞서 선상제도가 외방에 거주하는 공천의 존립을 구조적으로 유린함으로써 일족절린의 침해를 야기한다는 사실에서 밝혔듯이, 이들 군역자층 또한 군역의 대가인 가포를 가혹하게 수탈당하기에 이르렀다는 사실이 그 직접적 배경이다. 그와 같은 가혹한 수탈은 법제 자체의 구조적 결함에서 기인하는 바가 컸다. 즉 이 시기의 법제로는 각 지역에다 주진·거진·제진 등 대·소의 진을 설치하여 군역자들을 배속시켜 국방을 담당하게 하고 각기에 병사(兵使)·수사(水使)·첨사(僉使)·

---

79 번상하는 정군은 당해 보인(保人)으로부터 1개월에 포(布) 1필 이상을 징수하지 못하도록 규정하였다(『經國大典』 권4, 「兵典」, '給保').

만호(萬戶)·권관(權管) 등의 군관직을 설치하여 군졸들을 지휘토록 하였다. 그러나 이들 군관에게는 별도의 봉록을 책정해두지는 않았다.[80] 그러므로 대·소 여러 진을 지키는 장수나 군관들은 그 휘하에 번상하는 군졸들에 의존하여 생활을 꾸려갈 수밖에 없다. 더구나 권간의 농단이 오래되자 그들에게 청탁하여 뇌물을 바치고 변방의 장수로 부임하는 소위 '빚진 장수'들이 연달아 생겨났다.[81] '채수'에게 군졸들은 단지 수탈의 대상일 뿐이었다. 그래서 군졸들은 1차 번상에 한 집안의 전 재산이 바닥나기 일쑤였다. 군역자의 유리도산과 거기서 야기되는 일족절린의 폐해 또한 연쇄적으로 확대되기 마련이었다.

그러므로 군적은 우선 실재를 기초로 하고서 앞으로의 실질적 충원계획을 세워야 한다. 각 군현의 군적은 당분간 허명(虛名)이 몇이라는 것만을 기록해두고, 다른 여러 가지 부·역제도가 함께 개선되면서 군역자층이 휴양 생식함으로써 실제 장정이 생겨나기를 기다려 충원해나가는 길이 상책이다. 또한 주진 이하 여러 진·보가 설치된 곳은 반드시 당해 군현뿐 아니라 이웃 군현의 곡식을 적절히 보태어 공급도록 함으로써 여러 장수가 자신의 생계와 생활을 스스로 지탱하여 부족함이 없도록 제도를 변통해야 한다. 그리고 이전처럼 군졸들로부터 재물을 거두는 자는

---

80 『經國大典』 권2, 「戶典」 '外官供給'조에는 다음의 규정이 있다. "여러 진장(鎭將)에 대한 공급(供給)은 아록전(衙祿田)의 수입을 사용한다. 부족하면 관둔전(官屯田)의 것을 사용한다. 아록전과 관둔전이 없는 진장(鎭將)과 제진(諸鎭)의 군관(軍官), 제읍(諸邑)의 교관(敎官) 및 주진(主鎭)의 장(將)·우후(虞侯)·군관(軍官)은 모두 군자(軍資)를 이용한다." 그러나 16세기에 이들 대·소 제진(諸鎭)의 아록전·관둔전은 실상 없어진 지 오래이며, 군자(軍資) 또한 남아있지 않았다.

81 "아무 진(鎭)의 장수는 그 값이 얼마이고, 아무 보(堡)의 권관(權管)은 그 값이 얼마다"라는 공공연한 말이 나돌기에 이르렀다 한다(『栗谷全書』 권5, 「萬言封事」, 34쪽). 채수(債帥)들은 "날마다 군사 벗겨 먹기를 일삼는데, 한갓 자기 집으로 [포(布)를] 가져가 종신토록 누릴 자산으로 삼을 뿐 아니라 반드시 먼저 권문(權門)에 갖다 바쳐 발신(發身)의 바탕을 마련한다"고도 한다(『八谷集』 권3, 「論時弊疏」, 5쪽).

일체 장률(贓律)로 엄히 다스릴 것이다.

(5) 공납제도의 개혁

공물은 원래 왕실을 비롯한 중앙 각사의 수요를 기준으로 책정해둔 공안에 따라 각 군현에 토산물을 부과하여 징납하는 국가재정의 기본 항목이다. 각 군현은 책정된 공물을 민호의 전결의 다과에 따라 배분하여 부과하고 징납하며, 그 징납한 것을 중앙 각사로 직납한다.

국가재정에서 차지하는 공물의 비중은 원래부터 전세보다도 더 큰 편이었다.[82] 더구나 공물은 종류가 번잡하고 물산에도 변동이 있으며 중앙 각사의 수납 과정이 까다로워 점퇴(點退)를 자행하는 경우가 많았다. 그래서 중앙의 부상(富商)이나 이서, 세가의 하인들이 각 지방의 수령과 결탁하여 공물을 대신 납부하고는 그 대가를 미·포로 징수하는 대납(代納)이라는 관행이 일찍부터 생겨났다. 대납은 국가의 수취제도에 기생하는 청부적 상행위인데, 이윽고 아예 공물의 납부 자체를 막고 독점적 폭리를 취하는 방납이라는 행태로 만연하기에 이르렀다.[83] 공물의 비중이 워낙 큰 데다 방납이 만연하게 되자 국고와 민생이 다 궁핍하게 되었으니, 이는 기묘사림의 경우에도 국가경제의 시급한 현안으로 인식되었다. 권간의 전횡이 만연한 16세기에는 방납이 더욱 보편화하기에 이르렀다.

방납은 직접 생산자들에게 막대한 폐해를 끼치면서도 한편으로는 조잡한 물품을 조달하기 일쑤여서 국용 또한 피폐케 하는 폐단을 일으킨

82 전세(田稅)와 대납공물(代納貢物)의 비율이 대략 4대 6이라 하였다(『세조실록』 권33, 10年 5月 경진).

83 이미 15세기 후기부터 성행하였는데, 각 지방 수령(守令)들과 중앙의 호조(戶曹)가 적극적으로 주선하거나 상호 묵인하는 상태로 자행되고 있었다. 『세조실록』 권33, 10년 5월 경진; 同 권36, 11년 7월 신미; 同 권40, 12년 11월 경오 참조.

다. 국가는 자주 금단의 조처를 취하지만, 마치 군역이 가포의 납부로 보편화한 것처럼, 방납 또한 하나의 경제현상으로 보편화하고 말았다. 각 군현의 농민들도 토산물인 공물의 생산을 아예 중단한 지 오래여서 생산기술 자체도 쇠퇴하였다. 국가의 일시 금령으로 혹 방납이라는 명목이 숨어드는 경우가 있지만, 실제로 방납은 결코 금단할 수 없고 대가만 오르기 마련이어서, 그 폐단은 극심한 지경으로 치달았다.

또한 공안 자체가 구조적으로 잘못 책정되어 있었다. 각 군현은 전지와 호구에서 상호 현격한 차이가 나는데도 공물은 그에 비례하여 책정되지는 않았다. 큰 군현일수록 상대적으로 부담이 적고 작은 군현일수록 부담이 컸다.[84] 더구나 현재의 공안은 연산군의 난정 때 크게 가정(加定)된 변칙적인 것이었지만, 16세기의 사림정치기에 이르기까지 오랜 기간 대체로 권간들이 집권해왔으므로 그 개혁은 시도될 수 없었다. 따라서 공안의 개편이야말로 국가경제를 살리기 위한 최대의 현안이었다. 마땅히 경제에 밝은 유능한 이를 택하여 전담·관장토록 하되, 대신이 통솔하게 하여 연산군 때 가정한 분량은 모두 없애고 공안을 전면 개편토록 한다. 각 군현 물산의 유무와 전결의 다과, 민호의 증감을 다 조사하여 이를 근거로 새로운 공안을 균평하게 책정하되 국용에 절실하지 않은 것은 삭감하고, 각 군현은 반드시 토산의 공물을 2~3의 중앙기관에만 바치도록 조정한다. 그러면 방납은 금하지 않아도 없어지게 되고 백성의

84 공안(貢案)의 책정은 민호(民戶)의 잔(殘)·성(盛), 전결(田結)의 다(多)·과(寡), 물산(物產)의 유(有)·무(無)를 헤아리지 않고 다만 군현 등급의 높고 낮음을 기준으로 하여 경(輕)·중(重)이 다르게 부과한다. 또한 토산물이 아니기 때문에 방납(防納)하는 무리에게 대가(代價)를 주지 않을 수 없다. 그래서 공물의 값은 크게 뛰고 수납도 막히게 되어, 원래 값의 10배나 바친다. 그러므로 이익은 이서(吏胥)들에게 돌아가고 나라와 백성은 모두 궁핍하게 된다(『栗谷全書』 권7, 「司諫院乞變通弊法箚」, 16쪽).

비용은 10분의 9를 절감할 수 있을 것이다.

또한 해주(海州)에서 시행하는 공납법을 보건대 전지 1결마다 미곡 1두씩을 징수하고, 관(官)이 스스로 공물을 마련해 중앙으로 바친다. 백성은 미곡만 바치면 되고, 여타 중간 농단으로 야기되는 폐단은 전혀 없다. 이 제도를 전국에 시행한다면 방납의 폐단은 저절로 소멸되고 말 것이다.

이상에서 16세기 사림정치기의 경제개혁론을 대표하는 이이의 경장론을 살펴보았다. 그런데 이 시기는 국가경제의 위기가 극히 위중한 상황이었다. 그래서 성리학적 경제개혁론으로서는 극히 드문 다양한 변통론이 제시된 것이다. 놀라운 점은 그렇게 위중함에도 불구하고 이 변통론이 실현된 경우는 사실상 거의 한 건도 없었다는 사실이다.

이이는 왕정의 구현을 위한 세도(世道)의 만회를 자임하면서, 자신의 개혁론을 따라 동요됨이 없이 3년만이라도 실행한다면 왕정을 반드시 구현할 수 있다는 다짐을 여러 차례 피력하였다. 선조임금 또한 이이를 크게 신임하고 국정을 '위임'한다는 대화까지 직접 나누기도 했다.[85] 그런데도 어떻게 그의 경제개혁론은 한 가지도 시행되지 못했을까? 무엇보다도 국왕이 변통하기를 좋아하지 않음에서 기인한다고 이이는 진단한다.

> 전하께서는 시무에 마음을 두지 않음도 아니요 백성의 고통을 아파하지 않음도 아닌데 지금까지 한 가지 폐단도 개혁지 못하고 한 백성의 고통도 풀어주지 못한 까닭은, 전하께서 전대 이래의 법규를 고수하고 변통하기를 생각지 않기 때문입니다.[86]

---

85 金泰永, 2006, 「士林정치와 栗谷의 王政 期必論」, 앞의 책 중 특히 451~452쪽 참조.

86 『栗谷全書』 권6, 「應旨論事疏」, 17쪽.

국왕으로서도 변통의 생각을 전혀 하지 않은 것은 아니었다. 선조 14년(1581) 초에 큰 자연재변이 일어나자, 이이는 대사간으로서 '공안을 개정할 것, 작은 군현들의 병합을 조정할 것, 감사를 구임시키도록 할 것'의 3가지 변통책을 상소로 개진한 적이 있었다.[87] 그 내용이 경연에서도 논란이 되었는데, 특히 공안의 개정에 대해서 유성룡 같은 이도 "이는 급급히 시행해야 할 일이다" 하고 적극적으로 찬성하였다. 국왕 선조 또한 "한 고을의 수령이 2~3개의 군현을 겸하여 다스리도록 함"이 좋을 것이라 응하였지만, 다시 "감사를 구임시킨다면 전단하여 권세를 마구 부리는 허물이 일어나지 않겠는가" 하는 우려도 나타내었다.[88] 이윽고 홍문관이 다시 이들 3가지 현안의 시행을 상소로 촉구하자 이에 대신들이 논의하고 들어가 아뢰었는데, 그에 대한 국왕 선조의 답은 결국 다음과 같다.

> 조종의 법제를 경솔히 고칠 수는 없으니, 아직 그냥 두고 거론하지 말라.[89]

사림정치의 시대가 왔다고 하지만 국왕은 사림의 개혁론을 결코 믿거나 따르려 하지 않는다. 대신들에 대해서도 결코 믿고 맡기지 않음이 확

---

87 공안(貢案) 개정론은 앞서 살핀 내용과 같다. 우리나라는 땅은 좁은데 군현은 300여 개나 되어 '군현의 명목은 있어도 백성은 없는' 곳이 있으니, 이같이 쇠잔한 것들을 병합하여 1개로 변통하자는 것이 한 조목이다. 또 감사(監司)는 임기가 1년밖에 안 되므로 '시속을 따르는 자는 구차스레 날짜만 보내고, 직분에 충실하려는 자는 착수해보기도 전에 체직(遞職)되니' 정책의 지속적 추진이 불가능한 현실을 변통하자는 것이 다른 한 조목이다(『栗谷全書』 권7, 「司諫院乞變通弊法箚」, 17쪽).

88 『栗谷全書』 권30, 「經筵日記」, '宣祖 14年 5月', 68~69쪽.

89 『栗谷全書』 권30, 「經筵日記」, '宣祖 14年 7月', 72쪽.

인된다. 그 대신 그가 신뢰하고 의지하는, 국정 운영의 항구적 준거는 곧 '조종의 법제'라는 것이었다. 조종의 법제를 지켜가는 한, 갑자기 나라가 망하는 일은 없다고 하는 경험적 인습에서 터득한 소신이리라. 비록 조종의 법제가 갖가지 폐단의 현실태를 자아내고 있을지라도, 아마도 그것을 '경솔히' 변통함에 따라 야기될지도 모르는 더 큰 위험부담을 피하고자 하는 것으로 풀이된다. "신하들 가운데 건백하기를 힘쓰는 자는 지나치다고 의심하고, 기절을 숭상하는 자는 과격하다고 의심한다"[90]고 이이는 국왕 선조를 다시 '의심'한다. "사류로서 인망이 있는 이는 반드시 과격하다고 의심하여 지나치게 억압하고, 인망도 없고 학식도 없이 어물어물 추종하는 자들은 높이 우대하고 후하게 포상하여 특히 대관으로 높여준다. 그래서 매양 특명이 있기만 하면 유식한 이는 우려해 탄식하고, 조정은 날로 격이 내려앉는다. … 거조가 이 같으니 인심과 세도가 물과 같이 아래로만 떨어져 구제할 수 없이 되었다"고 깊이 한탄한다.[91]

세도를 자임하고 치세의 구현을 갈구하는 이이는 선조 14년(1581), 천재(天災)를 논의하는 자리에서 현 실태의 변통을 전담할 '경제사(經濟司)'라는 기구의 설치를 제의한다.

> 이이가 말하였다. "…청컨대 대신과 상의하여 경제사를 설치하되, 대신으로 총괄토록 하고 사류로서 시무에 통달하고 국사에 뜻을 둔 이를 뽑아서, 무릇 건의하는 사안이 있으면 모두 경제사에 내려서 시행할 것인지 아닌지를 상의해서 폐정을 개혁도록 한다면 상천(上天)의 마음을 돌이

90 『栗谷全書』 권5, 「萬言封事」, 17쪽.

91 『栗谷全書』 권30, 「經筵日記」, '宣祖 14年 4月', 58쪽.

킬 수 있을 것입니다. … 경제사의 설치는 현재로서는 생소한 듯하지만, 이같이 하지 않으면 국사를 어떻게 해볼 수가 없어서 점점 비하(卑下)해지기만 할 것입니다." 상이 이르기를, "경제사를 설치한다면 뒷날 반드시 폐단스러운 일이 생겨날 것이다. 우리나라에서 모든 정사를 육조가 분장(分掌)한 것은 다 뜻이 있는 일이다" 하였다.[92]

여기서 개혁의 지휘부인 경제사를 설치한다면 뒷날 "반드시 폐단스러운 일이 생겨난다"고 국왕 선조가 우려하는 것은 곧 큰 권력기관의 신설을 반대한다는 견지를 밝힌 것이라고 풀이된다. "모든 정사를 육주가 분장"토록 한 사실의 정치적 의미를 들어 말한 것이 그 반증이다. "모든 정사를 육조가 분장"하는 제도는 곧 육조직계제를 가리키는데, 육조가 각기 자기 분야 직사를 국왕에게 직접 보고하여 국왕의 지휘를 받아 처리하는 제도이다. 그것은 곧 주자학의 치체론인 대신 위임통치체제와 대비되는, 국왕의 전권(專權)을 가능토록 보장하는 제도이다. 실제로 선조는 "나는 매사를 삼공에게 자문한 뒤에 선택하여 시행한다"[93]고 공언한다. 삼공인 대신에게 자문을 구하면서도 국왕 자신이 모든 통치 사안을 다 관장하는 행태를 계속한다는 뜻이다. '조종의 법제'까지도 변통하는 일을 전담할 경제사와 같은 새로운 권력기구의 설치를 선호할 까닭이 없었던 것이다.

그런데 사림정치기에 들어온 후에도 시급한 경제 현안을 결코 개혁할 수 없는 까닭은 단지 국왕이 '변통하기를 싫어한다'는 사실 하나만으로

---

92 『栗谷全書』 권30, 「經筵日記」, '宣祖 14年 10月 丙午', 92쪽.

93 『선조실록』 권14, 13년 12월 계해.

귀착되는 것이었는가? 실상 이이가 국왕의 신임을 받아 '세도를 자임'하면서 경장론을 제시하는 동안에 조정에서는 당쟁이 일어나 상호 간에 정치공세가 점차 치열해지고 있었다. 대체로는 지기(志氣)가 예리한 사림일수록 당쟁의 선봉에 섰으며, 그 예리한 도학적 명분론·의리론을 가지고 상대편의 출처진퇴를 겨냥하여 공세를 펴기에 이르렀다. 그러니 당쟁이 정치의 주제가 되고, 현실적으로 가장 시급한 경제개혁론은 오히려 뒷전으로 밀려나지 않을 수 없었다. 국왕으로서는 사림의 정치·경제론을 그대로 믿고 따르기가 더욱 어렵게 되었다.

당쟁뿐만이 아니었다. 사림정치가 시작된 초기인 왜란 이전의 조선왕국은 이미 지배층인 사류들 사이에서조차 국가정책에 협조하는 풍조가 사실상 무너져 있었다. 가령 국왕의 특별 명령에 따라 양전과 같은 절실한 행정사안을 시행코자 시도하였음에도 불구하고 그것이 결코 작동되지 않았다는 사실이 그 현실적 사례이다.

> 양전을 명하였다가 즉시 그만두었다. 이때 양전을 시행한 지 여러 해가 되어 전적(田籍)이 실제와 많이 달라져 있었다. 그래서 양전을 명하였는데, 법에 따라 많은 경차관을 정해서 100여 명이나 되므로, 한산 조사(朝士)로 채우도록 방침을 세웠다. 호조에서 이전에 관직을 지녔던 조관들을 모아 뽑으려 했으나 조관들이 모이지 않았다. 세 번 명하고 다섯 번 독촉했지만 나오는 사람은 단지 5·6인뿐이었다. 아무리 엄하게 책하고 죄까지 주려 했으나 끝내 나오지 않았다. 그래서 충찬위, 녹사들을 뽑아 보내기로 하였다. 또한 각 군현에 명하여 반드시 생원이나 진사 등의 유식한 사람으로 양전감관을 삼으라 하였다. 이에 향중의 사인(士人)들이 서로 말하기를, "양전감관은 경차관에 통솔되니, 감관에 잘못이 있으면

경차관이 벌을 주어 매질까지 할 수 있다. 우리는 사족인데 녹사 따위에게 무릎을 꿇고 매질까지 당한단 말인가. 죽을지언정 이는 할 수 없다" 하고는, 모두 집을 옮기어 그 일을 피하였다. 또 수령이 양전의 일로 인하여 민간의 쌀을 많이 거두어 더러는 사리(私利)로 삼기도 하자 민심이 소요하게 되니, 어떤 사람은 "흉년에 양전을 시행해서 백성을 소요시킬 것이 아니다" 하여 이에 중지하고 말았다.

나라에 기강이 없으면 아무 일도 할 수가 없다. 양전경차관으로 나가는 것이 죽음의 땅에 가는 일도 아니요, 조사(朝士)로서 산관(散官)이 된 자가 무식하고 완고한 사람도 아니다. 지금 유식한 선비들을 죽지도 않는 땅으로 보내려 하여도 되지 않는데, 하물며 (전쟁 같은 것이 일어난다면) 교양 없는 백성을 내몰아 적군을 막게 할 수 있을 것인가. 현재의 기강으로써 무슨 일을 하겠는가. 만일 적국의 외환을 당한다면 반드시 무인지경에 쳐들어오듯 할 것이니, 참으로 위태한 지경이다. 어떤 사람은 "양전은 그만둘 것이 아니다" 하지만, 이는 심히 그릇된 생각이다. 나라에 기강 없음이 이런 정도이니, 비록 양전을 한다 해도 반드시 뇌물을 능사로 삼게 될 것이다. 부강자의 비옥한 토지는 척박한 땅으로 전적에 등재될 것이요, 가난한 자의 척박한 토지는 비옥한 땅으로 등재될 것이니, 국가는 정전(正田)을 잃게 되고 백성은 환란과 침해를 입기 마련이다. 차라리 잘못된 양전을 하기보다는 행하지 않음이 나을 것이다.[94]

양전과 호적은 국세를 파악하는 기본 행정사안으로서 일정 기간마다 시행하도록 『경국대전』에 규정되어 있다. 그런데 바야흐로 사림정치기

94 『栗谷全書』 권30, 「經筵日記」, '宣祖 10年(1577) 6月', 5~6쪽.

라고 하는 이 시기를 맞고서도 법전에 규정된 행정사안조차 단행할 수 없는 행태가 벌어지고 있었다. 지배층인 사족으로서 이미 관직을 지녀 본 적이 있는 '조관'들이 일신의 안일을 위해 한사코 경차관으로 나서려 하지 않았기 때문이다. 동시에 지배층인 재지의 생원·진사층도 결코 거기에 동원되려 하지 않았다. 그것이 하필 양전의 경우에만 국한된 일일 뿐이라고 단언할 수 있을 것인가. 또한 전임 조관이라든가 생원·진사층만의 인습일 뿐이라고도 결코 말할 수 없을 것이다.[95] 겉으로야 사림정치라는 대망의 시대가 시작되었다고 하지만, 현 실태에 안주하고자 하는 지배층의 인습적 타성 때문에 국가의 구조적 위기는 내부에서부터 깊이 조성되었던 것이다.

지배층인 사족도 인습적인 안일에 빠져있지만, 그렇게 풀어진 '현재의 기강'을 돌이켜 세울 가장 큰 책무는 역시 국왕에게 귀착되는 것으로 이해된다. 앞에서 살펴봤듯이 대신에게 자문을 구하면서도 국왕 자신이 모든 국정을 다 장악하여 자기 뜻에 따라 '선택적으로 시행'하는 체제를 유지해오고 있었기 때문이다. 그러므로 목전에서 폐단을 자아내는 시급한 경제 현안을 결코 개혁할 수 없는 최대 배경은 결국 국왕 자신에 그 관건이 쥐여있었던 것으로 고찰된다. 이이가 마지막으로 올린 시폐개혁안은 '공안의 개편, 군적의 개정, 군현의 병합, 감사의 구임'이라는 4개 조

95 대관(大官)들은 위에서 유유히 지내면서 오직 앞뒤 눈치만 보기에 힘쓸 따름이요, 소관(小官)들은 밑에서 빈둥거리고 지내면서 오직 때를 보아 이익을 좇는 짓이나 일삼고 있습니다. … 오직 이서(吏胥)의 무리들이 기회를 틈타 중요한 일의 처리를 장악하고 있으니, 백성들의 고혈은 이들의 손에 거의 바닥이 나 버립니다. … 조식(曺植)이 일찍이 말하기를 "우리나라는 이서 때문에 망할 것이다"라고 했습니다. 이 말이 비록 지나치기는 하나 또한 일리가 있습니다. 이는 여러 신하가 직사에 책임을 지지 않는 잘못으로 말미암는 것입니다. 관원들이 제각기 직책을 다한다면 어떻게 이서 때문에 망하게 될 나라가 있겠습니까(『栗谷全書』 권5, 「萬言封事」, 19쪽).

에 관한 것인데, 여기서 그 같은 실정을 읽을 수 있다.

> 신이 비록 정성을 다해 아뢴 것이 한두 번이 아니건만, 전하께서는 경장하는 것을 어렵게 여기시어 여태까지 의심하고 미루어 왔습니다. 그래서 민력은 더욱 쇠잔해지고 국가재정은 더욱 허갈해지며 변방의 사단은 더욱 깊어졌습니다. … 논의하는 자들은 혹 백성의 소요가 일어날까 봐 염려하여 변통하고자 하지 않습니다만, 이는 전혀 그렇지 않습니다. 공안을 개편하고 군적을 개정하며 군현을 병합하는 등의 일은 모두 조정에서 헤아리고 마감하여 확정할 뿐이지, 백성으로서는 쌀 한 되, 베 한 자의 비용도 들지 않는 일입니다. 백성이 무슨 상관이기에 그들이 소요를 일으킬 환란을 (위에서) 근심한단 말입니까.[96]

거듭 살피더라도 국왕의 경우에는, 그래도 수백 년 동안 왕권과 국가가 존립하도록 지탱해준 '조종의 법제'를 지키는 것이 임금 노릇을 길이 보장해주는 기본 체제라는 사실을 확신하고 있는 터였다. 자칫 초래하게 될지도 모르는 '백성의 소요' 같은 것을 무릅쓰면서 굳이 변통과 경장을 단행할 절실한 까닭은 없는 것이다. 더구나 그런 변통과 경장을 주장하는 자일수록 '과격한' 생각을 가진 사림도학자류라는 사실을 그는 너무나 잘 알고 있었다.

그런데 그런 '과격한' 경장을 결코 선호하지 않는 통치행태는 가령 선조임금과 같은 어느 개별 국왕의 특수한 취향에 불과한 것이었는가? 아마도 '경장하는 것을 어렵게 여겨' '의심하고 미루어' 가는 통치행태야말

---

96 『栗谷全書』 권7, 「陳時事疏(癸未;宣祖 16;1583)」, 47~48쪽.

로 왕권을 지켜가는 가장 보편적인 방편으로서 여타 국왕들의 경우에서도 길이 지속되었던 것으로 이해된다. 가령 사림정치기의 경제개혁안 가운데서 가장 크게 개편이 촉구된 공납제를 왜란 후 부득이하게 대동법이라는 형태로 변통하기 시작한 것 말고는, 여타의 사안들은 19세기의 임술민란에 이르기까지 본질상 거의 그대로 지속되었다는 사실이 그것을 객관적으로 증거한다.

4. 사림파 경제사상의 현실과 이상

세계사적으로 보아 조선왕국은 성리학을 배타적 국가 교학으로 숭봉하고 운용한 유일한 중세국가였다. 성리학은 고려 말에 이미 "국가를 중흥한다"는 기치 아래 국가 교학으로 정립되었고, 여말선초의 격변기에는 배원친명의 의리론과 숭유억불의 이단배격론을 추구하는 이념으로 활용되었다. 그리고 신왕조 개창 후로는 왕도정치를 구현한다는 강력한 실천성을 띤 통치이념으로 활용되면서 새로운 문물제도를 마련하는 데 크게 이바지하였다.

이윽고 15세기 후기에는 소위 사림파가 정치적으로 진출하기 시작하였다. 그들의 사상적 특색은 『소학』의 철저한 학습을 통해 개별 인간의 본원을 함양하고 성리학적 도덕 가치를 일상에서 실천하면서 요(堯)·순(舜)의 왕도정치를 회복하는 데 뜻을 둔 것이었다. 그들은 특히 훈척들이 인습으로 행하였던 비리의 통치행태를 비판하였기 때문에 사화라는 현실적 박해를 면하기 어려웠다. 그러나 박해 속에서도 그들은 조선 성리학을 도학의 경지로 진화시켰다.

더구나 16세기의 기묘사림은 조선 성리학에서 왕도정치를 가장 전일적으로 추구하는 지치주의 운동을 전개하였다. 그들 또한 국가정치라는 것이 백성을 안양(安養)하는 데 목표를 두어야 한다는 유교 본연의 이념을 중시하지 않을 수 없었다. 그런데 참혹한 사화의 정국을 극복하기 위해서는 왕권·훈척·권간들의 결탁으로 자행되는 인습적 비리를 척결하는 것이 더 시급한 과제이므로, 왕도정치를 우선적으로 구현함으로써 사회와 백성을 안정시키는 방향의 정책노선을 추구하였다. 국가경제의 면에서도 이익을 추구하는 '경제 우선'의 노선보다는 '인의의 도'를 더 우선시하기 마련이었다. 공리를 탐내면 '이(利)의 근원[利源]'을 엿보기 마련이요, 그러면 '임금을 죽이고 나라를 빼앗는 일'까지도 저지르게 된다는 논리에서였다. "나라는 이(利)를 가지고 이로움으로 여기지 않고 의를 가지고서 이로움으로 여긴다"는 경전의 이념을 더욱 발전시키면서 국가의 경제이념을 왕도 위주의 성격으로 규정한 것은 세계사적으로도 기묘사림의 정치노선에서 가장 극명하게 드러난 것으로 이해된다.

16세기 후기 사림정치기의 경제사상에서도 기본 논조는 마찬가지였다. 이 시기 '시무'에 가장 통달한 경세가라고 하는 이이의 왕정기필론 또한 구조적으로 '경제'보다는 '의리'를 우선시하였다. 심지어 "임금이 의를 중시하면 의가 이(利)를 이기고, 임금이 이를 중시하면 이가 의를 이긴다"는 '순자'의 말까지 인용해가면서 의와 이의 관계를 변석(辨釋)한다. 왕도를 숭상하고 패술을 배격해야 한다는 도학적 왕정론에서는 경제적 공리를 중시하는 노선보다는 의리를 앞세우는 정치 노선에 더 비중을 둔 것도 기묘사림의 경우와 마찬가지였다.

그런데 훈척·권간들의 오랜 농단을 겪은 후에야 사림정치기를 맞게 된 조선왕국은 이미 국고와 민생이 더할 수 없이 피폐한 상태로 접어들었다. 경제문제의 해결이 더 시급한 현실적 과제로 다가온 것이다. 이 점은 향약의 시행을 두고 벌인 논란에서 그대로 드러난다.

우선 기묘사림의 경우는, 민생문제를 해결한 뒤에 향약을 시행하는 것은 너무 늦어지는 일이므로 "고도(古道)를 힘써 행하면서도 민생의 보호를 근본으로 삼는다"는 취지 아래, 향약의 전국적인 실시를 추진하였다. 그런데 16세기 사림정치기 이이의 논의는 좀 다른 견지를 취하였다.

> 근일 사이에 뭇 신료들이 급속히 향약 시행하기를 요청하므로 임금이 명하여 시행하도록 하였다. 그런데 신은 향약의 시행이 너무 이르다고 생각한다. 양민(養民)을 먼저 할 것이요, 덕행의 교화는 나중에 할 일이다. 민생의 초췌함이 지금처럼 심할 때가 없으니, 급급히 폐단을 구제하여 거꾸로 매달린 형상을 먼저 풀어주고 난 후에야 향약을 시행할 수 있을 것이다. … 향약의 시행을 두고 대신들이 논의하도록 하였는데, 어떤 이는 그만두어야 한다 하고 어떤 이는 그만두어서는 안 된다고 하였다. 임금이 그만두도록 명하였다.[97]

조선 사회에서 향약은 이후 명망 있는 사림이 중심이 되어 점차 각 군현 단위로 솔선하여 시행해갔으며, 나중에는 국가의 권면이 있기도 하여 결국에는 거의 전국적인 시행을 보이기에 이르렀다. 조선 사림이 각 지역민의 교화를 통해서 왕도를 구현하고자 하는 정성이 얼마나 깊고도 항구적이었는지를 짐작하게 해주는 역사 현상의 한 가지이다.

이미 살펴본 것처럼 기묘사림은 오히려 각 개인의 토지라든가 노비

97 『栗谷全書』 권29, 「經筵日記」, '宣祖 7年 2月', 34~35쪽.

소유에 한도를 규정하자는 논의를 펼쳐 조정에서 논란을 일으킨 적이 있었다. 그에 비해 이이의 경우는 보다 '시무'적이었다. 토지와 노비에 관한 한 어디까지나 현재의 소유 관계를 전제로 하고서 그 가운데의 너무 치우친 수취 악습을 경장하고자 할 따름이었다.

> 백성을 이미 안양(安養)하고서야 예·악의 교화를 점차로 시행할 수 있다. 하루 만에 다 시행할 수는 없다. 반드시 풍속이 크게 변화하여 아름답게 되어, 민산(民産)을 제도화함에는 정전의 뜻이 실현되며 인재를 등용함이 (『상서』) 「주관(周官)」의 도에 합치하고 신(神)들에 대한 제례는 삼대의 예를 준수하게 된 연후에야 왕도의 극진한 모습이 거의 갖추어진다. 그러나 지금은 토지제도에 한도가 없어 빈·부가 현저히 다르고, 백성은 일상에 검속이 없으니 향약이 폐지되어 무너졌다. … 왕도의 극진한 모습을 어떻게 쉽사리 말할 수 있겠는가. 그것은 마땅히 별도로 다른 기회를 기다려 설명해야 할 것이다.[98]

결국 이이는 어디까지나 현실적으로 실행이 가능하다고 생각하는 한도 안에서의 변통론을 추구하였던 것으로 이해된다. 아마도 이이 특유의 '무실론'[99]은 그런 현실적 성격을 가리켜 말하는 것이리라.

그런데 그와 같은 '무실'을 중시하는 경제사상에서도 그는, 가령 토지제도로서의 정전제와 같은 '왕도의 극진한 모습'을 애써 구현하려 하지

98 『栗谷全書』 권15, 「東湖問答」, 31쪽.

99 그의 경장론을 대표하는 「동호문답」에는 '무실위수기지요(務實爲修己之要)'라는 독자의 항목을 두었다. 역시 대표적 경장론인 「만언봉사」는 첫머리가 '정귀지시(政貴知時), 사요무실(事要務實)'이라는 문자로 시작한다.

도 않았거니와[100] 한편으로는 새로운 재원을 개발한다거나 백성의 특별한 산업을 장려하는 등의 적극적 생산력 확대 방안을 추구하는 일은 없었다. 가능한 한 왕실을 비롯한 지배층의 절검과 통치기구상의 구조적 낭비로 인한 경제적 손실을 줄이는 데 최대의 중점을 두었다. '백성의 보호'라든가 '양민 우선'이라는 면을 보더라도 생산력의 적극적 개발이라는 면이 아니라 생산 관계의 개선과 생산물의 균평한 배분이라는 면에 더 중점을 두었다. 그것이 곧 성리학적 경제사상의 본질이었다. 특히 그것은 성리학적 가치론을 가장 원론적으로 확신하는 조선 사림의 경제사상을 대변하는 것으로 풀이된다.

그런데 성리학적 경제사상은 국왕이 사사로운 재정을 가져서는 안 되며, 모두를 공공으로 돌려야 한다는 이념을 본질로 하고 있었다. 가령 전국에 걸쳐 많은 토지와 노비를 옹유한 왕실의 재무기관인 내수사를 호조로 이관시켜야 한다는 논의에서 그런 사례를 살펴볼 수 있다. 이이의 경우, 국왕이 따로 사사로운 저장을 두지 않음으로써 천하공공의 군주로 군림할 수 있다는 제안을 여러 차례 진달한 사실은 앞에서 살펴본 바와 같다. 그런데 이이는 사안을 글로 써서 제시하였지만, 부제학 허엽(許曄)은 어느 날 임금의 면전에서 직접 말로 주장한 바 있었다.

> 부제학 허엽이 나아가 아뢰었다. "내탕의 재물은 마땅히 유사로 하여금 그 출납을 맡도록 해야 합니다. 『주례』에 그렇게 되어있습니다." 상이 말하였다. "오늘날의 조정에서 『주례』를 시행하고자 하는가." 허엽은 감

100 이는 경제사상의 면이 그러하였다는 의미이다. 가령 각 개인이 궁리(窮理)·진성(盡性)을 통해서 성현(聖賢) 되기를 기약한다거나 혹은 국왕이 왕정(王政)을 기약한다는 측면과는 다른 차원의 내용임을 주의할 것이다.

> 히 다시 말하지 못하였다. 상은 유자의 말 듣기를 싫어하니, 무릇 건백함이 있으면 모두를 청납하지 않는다.[101]

16세기 조선의 현실정책에서 까마득한 시대의 『주례』를 직접 시행하고자 하는 것은 시대착오라고 국왕은 인식한다. 조선 사림의 왕정 이념에 대한 원론적 확신은 결코 현실에서 통하기 어려운 일이었다. 성인이 제정하였다는 『주례』의 시행 여부를 두고 보더라도, 그런 원론적 확신은 '조종의 법제'와도 맞지 않는 일이었다. 그러므로 이이 등 16세기 사림 정치기 사림들의 '무실론'적 개혁론 또한 국왕의 눈에는 비현실적인 것으로 비치기 마련이었다. 가령 큰 재변을 만난 당시의 군신 상하가 현실 정책의 실효 유무를 두고 논의한 대화의 일단을 참고하기로 한다.

> 상이 묻기를 "어떻게 하면 실효가 있을까" 하자, 이이가 아뢰기를, "주상께서는 매양 변통하기를 어렵게 여기시기 때문에 실효가 없는 것입니다. 만일 경장하지 않으면 나라 꼴이 되지 않을 것입니다" 하였다. 상이 이르기를 "만일 조종의 법제가 아니라면 어찌 경장하기 어렵겠는가" 하자 이이가 아뢰었다. "조종의 법제를 모조리 고치자는 것이 아닙니다. 공안(貢案) 같은 것은 연산군이 가정한 것이요 조종의 법제가 아닙니다. 신은 경장하기를 좋아하는 것이 아니라 민폐를 구제하자는 것입니다.…"[102]

---

101 『栗谷全書』 권29, 「經筵日記」, '宣祖 6年 6月', 11쪽.

102 『栗谷全書』 권29, 「經筵日記」, '宣祖 7年 2月', 32쪽.

연산군이 가정(加定)한 이래 극단한 민폐를 자아내고 있는 공안조차도 국왕 선조는 '조종의 법제'의 한 형태로 여기고 있음인지 결코 변통하려 들지 않는다. 군주의 '통치'란 것은 마치 목전의 무사안일만을 기다리는 듯한 행태로 흘러가고 있었다. 어느 날 경연을 마치고 군신 간에 나라 다스리는 도리를 토로한 다음의 기사 내용을 살펴볼 것이다.

동부승지 이이: 입시한 지 여러 날이 되었는데 한 번도 나라 다스릴 도리를 묻지 않으시니, 신은 전하께서 정치를 잘하시려는 뜻이 있는지를 감히 알 수 없습니다. 신하들이 이를 걱정스레 생각합니다. …

검토관 김성일: … 조정의 명령은 막히어 시행되지 못하고, 상하의 형세는 흩어져 통일이 되지 않습니다. 경연석상에서 비록 한두 가지 건의가 있어도 그것을 시행하려는 조목을 겨우 세우면 다른 폐단이 따라 생깁니다. …

상: … 예로부터 임금이 재주도 있고 덕도 있어야 능히 그 나라를 잘 다스릴 수 있었다. 나는 재·덕이 없는 데다 마침 다스리기 어려운 시대를 만났다. 이것이 잘 다스려 보기 어려운 이유이다. … 예전부터 새로 나라를 세운 임금의 행적을 상고해보면 실덕(失德)함이 없지 않아도 오히려 소강(小康)을 이루었다. 그러나 건국한 지 오래되어 점차 쇠미하게 되면, 비록 현명한 군주라 할지라도 잘 다스릴 수가 없는 것이다.[103]

103 『栗谷全書』 권29, 「經筵日記」, '宣祖 6年 11月 辛巳', 23~24쪽.

즉 비록 현명한 군주가 나온다고 하더라도 건국한 지 200년이 되어 이미 극단으로 쇠미해진 조선왕국을 치세로 돌이키기는 어려운데, 더구나 "재·덕이 모두 부족한" 것으로 여기는 자신으로서야 도무지 어찌해볼 도리가 없다는 것이 국왕 선조의 시세 판단이다. "조정의 명령은 막히어 행하지 못하고, 상하의 형세는 흩어져 통일이 되지 않는" 상태에서는 '보민(保民)'이라든가 '양민'도 어려운데, 가령 치세의 구현을 위한 '경장'이라는 개혁정책을 어떻게 마음먹고 펴나갈 수 있겠는가? 아마도 '조종의 법제'를 그대로 인습할 수밖에 없다는 통치 관행은 그 같은 시세관과 짝을 이루는 것이리라. "시세란 것은 윗사람이 하기 나름"[104]이라는 것이 사림의 소신이라 하더라도, 사림 자신이 그것을 독자적으로 추진할 계기를 마련할 수는 결코 없었던 것이다.

사림정치기가 왔는데도 도학을 위주로 하는 사림 사이의 사회적 안목은 결코 크게 상생하는 정치적 계기를 살려내지 못하였다. 아직도 사림은 자신들을 진정한 정치 주체로 성장시키지 못하고 있었던 것이다.

(조선 중기 사림파 성리학자의 경제사상;『한국유학사상대계』7 -경제사상편, 한국국학진흥원, 2007)

104 『栗谷全書』 권15, 「東湖問答」, '論當今之時勢', 14쪽.

김태영 논문선집 2

조선 전기 사회와 사상

초판1쇄 인쇄 2023년 5월 23일
초판1쇄 발행 2023년 5월 30일

지은이 김태영
펴낸이 한균태
책임편집 최정미

펴낸곳 경희대학교 출판문화원
주소 서울시 동대문구 경희대로 26
전화 02-961-0106~8
팩스 02-961-0291
설립 1960년 9월 16일 제5-8호
등록 1977년 11월 8일 제6-5호
홈페이지 www.khupress.com
전자우편 press@khu.ac.kr

© 경희대학교, 2023

ISBN 978-89-8222-748-6 94910
ISBN 978-89-8222-744-8 94910 (세트)